KB249540

# 고등교육연구

# 고등교육연구

朱三煥 著

KcSi 한국학술정보[주]

# 책머리에

세계적으로 후진국들이 선진국을 따라잡기 위한 국가발전 전략으로 인적자원개발을 위하여 보통교육에 앞서 고등교육을 먼저 확충·발전시키고자 하는 유혹을 받는다. 그러나 기초 없이 고등교육을 서두르다가 실패하는 경우가 많았다. 우리나라도 고등교육 확대의 유혹에서 예외가 아니었을 텐데도 불구하고 50년대 초등의무교육 확대, 60년대 중등교육 확충, 70~80년대 고등교육 확대의 정책을 쓴 것은 우리나라 교육정책 중 좋은 정책의 하나로 평가된다.

그러나 우리나라 특유의 지나칠 정도의 국민 교육욕구로, 또 이에 편승한 철학 부재의 고등교육 기회 확대 정책으로 이제는 누구나 대학을 갈 수 있게 되면서 고등교육의 질 저하와 대학 학생 수 부족으로 인한 대학 도산 위기에 놓여 있는 실정이다. 지금 우리나라 대학은 국내적으로 대학의 생존과 국제적으로 국제경쟁에서의 승리라는 두 개의 과제를 동시에 해결해야 하는 사명을 지고 있다.

이제 우리나라 대학의 문제는 지식정보사회, 국제경쟁사회에서 우리나라 핵심 아젠다의 하나가 되지 않을 수 없다. 이런 중요성 때문에 필자가 그동안 고등교육에 관하여 연구하고 글을 썼던 것을 모아 한 권의 책으로 묶어 내놓게 되었다. 필자는 특히 한국대학교육협의회에 3년간 파견 근무를 하면서 고등교육에 관심을 가졌었다.

글 중에는 시간적으로 철 지난 것으로 보기 쉬운 것이 있으나 우리나라 고등교육 개혁의 역사를 이해하는 데 도움이 될 것으로 생각되어 그대로 실었다. 어떤 것은 묵은 논문이지만 지금도 그때 그 철학과 교육적 신념을 바꾸고 싶지 않은 것이 있다. 20년 전의 생각과 2006년도의 최근의 논리나 크게 다를 것이 없는 실정이다. 이는 원칙과 원리는 바뀔 것이 별로 없다는 의미이다. 이런 점에서 우리나라 고등교육 정책은 원칙에 입각하여 이루어져야 한다는 의미를 함축적으로 말해 준다고 할 수 있다.

우리나라 고등교육 발전, 특히 대학의 자율화에 조금이라도 기여할 수 있는 책이 되었으면 좋겠다.

2006. 5.

저자 朱三煥 識

# 차    례

# 제1장 70년대 대학교육개혁의 추진*

## 1. 배 경

　광복 후 우리의 교육은 초등의무교육의 확대와 충실에 주력했고, 6·25 사변 이후에는 전화의 잿더미 위에서 우리 교육의 기초를 세우기에 온갖 심혈을 기울였다. 교육 예산의 대부분을 의무교육에 투자해도 여전히 콩나물 시루와 같은 교실의 신세를 면하기 어려운 실정이었지만, 그래도 그 당시 초등교육의 충실에 전력을 기울였기 때문에 우리 교육의 기반을 다질 수 있었다. 그래서 우리는 1950년대를 의무교육의 연대라고 부르기도 한다. 그러다가 1968년 7·15로 중학교 무시험 진학제가 되면서 중학교와 고등학교 학생 수가 팽창하게 되어 정부는 어쩔 수 없이 중등교육 확충에 힘을 쓰게 되어 1960년대를 중등교육의 연대라고 한다. 물론 1960년대에도 고등교육의 개혁을 요구하는 소리는 있었지만 제대로 실천을 못했었는데, 1970년대 초부터 본격적인 대학교육개혁 사업이 시작되어 근 10년 이상 지속되었다. 이 때문에 1970년대를 한국 교육에서 고등교육의 연대라 부르는 데

---

* 文敎 40年史, 교육부, 1988 중 본일 집필 부분, 지나간 것이지만 기록으로 남기기 위해 포함시킴.

서슴지 않는다. 물론, 1970년대에 고등학교 평준화 작업이 있었지만, 대학 교육개혁 사업만큼 철저하고 지속적이지 못하여, 중등교육의 연대라고 하기 보다는 고등교육의 연대라고 하는 것이 더 타당할 것이다.

또 세계적으로도 고등교육의 개혁에 열을 올리고 있는 추세의 영향도 하나의 배경으로 작용하였을 것이다. 국가 사회의 발전을 위해서는 고등교육 개혁이 필연적이라는 판단 때문에 당시 이러한 고등교육 개혁은 세계적인 경향이었다.

당장 우리나라의 1970년대 경제 개발을 위해서도 고등교육의 확대와 개혁이 절실히 요구되고 있었다. 그리고 1960년대의 여러 가지 개혁 사업들이 비교적 성공적으로 추진되자 우리의 관심이 고등교육 쪽으로 옮겨가지 않을 수 없게 되었다. 우리의 경제발전이 1970년대 고등교육 개혁의 강력한 한 배경이 되었다.

또 고등교육의 개혁 사업은 1971년도 서울대학교개혁안을 시발로 하여 시동이 걸리게 되었다. 뒤이어, 여러 대학들도 개혁에 대하여 관심을 돌리게 되었다. 당시 문교부는 1971년 9월 10일 대통령령에 의하여 교육정책 심의회 고등교육분과위원회를 설치하여 대학교육개혁을 추진하게 되었다. 그래서 1972년은 개혁을 위한 연구와 준비의 해, 1973년은 개혁 실천의 해, 1974년은 개혁 프로그램의 확대의 해로 추진되어 나갔다. 대학교육개혁은 문제점 발견, 여론 조성, 기초 작업 등 기초연구에서부터 착수되었다. 1971년 12월부터 1972년 4월 사이에 전국 11개 지역을 순회하면서 고등교육 개혁 계획을 위한 지역 세미나를 개최하였다.

이 지역 세미나의 참여 연인원은 700여 명에 달했는데, 대학 총·학장, 처장, 교수 대표, 시·도 교육위원회 학무 국장, 고교 교장 대표, 각 도 부지사나 기획 실장, 지역 언론인, 산업계 대표 등 다양하면서도 광범하였다. 문제점의 확인과 광범한 여론 조성의 합의를 얻어 앞으로의 개혁 사업의 기반을 다지는 좋은 출발을 하였다. 흔히 중앙 중심, 교육 전문가 중심, 탁상공론식 정책결정이 되기 쉬운데, 고등교육 개혁에서는 지방 현장과 비전문가의 목소리를 듣는 바람직한 접근이었다.

이 세미나를 바탕으로 하여 1972년 6월 27일 당시 문교부는 고등교육개혁방안을 발표했는데, 그 골자는 (1) 고등교육 개혁을 위한 정책 연구, (2) 실험대학을 통한 개혁, (3) 대학의 특성화라 할 수 있다.

이어서 1972년 10월 4일부터 7일까지는 당시 문교부와 연세 대학교가 공동으로 고등교육개혁을 위한 국제 심포지엄을 개최하여 학문적·이론적 기반을 다져 개혁의 방향을 설정하는 데 도움이 되었다. 이에 참가한 인원은 1,200여 명에 달하는 10개국 총·학장, 학자, 교육 전문가들이었다. 이러한 세미나와 심포지엄을 바탕으로 하여 다음과 같은 개혁의 기본 원칙을 추출하였다.

① 국가 및 지역사회 발전에 기여할 수 있는 고등교육 기관의 이념과 기능을 정립하고, 이 정립된 이념과 기능에 따라 각종 고등교육 기관을 재조정한다.

② 현재의 획일적인 행정규제 체제에서 탈피하여 보다 탄력성 있는 제도를 마련함으로써 효율적인 대학의 지원 방법을 모색한다.

③ 각 고등교육 기관의 기능적 상호보완 체제가 마련되어야 하며, 이를 통해서 개체 대학의 교육 프로그램을 강화하고 그 질적인 향상을 도모한다.

④ 각 대학이 위치한 지역사회의 특성화가 이루어져야 하며, 정부는 이를 적극적으로 지원한다.

⑤ 동일 지역 내에 있는 대학과 지방 관서 및 지역사회와의 협조 체제를 조속히 수립한다.

1973년도부터는 실험대학이 운영되면서 기본적인 대학교육개혁을 위한 정책 연구도 추진되어, 1973년도에는 한국 고등교육의 실태(金鍾喆 외), 외국 고등교육의 실제와 개혁 동향(劉仁鍾 외), 한국 고등교육의 이념과 기능(金蘭洙)이 연구되고, 1974년도에는 대학원 및 전문직 교육의 질적 향상을 위한 방안, 고등교육 인구의 수요와 적정 규모, 대학의 질적 향상을 위한 평가 제도의 모색 등이 연구되었다.

이를 바탕으로 하여 여러 가지 대학교육개혁 사업이 추진되었는데, 이는

(1) 실험대학의 운영, (2) 대학생 정원령과 학위등록제의 실시, (3) 지방 대학의 확충, (4) 대학교수 재임용제의 실시, (5) 서울대학교 발전 계획, (6) 사범대학 증설 등으로 집약될 수 있다.

## 2. 실험대학의 운영

1970년대에 들어와 당시 문교부 주도하의 대학교육개혁의 시도는 1971년 9월 10일 구성된 교육정책심의회 고등교육분과위원회에서 비롯되었다. 그래서 (1) 1971년 12월부터 1972년 4월까지 전국 11개 지역에서 고등교육 개혁을 위한 지역 세미나가 열리고, (2) 1972년 6월 27일에는 당시 문교부가 '고등교육 개혁 방안'을 발표하였으며, (3) 1972년 10월 4~7일에는 고등교육 개혁을 위한 국제 심포지엄이 열리고, (4) 여러 개의 고등교육에 관한 정책 연구도 추진되었다.

1972년도의 이러한 기초를 바탕으로 1973학년도부터 선도적인 대학을 선정하여 대학교육개혁을 실험적으로 추진해 나가기로 했는데, 이를 실험대학 운영이라 한다.

1972년 6월 27일 '고등교육 개혁 방안'에 의한 1차적 개혁 대상 사업은, (1) 현행의 학과별 정원제에 의한 입학을 계열별 정원제에 의한 입학으로 전환시키고, (2) 졸업에 필요한 학점의 최저 기준을 현행 160학점에서 140학점으로 인하하고, (3) 부전공제와 복수전공제를 활용한다는 것이 실험대학의 골자였다.

당시 문교부는 1972년 10월 20일까지 스스로 실험대학을 운영하겠다는 대학으로부터 신청을 받았는데, 그 결과 14개 대학이 신청하였다. 11명으로 구성된 실험대학 선정평가위원회의 심의를 거쳐 고려대(이공대 공학부),

연세대(가정대), 이화여대(문리대), 중앙대(정경대, 경영대), 서강대(경상대), 숭전대(공대 제외), 인하대(2부 대학 제외), 성심여대, 울산공대, 전남대(상대, 사대)의 10개 대학을 실험대학으로 선정하고, 1973학년도부터 실험대학 운영에 들어갔다. 이때의 실험대학 선정의 평가 기준은, (1) 개혁안 내용의 타당성, (2) 개혁의 현실성, (3) 행·재정적 지원 및 시설 관계 등에 비중을 두었다.

이 실험대학 운영에 자문한 사람은 미국 미네소타 대학교 로버트 켈러 박사였으며, 정부는 1973년도에 900만 원을 지원해 주었다.

1974학년도에는 1973년 9월까지 실험대학으로 신청한 10개 대학 중 서울대, 한국 외국어대, 경북대, 충남대, 단국대, 계명대의 6개 대학이 선발되어 16개 대학이 실험대학이 되었다. 1974년도에는 1,600만 원이 실험대학에 지원되고, 실험대학 운영을 위한 각종 교육법규를 개정하는 조치가 따랐다. 1974년 8월 유성과 울산에서 실험대학과 관련하여 세미나가 개최되고, 1974년 3월에는 16개 실험대 교무처장, 교양학부장, 학사개혁연구위원이 참가하여 연석 평가회를 갖는 등 중간 평가를 실시하였다.

1년간의 평가 결과를 종합해 본 결과 대체적으로 긍정적이었다. 첫째, 각 대학이 전임 교원과 조교의 확보에 노력하였다. 둘째, 교수요목 작성, 조교 제도 활용, 과제 도서실 설치, 교재 편찬비 지급, 학급 크기 조정, 시청각 시설 확장 등을 통해서 교수 방법의 개선이 이루어졌다. 셋째, 도서 구입에 노력하였으나 실험실 보강은 미진했다. 넷째, 계열별, 대학별 학생 선발로 우수 학생을 모집할 수 있었으나, 전공학과 배정 시 인기 학과에 집중되었다. 다섯째, 면학 분위기 조성을 위해 학사 경고제를 채택하는 경향이 있었고, 학업성취 능력에 따른 수강 신청제를 택하고 있었다. 여섯째, 각 대학마다 실험대학 운영 위원회를 설치하여 추진하고 있었다.

그리고 1974년도에는 (1) 능력에 따른 학점 취득으로 졸업 제도의 개선, (2) 복수 전공제의 실시, (3) 법정 교양 과목의 자율화를 통한 교양 과목의 개정, (4) 시설 활용의 극대화를 위한 계절 학기제 도입으로 학기제 개선, (5) 학점에 따른 등록금 제도의 개선, (6) 학기당 이수 시간을 기준으로 하는 학점 계산법의 도입 등의 실험대학 프로그램 확대가 따랐다.

실험대학은 1975학년도에 건국대, 부산대, 숙명여대, 아주공대가 포함되어 20개 대학으로 확대되고, 1976학년도에는 성균관대, 전북대, 한양대, 국민대가 선정되어 24개 대학, 1977학년도에는 경희대, 영남대, 원광대, 홍익대, 부산수산대가 참여하여 29개 대학으로 늘어났다.

1977년에는 (1) 계절 학기제 권장, (2) 대학평가제 실시(2학기에 종합대학부터) 등의 사업이 추가되었다.

실험대학은 계속 늘어나 1978학년도에 동아대, 조선대, 경상대의 참여로 총 32개 대학이 되었고, 1979학년도에는 공주사대, 덕성여대, 세종대, 제주대, 효성여대, 충북대의 참여로 39개 대학이 되고, 1980학년도에는 경남대, 서울산업대, 성신여사대, 동국대의 참여로 43개 대학으로 확대되었다.

당시 문교부 교육정책심의회 고등교육분과위원회에서는 1978년도에 실험대학 운영 5개년 종합평가보고서(金鍾喆 외)를 내어 중간 평가를 하였다. 당시 중간 평가에 나타난 성과와 문제점을 요약하면 아래와 같다.


### <성과>

① 실험대학 운영의 정책이 안정되고 지속적이었다.

② 실험대학의 파급 효과로 한국 대학 발전의 새 계기가 되었다.

③ 실험대학은 대학의 자발적 참여로 대학운영의 자율성 및 신축성이 증대되었다.

④ 실험대학 운영은 개혁 내용과 실험대학의 확대에 점진적으로 접근하여 대학의 생리와 본질에 맞아 성공적이었다.

⑤ 개혁의 초점을 교육과정 운영에 두었다.

⑥ 자율 학습의 기풍과 면학 분위기를 조성하였다.

⑦ 실험대학 운영으로 대학 간, 학과 간, 교수 간의 폐쇄성이 타파되고 협동의 길이 트이게 되었다.

⑧ 대학 간 선의의 경쟁이 유발되었다.

⑨ 실험대학을 위한 개혁의 정책결정이 합리적으로 이루어졌다.

⑩ 실험대학 운영의 정책결정과 행정에 많은 사람들의 참여와 조언이 있었다.


**〈문제점〉**

① 실험대학과 비실험대학으로 이원화 운영이 이루어지고 있었다.

② 당시 개혁 사업의 하나인 대학의 특성화 사업과 갈등이 있었다.

③ 실험대학 내 전문직 대학(professional schools)의 특수성을 살리는 문제와 조화를 이루기 어려웠다.

④ 실험대학 운영에 법규적·행정적 조치가 미흡하였다.

⑤ 모형 교육과정 활용과 교재 개발이 미흡하였다.

⑥ 실험대학 운영에 대한 일부 교원의 이해가 부족하였다.

⑦ 계열별 모집과 융통성 있는 교육과정 운영으로 학생지도에 어려움이 있었다.

⑧ 조교, 도서 등 지원 조건이 미비하였다.

⑨ 일부 사립대학이 학점 감축을 악용하는 경향이 있었다.

⑩ 재정난의 문제가 있었다.


실험대학 운영의 골자를 요약하면, 첫째, 졸업 학점을 160학점에서 140학점으로 낮추어 강의 시간을 줄이고 학생들 스스로의 자율학습을 강조한 것이다. 둘째, 학과별 정원제를 계열별 또는 대학별 정원제로 바꾸고 계열별 모집을 하였다. 지나친 학과별 장벽을 없애고 기초 교양 교육을 강조하려는 이상은 좋았으나, 소위 인기 학과로의 집중으로 문제가 많았다. 셋째, 부전공 및 복수전공제를 실시하였다. 이는 세계적인 경향이고 교육의 이상에도 맞았으나, 한국 사회가 부전공을 선호하지 않는 어려움이 있었다. 넷째, 조기졸업제를 실시하여 빠르면 3년에 졸업할 수 있는 길을 터 주었다. 1982년까지 12개 대학에서 230명이 조기 졸업을 한 것으로 나타났다. 다섯째, 계절학기제를 운영하였다. 이는 학생들에게 학점 취득의 기회를 주고,

대학 시설을 최대한 활용할 수 있도록 한 것으로 1982년도에는 16개 대학에서 실시하는 것으로 나타났다. 여섯째, 학점 취득 특별시험제의 적용을 들 수 있다. 영어, 제2외국어, 수학, 한문 등의 교양 과목에 특별 시험의 기회를 부여하여 12학점 내에서 수강을 하지 않고 학점 취득을 허용하는 것으로, 1982년도에는 20개 대학에서 이를 실시한 것으로 나타났다.

실험대학은 1970년대 초부터 치밀한 계획하에 지속적으로 이루어져, 대체로 성공적인 고등교육개혁 정책이었다. 일각에서는 실험대학 운영은 실패라고 평가하기도 하지만, 계열별 모집에서 학과별 모집으로 되돌아간 것 외에는 실험대학 운영의 모든 것이 그대로 살아 계속되고 있으며, 또 우리나라 대학교육의 질 향상에 도움을 주었으므로 성공적이었다고 평할 수 있다.

특히 정책결정 과정이 민주적이고 단계적이었으며 지속적이고 장기적이었다. 또 대학 스스로 참여하게 하여 자율적이었으며, 다양성을 인정해 준 점도 높이 평가되고 있다. 종합적으로 볼 때 실험대학 운영은 우리나라 교육정책결정과 교육개혁사업의 좋은 본보기가 되었다.

# 3. 대학 학생 정원령과 학위등록제의 실시

대학 학생 정원 정책은 당시 문교부 고등교육정책 중 가장 중요한 정책의 하나였다. 인력 수급, 대학 입시, 대학의 크기 등을 통제하는 중요한 열쇠의 하나이기 때문이었다. 대학 학생 정원령이 제정되기 전까지는 대학 학생 정원은 학칙에 기재하도록 규정되어 있었고, 학과 설치와 함께 당시 문교부의 인가를 받아야 하도록 되어 있었다.

종래에도 우리나라는 대학생 정원을 강력하게 통제해 왔다. 교육법시행령 제정 이전에도 대학생 정원 문제는 있었으나 그리 심각하지 않았고, 그리고

6·25 전후도 대학생 정원에 관한 한 방임적 정책이라고 할 수 있었다. 그러나 대학생 정원을 대통령령으로 규제하게 된 것은 정원이 엄격하게 지켜지지 않았기 때문이었다.

1955년 8월 4일 대학설치기준령이 공포되어 대학 신설과 학생 증원을 인정하지 않았다. 그러나 1956~1958년 사이에 시설기준령에 미달된 대학에 대하여 정원 감축을 단행했는데, 1956년도에 55개 대학 중 32개 대학의 학생 모집이 정지 또는 감축되고, 1957년도에는 56개 대학 중 10개 대학에 대한 정원 감축이 있었다. 그 후에도 계속 대학 정원을 엄격하게 지키려는 문교 당국의 노력은 지속되었다.

5·16 이후 1961년 9월 1일 공포된 '교육에관한임시특례법'은 당시 문교부 장관으로 하여금 학교, 학과, 정원을 정비, 재조정할 수 있도록 하였다. 그래서 5·16 이전의 71개교 686학과 91,540명에서 1961년 정비 후에는 44개교 584학과 66,410명으로 감축되었다. 이어서, 대학입학자격국가고시제와 학사자격국가고시제로 대학생 정원을 통제하려 하였으나 성공하지 못하고, 1964년에 국가고시제도가 폐지되었다.

대학생 정원에 대한 강력한 통제가 시작된 것은 교육법시행령을 개정하여 대학생 정원을 대통령령으로 정하고, 학사와 석사학위를 당시 문교부에 등록하도록 규정하고(교육법시행령 제65조 제5항 및 제130조), 대학 학생 정원령을 대통령령 제2331호로 1965년 12월 22일 공포하여 1966년 1월 1일부터 시행한 후부터였다.

1965년도 제정의 대학 학생 정원령에 의하면, 위탁 학생, 외국인 학생 및 교포 학생을 제외하고는 정원령에 명시된 정원 수를 초과하여 입학을 허가할 수 없도록 규정하고 있으며, 대학원 학생 정원은 그 대학교 학생 정원의 10분의 1로 하였다.

이 대학 학생 정원령은 한 학교라도 신설·개편, 교명 변경이 있으면 그때마다 계속 개정되면서 변화해 오고 있다. 대학 학생 정원령은 교육법시행령 제56조 제5항의 규정에 의하여 대학과 사범대학의 학생 정원에 관한 사항의 규정을 목적으로 하고 있다.

대학(초급대학을 포함)과 사범대학의 학과별 입학 정원과 학년 정원은 별표로 정해 놓고, ① 위탁 학생, ② 정부 초청의 교포 자녀, ③ 외국인 학생, ④ 외국에서 12년 이상 이수자, ⑤ 학사학위 취득 후 3학년에 편입학한 자, ⑥ 복수 전공자, ⑦ 체육 특기자, ⑧ 외국 근무 공무원의 자녀, ⑨ 조기 졸업자, ⑩ 대학 졸업 자격고사에 합격한 자는 정원에서 제외하고 있다(대학 학생 정원령 31차 개정, 1986. 12. 31. 대통령령 제12042호).

대학원의 학생 정원은 그 대학 정원의 10분의 1로 하고, 학교의 장은 정원을 초과하여 입학(편입학)을 허가할 수 없게 했다. 학교의 장은 대학입학 선발고사에 합격한 자에게 입학 허가를 통지해야 하는데, 이때 당시 문교부 장관의 확인을 받도록 한 것이 1970년 3월 1일부터 개정 시행된 대학 학생 정원령의 골자였다(1969. 12. 24. 대통령령 제4475호, 1986. 12. 31. 대통령령 제12042호). 1972학년도는 국가 인력 수급 계획에 의거하여 정원을 조정하고, 1972년 8월 26일 공포한 개정령은 단과대학별로 2개 이상의 학과의 정원을 통합하여 운영할 수 있게 하였다. 그리고 1973학년도 대학 학생 정원 조정원칙은 ① 서울 인구 집중 방지, ② 지방 대학 육성과 특성화, ③ 국가 경제발전상 필요한 산업 분야의 지역별 배치 고려, ④ 종합대 승격 불인정, ⑤ 인문·사회계 증설 억제, ⑥ 국사 교육 강화와 체육학과 확충, ⑦ 종합대학에 단과대학 설치의 교원양성학과를 통합하여 사범대를 개편, ⑧ 중등교원은 당해 시·도 대학으로부터 공급, ⑨ 직업인과 여성의 고등교육 기회의 확대를 위해 2부 대학을 확충한다는 것이었다.

1974학년도는 중화학 공업 분야의 국가 인력 수급상 필요한 분야와 지방 대학 육성에 초점을 맞춰 정원령이 개정되었다. 1977년의 정원령에서는 과거의 정원 외 학생 중 교포 학생과 국내 근무의 발령을 받은 해외 근무 공무원과 같이 귀국한 자녀가 삭제된 변화가 있었다.

1970년대의 대학 학생 정원은 이공 계열 중에서도 중화학 공업계와 사회 계열 중에서도 경상계와 외국어 학과 등의 중점 증원이 있었고, 서울 소재 대학은 야간과 지방분교에 증원이 있었다. 이러한 대학 학생 정원은 1980년 7·30 교육개혁으로 입학 정원이 졸업 정원으로 바뀌는 대전환을 하면서 계속 우리나라 고등교육 인구를 조정해왔다(그러나 대학 자율화의 요구가 계속되자, 이후 1987년 9월 25일 당시 문교부는 1989학년도부터 동일 계열 내 학과별 정원은 대학이 자율적으로 조정하기 시작하여 단계적으로 개별 대학에 일임하는 방향으로 추진하겠다고 발표하였다.).

학위등록제는 대학(사범대학 및 교육대학 포함) 또는 대학원에서 소정의 과정을 이수하고 일정한 시험에 합격한 자에 대하여 정원의 범위 내에서 학위를 수여하도록 되어 있다. 이는 부정 입학과 부정 졸업을 방지하고 대학 교육의 질을 제고하기 위해 교육법시행령 제125조 '학위의 명칭'에 근거하여 제정되고, 1967년 12월 24일 대통령령 제3302호로 개정되었다.

교육법시행령 제125조에 의하면, ① 총·학장은 학위 수여 예정일 30일 전에 학사, 석사, 박사 학위 예정자 명부를 당시 문교부 장관에게 제출하여야 하고, ② 학사 학위 수여 예정자 명부의 등재 대상은 대학 학생 정원령에 의하여 당시 문교부 장관이 공고한 입학생 명부에 등재된 자로서 교육법 제115조 제1항의 규정에 의하여 학사 학위를 받은 자에 한하게 되어 있다. 또 외국에서 박사 학위를 받은 사람도 귀국 6개월 이내에 논문 1부를 첨부하여 등록하게 되어 있다. 1965학년도 학위 수여 예정자부터 학적 사항(입학, 휴학, 복학, 재입학 등)을 사전에 당시 문교부에서 확인한 후 학위 수여하던 것을 1987년 2학기부터는 대학별로 학위 수여자 명부만 제출하도록 하였다.

이 대학 학생 정원령과 학위등록제는 고등교육 인구를 국가가 조절하고 그 질을 보장하려는 의도로, 우리의 실정에서는 긍정적인 측면이 많았다. 그러나 지나친 경직성은 대학의 자율 역량을 저해할 수 있다는 점에서 어느 정도의 자율성과 융통성을 대학에게 부여하는 당시 문교부의 학위등록제 개선 방안과 1989학년도부터 대학 정원 조정을 대학의 자율에 맡긴다는 조치(1987. 9. 25. 발표)는 진일보된 시책으로 평가되고 있다.

## 4. 지방 대학의 확충

한국의 정치, 경제, 사회, 문화, 행정 등 모든 활동이 서울 중심이라는 것은 오랫동안 지적되어 온 이야기이다. 교육도 예외가 아니어서 서울 중심으로 이루어지고 있다. 그래서 자녀 교육을 위해서 서울로 모여들고, 가족들과 떨어져 살기도 하고, 하숙을 하면서 서울로 진학하는 학생도 많았다.

1978년 3월에 확정된 수도권 인구분산시책에 의하여 인구의 서울 집중을 억제하고 있는데, 고등교육의 측면에서도 그동안 직장인을 위한 야간대학과 국책상 부득이한 학과 이외에는 서울 소재 대학의 학생 정원을 계속 억제해 왔다. 서울 소재 대학이라도 지방 캠퍼스에는 학생 증원을 허용하였다.

이와는 대조적으로 지방 대학은 학생 정원을 늘리고 재정과 시설 지원을 하는 등 육성책을 써왔다.

이들 지방 대학 육성책에 의하면, 지방 대학의 우수 교원 확보와 교수 교류, 교육 시설의 확충, 그리고 정원 확충으로 지방의 교육기회를 확대시켜 서울에 소재하고 있는 대학들에 버금가는 수준 높은 교육을 제공한다는 것이었다. 특히, 당시 문교부는 1980년 11월 18일 지방 대학 육성 시책을 확정 발표했는데, 그 골자는 국고 지원 82%를 증액하고, 서울과 지방 대학 간에 교수를 교류하고, 입학 정원을 증원하며, 기타 교육 시설을 확충한다는 것이었다.

학생 정원 측면에서 서울 소재 대학은 증원을 계속 억제해 왔고 지방 소재 대학은 증원을 허용해 왔으며, 1980년 7·30 교육 개혁으로 서울 소재 대학의 증원이 약간 허용되었는데도 1982학년도에는 1,370명, 1983학년도에 430명의 졸업 정원이 서울에서 지방으로 이전되었다. 그래서 졸업 정원을 비교할 때 1978년도의 서울 대 지방이 42.5% 대 57.5%였는데, 1983학년도는 32.7% 대 67.3%로 변화하였다. 1985년 통계에 의한 대학 교수 수의 비는 36% 대 64%이며, 학생 수의 비는 33.13% 대 66.87%이다. 1979~1983학년도의 대학 학생 정원의 증원 내역을 서울과 지방으로 비교하면 〈표 1-1〉과 같다.

　서울과 지방 사이의 교수 교류를 살펴보면, 1977학년도부터 1983학년도까지 398명이 교류되고, 5억 6,900만 원의 연구비가 지원되었는데, 이 중 116명은 서울에서 지방으로, 241명은 지방에서 서울로, 41명은 지방에서 지방으로 교류되었다. 그러나 단순한 교수 교류만으로 충분한 효과를 거두기 어려웠다. 근본적으로 교수여건을 개선하여 전임 우수 교수를 확보하는 일에 초점을 맞춰야 할 것이다.

　지방 국립대학의 시설 확충면을 살펴보면, 1977~1983년까지의 국립대학 시설비 투자 현황은 〈표 1-2〉와 같다.

〈표 1-1〉 대학 학생 정원의 증원 실속

| 구 분 | 1978학년도 현재의 입학 정원 | 1979~1983학년도의 증원 | | | | | | 1983학년도 현재 |
|---|---|---|---|---|---|---|---|---|
| | | 1979 | 1980 | 1981 | 1982 | 1983 | 계 | |
| 서 울 | 31,420 | 5,980 | 2,830 | 12,315 | △1,310 | △490 | 19,325 | 50,290 |
| | (42.5) | (23.5) | (16.3) | (45) | (△17) | (△12) | (24) | (32.2) |
| 지 방 | 42,430 | 19,530 | 14,510 | 15,005 | 9,010 | 4,610 | 62,665 | 105,550 |
| | (57.5) | (76.5) | (83.7) | (55) | (117) | (112) | (76) | (67.7) |
| 계 | 73,850 | 25,510 | 17,340 | 27,320 | 7,700 | 4,120 | 81,990 | 155,840 |
| | (100) | (100) | (100) | (100) | (100) | (100) | (100) | (100) |

* 1983학년도 현재는 1986학년도 졸업 정원임.

〈표 1-2〉 국립대학 시설비 투자 현황

(단위: 억 원)

| 구분 | 1977 | 1978 | 1979 | 1980 | 1981 | 1982 | 1983 |
|---|---|---|---|---|---|---|---|
| 재경대 | 25 | 46 | 51 | 51 | 56 | 52 | 72 |
| 지방대 | 101 | 123 | 334 | 423 | 763 | 755 | 466 |
| 계 | 126 | 169 | 385 | 474 | 819 | 807 | 538 |

〈주〉 ① 1982년도에는 지방 대학 교수 편의 시설 제공
　　　　교수 아파트: 5개 대학 45동, 7억 5백만 원
　　② 1983년도의 서울 소재 대학 투자 금액이 증대된 것은 한국 체육 대학 이전비가 27억 원이 포함되었기 때문임.

특히, 지방 국립대학의 6개 특성화 공과대학은 교수 아파트, 실험실, 외국인 초빙 경비, 학생 복지 시설, 학술 연구 조성비, 교수 정원 배정에 특별 지원을 한 것으로 나타나 있다.

그리고 지방 대학의 연구 진흥을 위하여 학회, 학술 단체, 연구 기관의 학술 활동을 위한 학술 조성비 배정의 지방 비중을 늘려 왔다는 것이다. 당시 문교부 발표의 지원 실적의 비교표는 〈표 1-3〉과 같다.

아직도 서울 소재 대학과 지방 소재 대학 간에는 많은 차등이 있다. 학생이나 학부모의 서울 소재 대학의 선호도만 보아도 알 수 있다. 그러나 과거에 비하여 지방 국립대학의 수준이 향상된 것만은 사실이다. 또 국가의 지원이 없는 지방 사립대의 경우는 아직도 많은 차이가 있는 것도 사실이다.

### 〈표 1-3〉 학술연구조성비의 지원 실적

(단위: 1000원)

| 연 도 | 서울 소재 대학 | 지방 소재 대학 | 합 계 |
|---|---|---|---|
| 1977 | 829,220(53%) | 733,630(47%) | 1,562,850 |
| 1978 | 1,127,204(55%) | 932,270(45%) | 2,059,974 |
| 1979 | 2,604,640(64%) | 1,475,187(36%) | 4,079,827 |
| 1980 | 2,680,113(52%) | 2,473,952(48%) | 5,154,065 |
| 1981 | 2,828,132(56%) | 2,153,225(44%) | 4,981,357 |
| 1982 | 2,271,000(49%) | 2,368,000(51%) | 4,639,000 |

대학의 발전을 위해서는 우수한 교수와 우수한 학생을 유치하고, 충분한 재정과 시설을 지원하는 일이 필수적이다. 따라서 당시 문교부는 계속적인 지방 대학의 육성으로 대학의 균형적인 발전을 이룩해야 했었다.

## 5. 대학 교수 재임용제의 실시

대학 교수 재임용제의 실시를 위한 법 제정의 근본 의도가 무엇이었느냐와 함께 이 제도의 순기능과 역기능이 무엇이고, 또 실제로 어떻게 운영되느냐 하는 것은 상당히 중요한 문제였다. 법제정의 근본 의도가 아무리 훌륭해도 운영에 있어서 역기능과 부작용을 낳기도 하고, 또 겉에 내세운 의도와 속에 감추어진 보이지 않는 목표 사이에 갈등과 괴리가 있을 수 있다. 대학 교수 재임용제가 목표는 좋았는데 부작용을 낳았는지, 아니면 내세운 목표는 좋았는데 숨은 목표가 나빴는지, 어떻든 이 제도는 저항에 부딪혀 온 것이 사실이었다.

이 제도가 있기 전까지는 우리나라 대학 교수의 신분 보장은 지나칠 정도로 완벽하였다. 한번 채용되고 나면 특별한 잘못이 없는 한 자동적으로 65세까지 정년이 보장되었기 때문이다. 심지어는 무능 교수 또는 연구하지 않는 교수까지도 정년이 보장되는 형편이었다. 그래서 무사 안일의 근무 자세와 연구 활동 부진을 초래할 여지를 내포하고 있었다.

그런데 이러한 상황 속에서도 일부 사립대학에서는 교수 계약 임용 제도를 채택하고 있었다. 즉 계명대(1970년), 고려대(1971년), 연세대(1971년), 이화여대(1973년) 등은 교수의 능력, 연구실적, 전문영역의 학회 활동과 대학 및 사회에 대한 봉사 활동 등을 종합 평가하여 임용하는 교수 계약 임용 인사 제도를 채택하고 있었던 것이다.

이어서 1971년 8월 17일과 1972년 1월 18일 양차에 걸친 국·공립대학 총·학장 회의에서 대학교원의 임용 제도를 기한부로 해야 할 필요가 있다는 건의가 있었고, 또 서울대학교 종합화 대학 개혁 추진 과정에서 조교수의 신규 채용 시 3년 이하의 계약제를 택하는 것이 좋겠다는 안이 들어 있었다.

이와 같은 국내의 사례와 외국의 제도를 참고하여 대학 교수의 재임용제에 대한 논의를 하게 되었다. 당시 문교부의 교육정책심의회는 전문 소위원회를 구성하고, 국내외 여러 대학의 교원 임용제도를 비교 연구하고, 재임용제도의 방안을 제안하여 4차에 걸친 전체 회의를 통하여 이 제도를 검토하였다.

그래서 교육법개정공포(법률 제2773호, 1975. 7. 23.), 교육공무원법개정공포(법률 제2774호, 1975. 7. 23.), 사립학교법개정공포(법률 제2775호, 1975. 7. 23.) 등의 법적 절차를 통해서 대학 교원의 기한부 임용제가 우리나라에 처음으로 도입, 시행되었다.

이러한 임기 계약제에 따라 임용기간이 만료되는 대학 교원에 대하여 재임용을 하는 경우에는 연구실적, 전문영역의 학회 활동, 교수, 연구 및 학생생활 지도에 관한 능력과 실적, 교육 관계 법령의 준수 상태 등을 참고하여 심사를 거쳐 다시 일정 기간 동안 재임용하고, 임기가 끝날 때마다 심사를 통하여 재임용하게 된 것이다.

당시(1975. 7. 23.) 교육공무원법 제정 목적과 내용을 보면 다음과 같다.


현행의 대학 교원 인사 제도는 연공 서열제로서, 소정의 근무 연한만 경과되면 자동적으로 승진하여 정년까지 근무하는 안일한 제도인바, 이를 개정하여 대학교육의 질적 향상과 우수한 교원을 확보하려는 것임.

① 대학 교원은 일정한 기간을 정하여 기한부로 임용하도록 하는데, 당시 제9조(현재는 제11조)의 제3항에서는 대학(사범대학, 교육대학, 초급대학을 포함한다.)에 근무하는 교원은 다음과 같이 기간을 정하여 임용하도록 하였다.

1. 교수 및 부교수: 6년 내지 10년.

2. 조교수 및 전임강사: 2년 내지 3년.

3. 조교: 1년.

② 현직 대학 교원에 대하여는 1976년 2월 말일까지 기간을 정하여 기한부로 임용하도록 함.

③ 교원의 재임용에 있어 그 공정을 보장하기 위하여 대학에 교수임용심사위원회를 설치함.

   부 칙

① (시행일) 이 법은 공포한 날부터 시행한다.

② (경과 조치) 이 법 시행 당시 대학(사범대학, 교육대학, 초급대학을 포함한다.)에 근무하는 교원은 1976년 2월 말일부로 제9조 제3항의 규정에 의하여 재임용한다.

③ (同前) 제2항의 규정에 의한 교원 재임용에 관한 사항을 심의하게 하기 위하여 대학(사범대학, 교육대학, 초급대학을 포함한다.)에 교수 재임용심사위원회를 두되, 그 조직, 기능 및 운영에 관하여 필요한 사항은 대통령령으로 정한다.

이것은 국립대학의 경우이고, 사립대학의 경우는 사립학교법에 제53조 제2항의 ② '대학 교육 기관의 교원은 직명별로 10년 이내의 범위 안에서 당해 학교법인의 정관이 정하는 바에 따라 기간을 정하여 당해 학교의 장이 임면한다(법률 제2775호, 1975. 7. 23.)'로 규정되어 있어, 임용기간만 대학에 따라 약간 다를 뿐 모두 국립대학교에 준하게 되어 있다.

이렇게 해서 1976년 2월에 최초로 실시된 대학 교원 재임용 과정에서 국·공립대학(교)은 당시 총 교원 수 4,260명 중 4.97%에 해당하는 212명이 재임용에서 제외되었고, 사립대학(교)은 총 교원 수 5,511명 중 1.8%인 104명이 탈락되었다. 또 2.4%에 해당하는 144명의 사립대학(교) 교수가 전직 등의 이유로 하여 사표를 제출했으므로, 국·공·사립대학(교)의 총 교수 9,771명 중 4.7%에 해당하는 460명이 재직하고 있던 대학에서 물러났다.

이 제도는 원래의 의도는 좋았고, 또 외국 대학에서는 성공적으로 활용되고 있는 제도이지만, 일부 악용될 소지가 있다는 비난과 더불어 발전적으로 검토되었다.

현재의 경향은 외국의 정년보장제(tenure)를 적용하여 조교수까지는 임기 계약제로 하더라도 부교수 이상은 정년을 보장해 주어야 한다는 입장이 많으며, 또 일부에서는 전임강사까지도 과거처럼 완전 정년보장제를 주장하기도 한다. 그래서 당시 문교부는 1987년 9월 25일에 발표하기를, 앞으로 교수 재임용제도를 개선하여 조교수와 전임강사는 계약제로 하고, 교수와 부교수는 정년보장제를 시행할 것이라고 하였다.

# 6. 서울대학교 발전 계획

국립서울대학교는 단위 대학으로서 존재하지만, 우리나라 대학을 대표하는 상징으로서도 중요한 역할을 담당하고 있다. 그래서 서울대학교의 어떠한 변화는 다른 대학에 미치는바 영향이 크다. 서울대학교가 계속 연구하여 계획을 세우고 수정을 가했던 여러 번의 발전 계획도 한 대학의 발전 계획으로서도 중요한 의미를 가지지만, 이에 못지않게 중요한 사실은 우리나라 전 고등교육의 개혁에 많은 시사를 주었다.

서울대학교발전계획은 그 전에도 있었지만, 1968년 4월 15일 '서울대학교를 종합 부지로 이전하고 종합화한다.'는 내용을 골자로 하는 '서울대학교 발전10개년계획'이 국무 회의의 의결을 거쳐 그 해 6월에 국회에서 통과됨으로써 구체화되었다.

그래서 총장 산하에 기획위원회와 건설본부가 설치되고, 4월 29일 당시 한심석 부총장을 위원장으로, 건설본부장 이훈섭을 부위원장으로 하는 19명의 위원으로 구성된 서울대학교기획위원회가 활동하기 시작하였다.

특히, 이 기획위원회 산하에 '교육연구 및 기구 조직분과 위원회'를 두어 아카데믹 플랜을 세운 것은 다른 대학에도 많은 영향을 주었다. 그리고 1970년 3월 16일 종합 캠퍼스의 부지가 관악산 기슭으로 확정됨에 따라, 이 분과위원회는 1970년 4월 30일 1차 회의를 시발로 하여 수많은 회의를 통하여 의견을 집약해 나갔는데, 1970년 10월 12일자 서울대학교 '대학신문'에 그 중간 결과(1차안)가 공식 발표되었다. 그리고 1971년 2월에 서울대학교 기획위원회 교육 연구 및 기구 조직분과 위원회 연구 보고서를 내고, 1971년 3월 22일자 '대학신문'에 '종합화의 이상과 현실'이라는 제하에 연구과정의 고충과 문제점을 대담 형식으로 제시하기도 하였다.

1971년 9월에는 '제2차(안) 보고서'를 발표하고, 이를 수정하여 '3차안'으로 하여 2차안, 3차안을 1971년 9월 20일에 동시에 발표하였다.

1971년 10월 11일부터 14일까지 4일간에 걸쳐 종합화를 위한 국제학술회의가 타워 호텔에서 열렸는데, 11개국에서 15명이 참가하였다. 1971년 12월 22일에는 기획위원회와 교육 연구 및 기구 조직분과 위원회에서 심의하여 '교육 연구 및 기구 조직에 관한 연구 보고서'를 내고, 1972년 1월 10일자 '대학신문'에 '최종안'을 내놓았다. 이를 다시 수정하여 1973년 9월 수정안이 보고되고(서울대학교 종합화 교육 기구 및 운영계획(안)), 1975년 1월 13일에 다시 '최종 수정안'이 나왔다. 몇 번의 수정을 거쳐 1975년 3월 1일자로 서울대 설치령 개정령이 확정되었다. 그리고 1975년 관악산 기슭의 새 종합 캠퍼스에서 새로운 대역사를 창조하기 시작하였다. 의대와 치대, 농대만 연건동과 수원에 남겨 놓은 채 1979년 공대의 이전으로 1968년부터 시작된 종합화 건설 10개년 계획이 1년 더 걸려 끝났다. 이상이 서울대학교 종합화 계획의 작성 과정이라 할 수 있다.

서울대학교는 그 후로도 계속 '서울대학교발전10개년 계획(연구 보고서)'을 냈는데(1983. 12. 1987. 2.), 여기서는 1968년도부터 시작하여 1975년 1월에 발표된 '최종 수정안'의 내용을 중심으로 살펴보기로 한다. 방대한 종합화 10개년 계획을 상세히 소개하기는 어렵고, 아카데믹 플랜의 골격만을 간단히 소개하면 다음과 같다.

우선 대학행정의 종합화를 계획하였다. 그래서 관리 조직으로 ① 이사회를 두어 대학의 주요 정책을 결정하게 하고, ② 총장, 부총장으로 이어지는데, 부총장은 교학부총장, 의무부총장, 사무부총장을 두도록 하고, ③ 건설본부장, ④ 기획실장을 두는데, 그 하부 조직으로 기획위원회와 예산위원회, 인사제도심의 의원회를 설치하도록 2, 3차안에서 제시하였고, ⑤ 교수평의회를 두어 교수의 의견을 대학 운영에 반영하려 했으며, ⑥ 학장과 원장을 두는 것은 어느 대학이나 마찬가지이고, ⑦ 학장보를 두어 학장을 보좌하는 실무적인 일을 담당하게 계획하였다.

대학의 학무 행정 조직은 ① 부와 학과를 단위로 하며, ② 여기에 부·과장을 두고, ③ 기초과정부장교수, ④ 교과과정위원회, ⑤ 대학원과정위원

회, ⑥ 학사과정위원회, ⑦ 기초과정위원회, ⑧ 학생지도위원회, ⑨ 도서관
운영위원회, ⑩ 교수회, ⑪ 조교제도를 두어 학무 행정을 원활하게 하려고
하였다.

교육 지원 시설로는 ① 도서관을 중앙 도서관과 전문 도서관으로 확충하
고, ② 학생 회관, ③ 체육 시설, ④ 전자 계산소, ⑤ 강당, ⑥ 기숙사, ⑦
교수 회관, ⑧ 보건 진료소, ⑨ 박물관, ⑩ 미술관, ⑪ 기타 교수 주택, 국
제 회의장, 영빈관, 총장 회관, 매스컴 센터, 주차장, 부속학교 등을 건립하
기로 하였다.

그리고 교육기구의 종합화를 계획하였는데, 이 계획이 실험대학의 운영에
영향을 준 바 컸다고 할 수 있다. 예를 들면 학문 계열별 학생 모집과 학생
의 과별 배치 연기, 복수 전공제와 전학과 전공 변경, 대학 졸업 학점을
140학점으로 인하하는 문제 등은 곧바로 실험대학에 적용되었다.

이 밖에 부지 계획, 건축 계획 등 구체적인 계획들이 추진되고 있었다.
서울대학교는 1983년 12월에도 '서울대학교발전10개년 계획(연구 보고서:
서울대학교 기획위원회발전계획수립전문위원회 편)'을 펴내었고, 또 1987년
에 와서는 '서울대학교발전장기계획(1987~2001)'을 요약 형식으로 발표하
는 등 계속적인 계획과 수정을 진행시킨 바 있었다.

물론 모든 계획이 다 실천으로 옮겨졌던 것은 아니지만, 대학에 어떤 방
향감과 비전을 주며, 또 앞에서도 언급된 것처럼 한국의 다른 대학과 고등
교육 개혁에 영향을 주었다는 점에서 큰 의미를 가졌다고 할 수 있다.

## 7. 사범대학 증설

사범대학은 중학교와 고등학교 교원 양성을 목적으로 하는 대학이다. 사

범대학이라는 명칭이 처음 붙은 것은 1946년 8월 22일 경성사범학교와 경성여자사범학교를 병합하여 설치한 서울대학교 사범대학이었다. 이로써 우리나라에 정식 중등 교원 양성 기관이 발족된 것이다.

우리나라의 중등 교원 양성은 ① 국·공립 사범대학, ② 사립 사범대학, ③ 국·공립 교과 교육과, ④ 국·공립 교직 과정, ⑤ 사립대학 교직 과정, ⑥ 교육대학원(야간)을 통해서 양성되고 자격증을 발급하도록 되어 있었다.

그런데 중등 교원의 대부분은 국가에서 양성하여 국가가 책임지고 채용하는 형식이기 때문에 항상 수요와 공급 사이에 틈이 벌어져 계속 논란의 대상이 되어 왔다. 또 시대 상황에 따라 때로는 과잉 공급 또는 수요 부족 현상이 야기되었고, 국·사립 간의 차등채용 등이 심각한 문제로 대두되고 있기도 하였다. 최근에는 과잉 공급 현상이 문제되고 있는데, 이러한 문제의 원인 중 하나는 1970년대에 사범대학이 많이 증설되었기 때문이었다.

우리나라의 사범대학 증설 상황을 연도별로 살펴보면 갑작스런 팽창을 쉽게 알 수 있다. 1960년까지는 서울대, 경북대, 공주사대, 이화여대 등 4개 대학에 사범대학이 설치되어 있었는데, 1961~1970년 사이에 증설, 승격으로 9개 사범대학이 설치되었고, 1971~1980년도에는 14개 사범대학이 증설되었다. 그리고 1981~1987년에 13개 사범대학이 증설되었고(승격된 것도 있어 실제 숫자는 줄어들었음.), 1970년대와 1980년대 초에도 계속 우후죽순처럼 증설되어 1980년대에 과잉 공급과 임용난으로 문제가 되고 있다.

증설 상황을 요약하면 〈표 1-4〉와 같다.

〈표 1-4〉 연도별 사범대학 설치 현황(4년제)

| 연    대 | 학교명(설치 연도) | 변    경 |
|---|---|---|
| 1946~1960 | 서울대학교(1946. 8.) | |
| | 공주사대(1948. 7. → 1954. 4년제로 승격) | |
| | 경북대학교(1946. 10. → 1951. 대구사대에서 흡수) | |
| | 이화여자대학교(1951. 9.) | |

| 연 대 | 학교명(설치 연도) | | 변 경 |
|---|---|---|---|
| 1961~1970 | 수도여자사범대학(1961. 4년제 승격) | | ● 수도여자대학교 |
| | 경희대학교(1965. 1.) | 중앙대학교(1965. 1.) | → 세종대학 |
| | | | (1978. 10.) |
| | 조선대학교(1965. 1.) | 상명여자사범대학(1965. 1.) | ● 상명여자 사범대학 |
| | | | → 상명여자대학 |
| | 동국대학교(1968. 2.) | 한양대학교(1966. 12.) | (1983. 3.) |
| | | | → 상명여자 |
| | 부산대학교(1969. 3.) | 청주대학교(1970. 12.) | 대학교(1987. 3.) |
| 1971~1980 | 단국대학교(1971. 3.) | 전북대학교(1971. 12.) | |
| | 전남대학교(1971. 12) | 원광대학교(1971. 12.) | |
| | 고려대학교(1972. 12.) | 성균관대학교(1972. 2.) | |
| | 영남대학교(1972. 12.) | 청주사범대학(1972. 12.) | |
| | 인하대학교(1972. 12.) | 건국대학교(1973. 12.) | |
| | 홍익대학교(1973. 12.) | 충북대학교(1977. 12.) | |
| | 강원대학교(1978. 12.) | 경상대학교(1979. 9.) | |
| 1981~1987 | 효성여자대학교(1981. 3.) | 한국외국어대학교(1981. 3.) | ● 연세대학교 |
| | 국민대학교(1981. 3.) | 제주대학교(1982. 3.) | → 교육과학대학 |
| | 대구대학교(1982. 3.) | 경남대학교(1982. 3.) | (1982. 3.) |
| | 성신여자대학교(1982. 3.) | 전주대학교(1984. 3.) | |
| | 한남대학교(1985. 3.) | 한국교원대학교(1985. 3.) | |
| | 상명여자대학교(1987. 3.) | | |

사범대학과 사범계 학생 정원을 1970년과 1980년을 비교해 보면 사범계 졸업생의 팽창을 쉽게 알아볼 수 있다(〈표 1-5〉 참조).

〈표 1-5〉 1970년과 1980년의 사범대학 및 사범계 학과 학생 수

| 국립대학(교) | | | | | | | | | |
|---|---|---|---|---|---|---|---|---|---|
| 사범대학 | 학과 수 | | 입학생 | | 사범계 학과 | 학과 수 | | 입학생 | |
| | 1970 | 1980 | 1970 | 1980 | | 1970 | 1980 | 1970 | 1980 |
| 서 울 대 학 교 | 7 | 7 | 400 | 410 | 서 울 대 학 교 | 2 | 1 | 140 | 60 |
| 경 북 대 학 교 | 8 | 10 | 355 | 700 | 강 원 대 학 교 | 4 | | 150 | |
| 부 산 대 학 교 | 4 | 11 | 160 | 570 | 경 북 대 학 교 | 1 | | 30 | |
| 공 주 사 범 대 학 | 8 | 14 | 310 | 710 | 전 남 대 학 교 | 1 | | 30 | |

국립대학(교)

| 사범대학 | 학과 수 | | 입학생 | | 사범계 학과 | 학과 수 | | 입학생 | |
|---|---|---|---|---|---|---|---|---|---|
| | 1970 | 1980 | 1970 | 1980 | | 1970 | 1980 | 1970 | 1980 |
| 강 원 대 학 교 | | 11 | | 440 | 충 남 대 학 교 | 1 | 11 | 30 | 1,540 |
| 경 상 대 학 교 | | 7 | | 390 | 충 북 대 학 교 | 5 | | 150 | |
| 전 남 대 학 교 | | 13 | | 690 | 부 산 수 산 대 학 | 1 | 1 | 15 | 40 |
| 전 북 대 학 교 | | 9 | | 420 | 진 주 농 과 대 학 | 3 | | 80 | |
| 충 북 대 학 교 | | 11 | | 460 | 제 주 대 학 | 2 | | 50 | |
| 제 주 대 학 교 | | 8 | | 200 | 안 동 대 학 | | 2 | | 80 |
| 계 | 27 | 101 | 1,225 | 4,990 | 계 | 20 | 14 | 675 | 1,720 |

사립대학(교)

| 사범대학 | 학과 수 | | 입학생 | | 사범계 학과 | 학과 수 | | 입학생 | |
|---|---|---|---|---|---|---|---|---|---|
| | 1970 | 1980 | 1970 | 1980 | | 1970 | 1980 | 1970 | 1980 |
| 이 화 여 자 대 학 교 | 6 | 7 | 330 | 420 | 연 세 대 학 교 | 1 | 1 | 30 | 30 |
| 중 앙 대 학 교 | 5 | 5 | 205 | 205 | 고 려 대 학 교 | 1 | | 25 | |
| 한 양 대 학 교 | 4 | 5 | 140 | 185 | 이 화 여 자 대 학 교 | 1 | 1 | 40 | 40 |
| 동 국 대 학 교 | 5 | 7 | 145 | 215 | 성 균 관 대 학 교 | 1 | | 20 | |
| 경 희 대 학 교 | 2 | 2 | 70 | 90 | 건 국 대 학 교 | 1 | 1 | 25 | 20 |
| 조 선 대 학 교 | 2 | 7 | 290 | 300 | 숙 명 여 자 대 학 교 | 1 | 2 | 35 | 115 |
| 수 도 여 자 사 범 대 학 | 3 | | 70 | | 영 남 대 학 교 | 1 | | 50 | |
| 성 신 여 자 사 범 대 학 | 5 | | 170 | | 한 국 외 국 어 대 학 교 | 1 | 2 | 60 | 80 |
| 상 명 여 자 사 범 대 학 | 5 | | 150 | | 홍 익 대 학 교 | 1 | | 30 | |
| 건 국 대 학 교 | | 4 | | 130 | 계 명 대 학 교 | 1 | 4 | 20 | 150 |
| 고 려 대 학 교 | | 5 | | 190 | 삼 육 대 학 | 2 | | 70 | |
| 단 국 대 학 교 | | 5 | | 180 | 광 운 전 자 공 과 대 학 | 1 | | 30 | |
| 성 균 관 대 학 교 | | 4 | | 130 | 수 도 공 과 대 학 | 1 | | 40 | |
| 영 남 대 학 교 | | 11 | | 450 | 마 산 대 학 | 1 | | 30 | |
| 원 광 대 학 교 | | 11 | | 560 | 명 지 대 학 | 1 | | 30 | |
| 인 하 대 학 교 | | 12 | | 440 | 한 국 사 회 사 업 대 학 | 1 | | 40 | |
| 홍 익 대 학 교 | | 5 | | 140 | 원 광 대 학 | 7 | | 180 | |
| 청 주 사 범 대 학 | | 17 | | 770 | 감 리 교 신 학 대 학 | 1 | | 30 | |
| | | | | | 동 아 대 학 교 | | 2 | | 80 |
| | | | | | 숭 전 대 학 교 | | 7 | | 280 |

| 사립대학(교) | | | | | | | | | |
|---|---|---|---|---|---|---|---|---|---|
| 사범대학 | 학과 수 | | 입학생 | | 사범계 학과 | 학과 수 | | 입학생 | |
| | 1970 | 1980 | 1970 | 1980 | | 1970 | 1980 | 1970 | 1980 |
| | | | | | 인 하 대 학 교 | | 1 | | 30 |
| | | | | | 경 남 대 학 교 | | 8 | | 360 |
| | | | | | 고 려 신 학 대 학 | | 1 | | 30 |
| | | | | | 관 동 대 학 | | 9 | | 360 |
| | | | | | 국 민 대 학 교 | | 2 | | 70 |
| | | | | | 덕 성 여 자 대 학 | | 1 | | 40 |
| | | | | | 동 덕 여 자 대 학 | | 4 | | 140 |
| | | | | | 목 원 대 학 | | 6 | | 240 |
| | | | | | 부 산 여 자 대 학 | | 6 | | 280 |
| | | | | | 상 지 대 학 | | 3 | | 120 |
| | | | | | 서 울 신 학 대 학 | | 1 | | 30 |
| | | | | | 서 울 여 자 대 학 | | 1 | | 30 |
| | | | | | 성 신 여 자 대 학 | | 3 | | 90 |
| | | | | | 세 종 대 학 | | 1 | | 30 |
| | | | | | 전 주 대 학 교 | | 9 | | 400 |
| | | | | | 청 주 대 학 | | 6 | | 240 |
| | | | | | 총 신 대 학 | | 1 | | 30 |
| | | | | | 한 사 대 학 | | 1 | | 270 |
| | | | | | 한국침례교신학 대 학 | | 1 | | 30 |
| | | | | | 효 성 여 자 대 학 | | 8 | | 320 |
| 계 | 42 | 115 | 1,570 | 4,745 | 계 | 26 | 93 | 765 | 3,935 |

1970년도 총 입학 정원은 4,235명이었는데, 1980년도에는 15,309명으로 363.4%가 증가하였다.

연도별 사범대학(사범계 제외) 졸업생 수의 변화를 보아도 1970년도 1,651명에서 1980년도 7,981명으로 486.4% 증가하였다(〈표 1-6〉 참조). 그런데 이 기간 중의 중·고등학생의 증가를 보면, 1970년도 51,061명에서 1980년에 105,806명으로 207.2%증가하였다. 이러한 학생 수 증가에 비례하여 사범계를 제외한 사대 졸업생의 증가는 483.4%로, 여기에 사범대 졸업생의 임용난을 예측할 수 있다.

1970년대의 사범대학 증설은 몇 가지 측면에서 생각해 볼 수 있다. 첫째, 1969학년도부터 실시된 무시험 진학제도로 중학교가 팽창하고, 1974학년도부터 고교 연합고사 추첨제와 고교 평준화 시책으로 고등학교가 팽창하여 중등 교원의 수요가 급증한 까닭에 이의 증설이 요구되었다. 한쪽의 팽창이 또 다른 팽창으로 연결되었던 것이다.

<표 1-6> 사범계 대학 연도별 졸업생과 취업률

| 연  도 | 사범대학 | |
|---|---|---|
| | 졸업생(국립계) | 취업률 |
| 1970 | 1,651(511) | 61.48 |
| 1971 | 2,308(553) | 66.94 |
| 1972 | 2,561(739) | 69.70 |
| 1973 | 3,052(1,042) | 71.36 |
| 1974 | 3,620(1,030) | 69.75 |
| 1975 | 3,091(1,257) | 75.48 |
| 1976 | 5,204(1,294) | 60.49 |
| 1977 | 6,096(1,807) | 57.13 |
| 1978 | 7,212(1,815) | 58.02 |
| 1979 | 7,989(2,243) | 67.93 |
| 1980 | 7,981(2,667) | 59.32 |

둘째, 1970년대의 경기가 호황을 맞이하게 되자, 교원의 이직률이 상승하여 교원 부족 현상이 겹쳤다. 이를 계기로 하여 사범대학의 증설이 허가되었던 것이다.

셋째, 각 대학들이 종합대학으로 승격하기 위해 사범대학의 증설을 요구하였다.

1970년대의 교원 양성 교육은 당시 이전에는 엄격한 통제, 억제하에 있었던 것을 대량 양산 체제로 바꿈에 따라 적지 않은 부작용이 있었다. 가장 정성 들여 선발하고 훌륭하게 육성해야 할 교원이 갑자기 팽창한 사범대에서 배출되고 있을 뿐만 아니라, 부실 사범대의 증설이 곧 부실 중등교육으로 연결된다는 점에서 우려가 많았던 것이다.

우리나라 고등교육의 연대라 할 수 있는 1970년대에 추진되었던 교육개혁사업의 영향은 지금도 계속된다고 할 수 있다. 특히 실험대학을 통한 개혁 사업은 여러 면에서 본보기가 되었던 것이다. 우선 그 정책결정 과정이 민주적이었고, 또 개혁 사업이 점진적, 지속적, 장기적이었으며, 획일성보다는 다양성이 존중되고, 강제성보다는 자율성에 바탕을 두었다. 또 후진 대학에 제재를 가하기보다는 선도 대학에 지원이 주어져 대학 수준을 높이는 데 기여했던 것이다.

부분적으로는 실패가 없었던 것도 아니었다. 계열별 모집과 부전공 또는 복수 전공제는 우리나라 풍토에 맞지 않았던 것 같다. 그러나 제도적으로 정착되지는 못했지만 이상적으로는 바람직한 제도였다. 그렇다면 사회 풍토나 분위기를 바꾼다든지 제도를 계속 수정, 보완했어야 했다. 그러나 후자보다는 전자가 더 어려운 일이었다.

대학생 정원령과 학위등록제는 대학 자율에 저해 요인이 된다는 측면에서 비판도 있었으나, 대학교육의 질서 확립을 위한 최소한의 통제로서 긍정적 평가를 받기도 했다. 지방 대학 확충도 많은 성과를 보았다. 이 정책은 지속적이어야 하고, 지방 사립대까지도 확대되어야 할 시책이었다.

서울대학교 발전 계획은 자체뿐만 아니라 우리나라 대학 발전에 좋은 영향을 주었을 것으로 본다. 비록 계획대로 다 실현되지는 못했다 하더라도 사업은 계속되어야 할 것이다. 사범대학 증설은 중등 교원의 양성에 큰 몫을 담당했음에도 불구하고 많은 문제점이 있다는 지적을 받고 있다. 따라서 국립 사범계는 한 학과의 정원이 10~15명으로 운영하도록 요구되는 실정이며, 사립 사범계도 축소 또는 전향의 필요성이 접고되고 있다. 그런가 하면, 우리의 교사 양성 정책이 선진적인 교사 양성 형태로의 전환이 불가피하다는 지적도 적지 않은 실정이다.

# 제2장 80년대 7·30 대학교육개혁*

## 1. 배 경

1980년 7월 30일 국가보위비상대책위원회는 학교교육 정상화 및 과열 과외 해소방안 등을 포함하고 있는 7·30 교육개혁 조치를 발표하였다. 우선 7·30 교육개혁이라는 비상조치가 나오기까지의 관련되는 배경을 살펴보면 다음과 같다.

1968년까지는 우리나라의 모든 학생들이 입시지옥에서 시달렸다고 해도 과언이 아니었다. 심지어는 어린 초등학생까지도 과열된 과외로 심신이 제대로 성장하지 못하고, 학교교육은 비정상적으로 운영될 수밖에 없었으며, 가정생활은 균형을 잃었고, 과외비 부담이 극에 달하였다.

이러한 상황 속에서 1968년 7월 15일 당시 문교부는 중학교 무시험 진학제를 발표한 데 이어 1969학년도부터 서울에서 이를 실시하였다. 이 제도에 따라 초등학교 졸업자는 누구나 희망하면 중학교에 진학할 수 있게 되었기 때문에 중학생이 급격히 증가하게 되었다.

---

* 文敎 40年史, 당시 문교부, 1988 중 본인 집필 부분. 지나간 것이지만 기록 상 참고가 될 것임.

중학생 수는 늘고, 고등학교 수용 인원은 한정되어 있으므로, 중학교 입시 지옥은 고등학교 입시의 문제로 옮겨가게 되었으며, 다시 고등학교입시 제도의 개혁과 고등학교 평준화 정책을 가져오게 되었다.

1973년 2월 28일, 당시 문교부는 고등학교 및 대학(교)에 대한 입시 제도의 개선 방안을 발표하고, 같은 해 3월 13일 그 시행 계획을 발표하여 1974년도부터 이를 적용하였다. 새 고교 입시 제도의 골자는 인문계, 실업계 고등학교로 나누어 실시했는데, 실업계는 시를 하나의 단위로 하여 선발고사 성적으로 전기에서 선발하고, 인문계는 후기로 선발 자격고사 합격자에 한하여 고교 학군 내에서 학교를 추첨 배정하는 제도였다. 새 고교 입시 제도의 기본 방향으로는 (1) 교육 정상화의 촉진, (2) 고등학교의 평준화, (3) 실업 및 과학기술 교육의 진흥, (4) 지방 학교의 발전 조장, (5) 교육비 국민부담의 절감, (6) 학생의 대도시 집중의 억제 등이었으나, 이는 고교생의 증가라는 결과를 가져왔다.

이러한 병목 현상은 대학 입시로 옮겨가고, 과열 과외 현상이 심각하게 일어나 사회 문제로까지 대두되게 되었다. 1980년 당시 과외를 받던 학생은 150만 명으로 초·중·고 학생 총수인 980만 명의 15.3%에 해당되었다. 초등학생의 12%, 중학생의 15%, 고등학생의 41%가 과외 공부로 시달렸고, 학부모의 과외비가 연간 3,300억 원으로 추산되었다.

이와 같이 1969년도부터의 중학 무시험제에 이어서 1974년도부터의 고교 입학시험 개선과 고교 평준화 시책으로 인한 입시 병목 현상의 이동은 대학 입시를 위한 과열 과외 해소와 고교 교육 정상화를 위한 7·30 교육개혁을 단행하게 된 주요한 배경이 되었다.

7·30 교육개혁은 위에서 말한 중학교 무시험제도, 고교 평준화와 새 고교 입시 제도로 인한 필연적인 고교 학생 수 팽창의 원인도 있지만, 당시의 정치적, 시대적 배경도 크게 작용되었다.

당시 정부와 당시 문교부의 제1의 과제는 안정이었다. 이를 위해 학원의 안정을 회복하고 교육 풍토를 쇄신하여 과열 과외로 인한 사회적 불신을 일

소해야 할 획기적이고 개혁적인 조치가 요구되었던 것이다. 7·30 교육개혁 조치는 이러한 정치적, 사회적 배경 속에서 이루어졌다.

다른 나라보다 특별히 높은 국민들의 교육열과 교육에 대한 높은 기대에다 좁은 고등교육의 기회로 과열 과외가 극에 달하였으며, 이와 같은 현상은 고등학교 교육의 기능을 마비시키다시피 하였다. 인격교육과 전인교육은 생각조차 할 수 없었고, 입시 위주의 암기식 교육으로 교육과정이 비정상적으로 운영되었다. 학교교육보다 오히려 과외 교육에 치중하고, 그럴수록 학교교육은 불신과 외면을 받게 되었다.

과다한 과외비 지출로 가정 경제가 타격을 받았고, 과외를 시키는 사람과 못 시키는 사람들 간의 사회 계층적 위화감이 형성되어, 안정과 화합을 요구하는 시대 상황과 크게 상치되어 7·30 교육개혁 조치가 나오게 되었던 것이다.

7·30 교육개혁은 원래의 명칭인 '교육 정상화 및 과열 과외 해소방안'에서 짐작할 수 있는 것처럼 교육 정상화와 과외 해소의 두 가지에 초점이 주어졌다.

1980년 7월 30일이 교육 정상화 및 과열 과외 해소 방안에 대한 주요 내용은 다음과 같다.

① 1981학년도부터 대학 입학 본고사를 폐지하고, 출신 고등학교의 내신 성적과 예비고사 성적만으로 입학자를 선발한다.
② 고등학교 이하 각급 학교의 현행 교과목 수를 줄이고, 또 그 수준도 낮추는 방향으로 교육과정을 조정한다.
③ 대학의 졸업 정원제를 실시하여 신입생은 정원보다 일정 수를 더 입학시키되, 졸업은 입학정원 수로 한정한다.
④ 대학의 강의를 하루 종일 개설하여 대학의 시설과 인력을 최대한 활용하는 전일제수업을 시행한다.
⑤ 대학 진학의 문호를 넓히기 위해 대학 입학 인원을 연차적으로 대폭 확대하며, 1981년에는 최고 105,000명까지 증원할 것을 검토한다.
⑥ 현행 TV 가정 고교 방송의 운영을 개선하여 방영 시간과 대상 과목을 늘리는 한편, 1981년부터는 교육 전용 방송을 실시한다.

⑦ 방송통신대학을 확충하고, 교육대학의 이수 연한을 연장한다.

이상과 같은 7개 항목이 주로 교육 정상화에 초점을 맞춘 것이라고 한다면, 다음의 5개 항목은 과열 과외 해소 방안에 초점을 맞춘 것으로, 범국민적 과열 과외의 추방 캠페인 내용이었다.

① 국영 기업체 임직원을 포함한 모든 공직자와 기업인, 의사, 변호사 등 사회 지도급 인사들은 솔선수범하여 자녀에 대한 어떤 형태의 과외 공부도 금해야 한다. 이를 위반하는 공직자는 사회 정화의 차원에서 공직에서 물러나게 하며, 기타 지도급 인사에 대해서도 적절한 조치를 취한다.
② 공·사립학교에 재직하는 모든 교수와 교사의 과외 수업 행위를 일체 금지하며, 위반자는 교직을 떠나도록 한다.
③ 모든 과외 교사는 관계 기관에 의무적으로 등록하도록 하고, 그 소득에 대해서는 세금을 징수하는 방안을 강구한다.
④ 사설 학원에서는 중·고등학교 재학생들의 수강을 금하며, 이를 위반하는 학원에 대해서는 인가 취소 등의 제재 조치를 가한다.
⑤ 온 국민의 건전한 교육관을 유도하기 위하여 신문, 방송 등 대중 매체를 활용한 계몽 활동을 전개하는 한편, 교육관을 오도하는 내용의 보도는 규제한다.

이상과 같은 교육 정상화 및 과열 과외의 해소 방안은 많은 호응을 얻게 되었다.

## 2. 7·30 교육개혁의 주요 내용

앞에서 7·30 교육개혁의 주요 내용을 교육 정상화 방안과 과열 과외 추방 캠페인의 두 측면으로 나누어 열거하였는데, 주요 골자는 대학교육개혁이라는 것을 알 수 있다. '고교 이하의 교육과정 개정'과 'TV 가정 고교 방송 운영 개선' 이외에는 모두 대학 입시 또는 대학교육과 관련된 것들이었다.

그래서 1980년대는 고등교육 개혁의 연대라고 할 수 있으며, 7·30 교육개혁은 1970년대 실험대학을 시발로 하는 고등교육 개혁의 연속 조치라고 볼 수도 있었다. 이를 각 항목별로 살펴보기로 한다.

## 1) 대학 입시제의 개혁: 대학 본고사의 폐지와 고교 내신 성적의 반영

7·30 교육개혁의 중요한 내용의 하나는 대학 입시제의 개혁이다. 그때까지 국가에서 실시해 온 대학 입학 예비고사와 각 지원 대학에서 실시하는 대학 본고사에 의한 전형 방법을 폐지하고, 예비고사 성적에 고교 내신 성적을 반영하여 학생을 선발하는 제도로 변경된 것이었다. 변경된 대학 입시제는 1981학년도부터 실시되었다. 이에 관해 자세히 살펴보면 다음과 같다.

1980학년도 실시된 대학 입시 제도는 우선, (1) 예비고사와 대학 본고사로 학생들에게 이중적인 부담을 주고, (2) 대학 본고사 과목이 국어, 영어, 수학 등의 주지 교과에 치우쳐 고교 교육이 주지 과목 중심의 암기식 교육으로 비정상으로 운영되고, (3) 소수의 입시 과목으로 실력차를 내어 선발해야 하기 때문에 출제의 범위와 수준이 교과서를 넘어서 학생들이 학교교육을 불신하고 과외 수업에 치중하게 되었다는 것이다.

이러한 문제를 극복하여 고교 교육을 정상화시키고, 과열 과외를 해소시키기 위한 방안으로 고안된 것이 대학 본고사를 폐지하여 예비고사 하나로 줄이고, 대신에 고등학교 재학 중의 내신 성적을 반영하기로 한 것이다. 그리고 점차 대학 입학 예비고사 성적의 비율을 해마다 줄여 나가고, 내신 성적에 대한 반영 비율을 연차적으로 높여 나감으로써 최종 목표는 고교 재학 중의 성적만으로 대학 신입생을 선발하려는 교육정책이었다.

당시의 계획에 의하면, 1981학년도에는 입시 총점 중 예비고사 성적은 50% 이상 반영하고, 내신 성적 반영 비율은 20% 이상이며, 나머지 30%는 개별 대학의 재량에 맡겨 예비고사나 내신 성적으로 조정할 수 있게 하였다.

1982학년도에는 예비고사 성적을 50% 이상으로 전년도와 같이 두고, 내신 성적을 최소한 30% 이상 반영하고, 20%만 대학이 자유로이 조정하도록 계획하였다.

그리고 점차 내신 성적의 반영 비율을 확대해 나가, 궁극적으로는 예비고사를 아주 없애고 내신 성적 하나만으로 대학 신입생을 선발하려는 계획이었으나, 끝내 이러한 계획은 실현되지 못하고 말았다.

이러한 대학 입시제 개혁의 기본 전제는 1970년대부터 추진된 고교 평준화에 있었다. 지역 간, 계열 간, 주·야간, 학교 간의 학력차를 인정하지 않고, 전국의 모든 고등학교를 동일 수준으로 본 것이다. 즉 전국의 모든 고등학교의 질이 같다고 보고, 모든 학교의 내신 성적을 똑같이 취급했던 것이다.

내신 성적의 계산에 있어서 1981년에는 고등학교 3학년만의 교과 성적과 출석 점수로 하게 했는데, 교과 성적이 내신 성적의 90%를 차지하였다. 내신 성적은 교과별 이수 단위를 토대로 계열 석차를 내어 10개 등급으로 나누어 산출하고, 출석 점수는 내신 성적의 10%를 차지하는데, 6등급으로 나누어 계산하였다.

1982학년도에는 고등학교 2, 3학년의 성적으로 확대하고, 내신 성적 비율이 30% 이상으로 늘어나게 됨에 따라 교과 성적도 10등급에서 15등급으로 늘어났다.

1983학년도에는 모든 것을 전년도와 같게 하고, 단지 내신 성적을 3개 학년으로 확대하고, 출석 성적만 6등급에서 5등급으로 축소시킨 점이 달라졌다.

또 발표 당시에는 1982학년도부터 예비고사 출제에 주관식 문항률 추가시킬 것을 검토하기로 했으나 끝내 이를 실현하지 못하고, 그 후에 대학에서 논술고사 시험을 추가하였다.

이러한 대학 입시제의 개혁은 긍정적인 효과와 동시에 부정적인 결과도 가져왔다. 긍정적인 효과로는 첫째, 고등학교 교육의 정상화에 기여한 점이다. 우선 거의 전 교과를 포괄하는 예비고사로 고교 교육이 몇 개 주지 교과에 치우치지 않고 정상화될 수 있었고, 또 고교 전 학년 전 교과 성적과 출석 성적이 내신 성적으로 반영됨으로써 고등학교 교육이 비교적 정상적으로 운영되는 데 기여했다고 할 수 있다. 주지 교과 이외의 과목도 그렇게 무시되지 않고, 그 이외 과목의 담당 교사도 정상적인 대우를 받게 된 것이다.

둘째, 과외해소에 크게 기여하였다. 물론, 앞에서 말한 범국민적 과열 과외 추방 캠페인과 짝을 이루어 효과를 보았다. 그러나 대학 본고사가 폐지되고 내신 성적을 중심으로 과외의 필요성이 약간 줄어들었던 것이 사실이다. 그러나 과열 과외 추방 캠페인이 없었더라면 아마도 과외 현상은 여전했을 것이라는 견해도 있다.

셋째, 재수생의 증가를 줄이고, 지방 고교생의 대도시 유입 현상을 둔화시키는 결과를 가져왔다. 과거와 같이 대학 본고사에 주지 과목이 많은 비중을 차지할 때는 일류 대학을 향한 재수생이 많아질 가능성이 있는 데 비하여, 많은 과목의 예비고사 성적과 고교 전 학년의 내신 성적에 의하여 당락이 결정되는 경우 재수의 효과는 줄어들기 때문이다. 또 지방과 도시 간의 내신 성적을 똑같이 취급할 경우 내신 성적에 관한 한 오히려 지방 고교생이 유리하게 되는 경우가 많아, 과거처럼 심각한 도시 유입 현상을 둔화시키는 부수적인 효과도 가져왔다. 또 재수생 증가의 둔화에는 대학 정원의 확대가 큰 요인이 되었다고 할 수 있다.

그러나 이 대학 시험제도의 부정적 측면도 적지 않았다.

첫째, 각 대학의 학생선발권이 국가로 옮겨져 대학의 자율성이 제한되었다는 점이다. 대학이 자신의 학생을 자율적으로 선발할 수 없게 된 점이다.

둘째, 예비고사 성적과 내신 성적이 확정된 상태에서 지원대학을 결정하게 되어, 이른바 비교육적인 눈치작전이 성행하게 되었다.

셋째, 대학(교) 간, 학과 간 등급과 서열이 뚜렷해지고, 인적 자원이 특정 대학의 특정 학과로 쏠리는 부작용을 낳았다. 그래서 고교 평준화에는 기여한 점이 있었으나, 대학의 등급화, 서열화라는 부작용을 가져왔다.

넷째, 이 대학 입시제의 기본 전제인 고교 평준화 작업이 미흡한 상태이기 때문에 이 입시 제도는 당초의 계획대로 내신 성적 반영 비율을 확대하지 못하였다.

이 제도는 당시의 교육적, 사회적, 정치적 상황에서 최선의 정책 대안이었으나 제반 상황의 변화에 따라 재검토를 받고 있으며, 대학의 자율적 선발권을 확대하는 방향을 지향하고 있다. 1988학년도부터는 선시험 후지원을 선지원 후시험으로 하며, 중앙 교육 평가원에서 출제한 시험 문제로 대학별로 고사를 실시하도록 대학교 입시 제도를 개선하였다.

## 2) 졸업 정원제

우리나라는 정부가 대학생 수를 엄격하게 관리해 왔다. 대학생 수를 대학 자율에 맡길 경우 국민들의 뜨거운 교육열과 상승 작용을 하여 엄청난 고등교육인구를 양산하게 되어 사회문제화 되고, 인력 낭비, 재정적 낭비가 예상되기 때문이었다. 또 국가 발전에 필요한 고급 인력을 국가가 통제하기 위해서 대학 정원 관리를 엄격하게 해 왔다.

그런데 1980학년도까지의 정원 관리는 입학 정원제였는데, 7・30 교육개혁에서 이를 졸업 정원제로 바꿨다. 7・30 교육개혁에서 졸업 정원제는 각 대학, 계열, 학과별로 졸업시킬 수 있는 최대한의 졸업 정원 수를 정해 놓고, 신입생 선발 시에는 졸업 정원의 30%(전문대학은 15%)를 가산하여 1981학년도부터 뽑고, 30%에 해당하는 초과 모집 인원은 재학 중에 중도 수료시켜, 졸업할 때에는 졸업 정원 수에 맞추게 하는 제도였다.

이 제도를 채택하게 된 이유와 합리성을 몇 가지로 생각해 볼 수 있었다.

첫째, 대학이 면학 분위기 조성과 대학교육의 질적 향상을 들 수 있다. 이제까지의 입학 정원제는 입학한 재학생에 대한 선별기능을 갖지 못하여 면학 분위기가 조성되지 않고, 대학교육의 질의 저하를 가져오는 경우를 초래하였다.

둘째, 재수생을 대학으로 흡수하자는 것이었다. 이 졸업 정원제는 30%라는 인원이 일단 대학으로 수용될 수 있음으로써 재수생이 줄어들고, 그만큼 과외가 해소될 것으로 기대했던 것이었다. 당시의 심각한 재수생과 과열 과외의 문제에 관심을 둔 나머지 30%에 달하는 중도 수료자의 사회 문제를 충분히 고려하지 못했다는 점이 지적되기도 하였다.

어쨌든 졸업 정원제는 고등교육에 대한 수요를 충족시켜 주면서 동시에 면학 분위기를 조성하려는 두 가지 주요 목적과 이유에서 7·30 교육개혁의 주요한 한 항목으로 채택되었다.

당시 문교부의 세부 방안의 주요 내용은 다음과 같다.

① 졸업 정원은 대학, 학부, 계열, 학과별로 책정한다(단, 계열별로 정원이 책정된 경우에는 학과별 최소 졸업 정원을 학칙으로 규정한다.).
② 2학년 말까지 졸업 정원 초과 인원의 60%(졸업 정원의 18%에 해당)를 중도 수료시키고, 4학년(7학기) 등록 학생은 졸업 정원 초과 인원의 33%(졸업 정원의 10%에 해당)를 초과할 수 없다.
③ 대학별로 대학 학사 개혁 위원회를 설치, 운영한다.
④ 수료의 방법과 기준 등 세부 사항은 각 대학 총·학장이 자율적으로 합리적인 방안을 강구하여 시행한다.

또 이 방안은 1982학년도에는 졸업 정원의 150%를 입학생으로 뽑고, 성과를 보아 졸업 정원 초과 인원의 비율을 더 늘려 나갈 계획이었다. 그러나 실시 벽두부터 여러 가지 저항에 부딪혀 초과 인원의 비율을 확대하지 못하고 말았다.

당시 문교부는 위와 같은 세부 사항을 발표하는 한편, 대학 학생 정원령과 교육법시행령을 개정하여 각 대학별로 졸업 정원을 명시하고, 대학 중도 수료자의 학력을 인정해 주어 편·입학할 수 있도록 하였다.

이 졸업 정원제는 긍정적인 측면과 부정적 측면의 양면을 지니고 있다. 긍정적인 측면으로는, 첫째, 어느 정도 학생들을 긴장시켜 공부하는 분위기를 조성하는 계기가 되었고, 둘째, 대학 신입생 수를 늘려 재수생을 줄이고 과열 과외를 해소하는 데 어느 정도 기여했던 것이다. 그리고 1988학년도부터 졸업 정원제가 폐지되면서 결과적으로 고등교육 정원의 확대를 가져온 셈이다.

그러나 이 졸업 정원제는 긍정적인 측면과 더불어 부정적인 측면과 부작용을 노출하였다.

가장 큰 문제는 초과 모집 인원을 중도 수료시키는 데에 있었다. 성적이 좋아 일류 대학 인기 학과에 입학한 학생도 기계적으로 30%에 해당하는 학생은 중도 수료되어야 한다는 것이었다. 중도 수료자의 문제는 재수생 문제나 과열 과외 문제 못지않게 심각한 것이었다. 이로 인해 면학 분위기 문제보다 더 심각한 대학 분위기가 조성되어 학우 간의 과도한 경쟁으로 역효과와 부작용을 낳았고, 이로 인해 대학의 소요가 더욱 가열되는 경우가 많았다. 즉 중도 수료 예상자들이 자포자기 상태에서 대학 소요에 참여하는가 하면, 중도 수료의 중압을 느낀 많은 학생들이 이 제도의 폐지를 주장하면서 소요를 일으키기도 하였다.

또 졸업 정원제는 사립대학이 재정 확보에 도움을 주는 부수적 효과를 가져왔다. 학생 등록금에 대한 의존율이 높은 우리나라 사립대학의 경우 30%의 초과 인원의 등록금 수입은 재정 확보에 큰 도움이 되었다. 그러나 교수의 확보, 시설의 확충 등이 학생 수 증가 비율을 따르지 못함으로써 교육 여건이 악화되는 결과를 낳는 경우도 없지 않았다. 결국, 당시 문교부는 1981학년도부터 7년간 실시해 오던 졸업 정원제를 폐지하고, 1988학년도부터 입학 정원제로 환원하는 조치를 취하였다.

## 3) 대학 입학 인원의 확대

졸업 정원제로 인하여 초과 모집 인원 30%만큼 대학 입학 인원이 늘어나고, 전일수업제로 서울 소재 대학의 입학 인원도 늘어났다. 1978년 3월에 확정된 수도권 인구분산시책으로 서울 소재 대학의 학생 수를 동결시키고 오히려 줄여 나가는 경향이었는데, 7·30 교육개혁으로 서울 소재 대학에서도 12,315명이 증원되고, 영세 학과의 증원, 기존 대학의 학과 및 단과대학의 증설, 단과대학의 종합대학교화, 신규 대학의 설립 권장으로 대학 입학 인원이 증대되었다. 국민대, 한국 외국어대, 아주공대, 청주대, 효성여대의 5개 단과대학이 종합대학으로 개편되고, 대전대와 대구한의대가 신설되었으며, 종합대학교와 신설 대학으로 인하여 10,000여 명이 증원 가능하다고 보았다. 또 천안공전이 4년제 호서대로, 배재실업전문대가 역시 4년제 배재대로 개편되었다. 학과 증설에 영세 학과의 증원으로 15,000여 명, 전일 수업제로 10,000여 명, 졸업 정원제로 70,000여 명, 그리하여 최고 105,000여 명까지 증원시킬 여지가 있는 것으로 예상했었다. 그리하여 1981학년도에는 서울에서 12,315명, 지방에서 15,005명, 합계 27,320명의 정원이 늘어나게 되었다.

그리고 실제 재학생 수의 증가는 1980학년도에 교육 대학생을 제외하고 402,979명에서 1981학년도에는 535,876명으로 132,897명이 증가되었으며, 1982학년도에 125,249명, 1983학년도에 111,782명, 1984학년도에 97,263명 그리고 1985학년도에 61,714명이 증원되었는데, 1981학년도에 학생 수 증가가 절정을 이루었다.

어쨌든, 7·30 교육개혁 당시의 주요 고등교육정책은 고등교육 기회의 확대라고 말해도 틀림이 없다. 졸업 정원제, 전일 수업제, 대학 입학 인원 확대, 서울 소재 대학까지 증원 허용, 다음에 언급할 방송통신대학의 확충 등이 모두 고등교육 기회의 확대와 관련된 개혁 정책이었다.

이러한 고등교육 기회의 확대 정책은 고등교육의 대중화, 국민의 욕구 충족, 재수생 증가 둔화, 과열 과외 해소라는 긍정적 측면을 가지고 있었다.

물론, 부정적 측면과 문제점도 적지 않았다. 우선, 학생 수 증가로 인한 교육 여건의 미비를 들 수 있다. 예를 들면, 4년제 대학의 교수 1인당 학생 수가 1979년 25.3명, 1980년 27.9명, 1981년 30.7명, 1982년 32.8명, 1983년 34.4명, 1984년 35.7명, 1985년 35.8명 1986년 35.2명으로 계속 늘어나고, 강의실당 학생 수를 보아도 4년제 대학의 경우 1979년 51.2명, 1980년 56.6명, 1981년 74.4명, 1982년 73.5명, 1983년 81.1명, 1984년 87.1명, 1985년 88명으로 계속 늘어나, 초·중등학교의 학급당 학생 수보다도 훨씬 많은 것으로 나타났다. 이러한 대학교육 여건의 미비 속에서 교육의 질적 향상을 기대하기가 어려웠다. 결국, 고등교육의 양적 증대는 교육의 질적인 면에 문제를 던져 주었다.

또 하나는, 고등교육 기회의 확대만큼 대학원 진학자도 늘어났지만(1980 년 7,674명, 1981년 15,388명으로 증가), 취업률(취업자 수를, 졸업자에 게 진학자를 뺀 졸업자 수로 나눈 백분율)은 1980년 67.4%, 1981년 48.2%, 1982년 50.9%, 1983년 50.1%, 1984년 52.5%, 1985년 48.4%로, 7·30 교육개혁으로 늘어난 학생들이 졸업하여 취업하는 연도인 1985년에는 취업률이 떨어진 것으로 나타났다. 이는 대학 졸업자 수의 증가 에 비하여 취업 기회가 확대되지 못한 것을 의미한다.


## 4) 전일 수업제 대학의 운영

우리나라 대학의 강의는 야간대학이 아닌 이상 통상 오전 9시부터 오후 6시 사이에 이루어졌다. 즉 인력과 시설을 최대한 활용하지 못했다고 할 수 있었다. 또 주간대학과 야간대학의 구별로 학생들은 편리한 시간대에 수강 하지 못하였다.

그런데 7·30 교육개혁에서는 대학의 강의를 아침부터 저녁까지 전일 수업이 이루어지도록 하여 대학의 인력과 시설의 활용률을 높이고자 하였다. 이러한 방안도 결국은 고등교육 기회의 확대 정책의 일환으로 볼 수 있었다. 원칙적으로 전국 모든 대학에 적용하려 했지만, 교육 여건이 좋은 서울 소재 대학부터 실시하기로 하고, 서울 소재 대학에 학생 정원의 증원을 허용하였다. 그리고 교수의 연구 활동을 해치지 않는 범위 내에서 교수 부담을 늘리고, 대신에 처우를 개선해 나가기로 한 것이다.

이것은 졸업 정원제로 급증하는 학생 수에 대처하기 위한 일련의 정책이라고 할 수 있는데, 1981학년도에는 전문대학을 포함하여 전국 103개 대학에서 전일제를 실시하려는 시도를 하였다. 그래서 전일 수업제에 따른 (1) 학교시설의 활용, (2) 시간표 편성 문제, (3) 도서관 시설 확충, (4) 교수 출퇴근 문제, (5) 외래강사 초빙 문제 등을 연구, 해결해야 하였다.

이 정책 역시 그 의도하는 바가 어쨌든 간에 정착되지 못하였다. 이는 우리 사회의 인식과 대학 문화가 바뀌지 않고, 교수 부담의 증대 문제를 해결하지 못했기 때문이라고 분석되기도 하였다.


## 5) 방송통신대학의 확충

우리나라 처음으로 방송에 의한 대학교육이 시도된 것은 1972년 3월 9일 개교한 서울대학교부설한국방송통신대학에서였다. 이 방송통신대학은 (1) 교육의 기회를 놓친 성인들에게 고등교육의 기회를 제공해 주었고, (2) 직장인의 학력과 자질을 향상시키고, (3) 개방교육으로 전반적인 국민교육 수준을 높이고, (4) 구체적으로 재수생 문제와 과열 과외 해소에 긍정적인 기여를 하였다.

이러한 긍정적 효과를 높이 평가하여 7·30 교육개혁에서 방송통신대학을 확충하기로 하였다. 즉 종래의 전문대학 과정을 학사과정으로 개편하여 수업 연한을 2년에서 5년으로 연장하고, 학생 정원도 18,000명에서

12,000명을 증원하여, 30,000명으로 하기로 한 것이다.

이어서, 1981년 2월 28일 대통령령 제10216호로 학사과정이 신설되고, 1982학년도부터 서울대학교 부설이 아닌 독립된 국립대학으로 개편되고, 학과도 종래의 경영학과, 행정학과, 농학과, 초등교육과, 가정학과 이외에 경제학과, 법학과, 영어영문학과, 유아교육과(전문대학 과정)를 신설하여 9개 학과로 늘렸다.

이러한 학사 과정으로의 개편은 전문대학 졸업자로 하여금 계속 교육의 기회를 가질 수 있게 하고, 또 7·30 교육개혁의 중요한 정책의 하나인 졸업 정원제에서 중도 수료하게 될 초과 모집 인원 30%를 방송통신대학에서 흡수하여 학사가 될 수 있는 기회를 주려는 의도가 들어 있어, 졸업 정원제와도 연결되는 정책으로 볼 수도 있었다.

학생 수에 있어서도 개교 당시에 전문대학 과정이 5개 학과에 12,000명에서 7·30 교육개혁 조치로 학사과정이 5개 학과에 30,000명으로 증원되고, 이어서 1982년 2월 15일 9개 학과에 30,000명, 1982년 12월 31일에 어학계 학과인 국어과, 중국어과, 불어과가 증과되고, 학생 수도 35,000명으로 늘어났으며, 1983년 2월에 전자계산학과가 증치되었다.

7·30 교육개혁에 의한 한국방송통신대학의 학사과정으로의 개편은 개편 정책의 목적 달성에 크게 기여하였다. 우선, 졸업 정원제로 인한 중도 수료자를 흡수하는 역할을 하였다. 그래서 1981학년도에 학사과정 개편으로 30,000명의 편입생을 모집하였는데, 100,000여 명이 지원하였고, 1982학년도에는 2.5 대 1의 경쟁률을 보였다.

물론, 방송통신대학 본래의 목적을 달성하는 효과는 두말할 필요도 없었다. 7·30 교육개혁을 통한 방송통신대학의 확충뿐만 아니라, 전반적으로 우리나라의 방송통신대학은 성공적인 사례라 할 수 있다. 7·30 교육개혁 당시의 발표로는 1982학년도에 정원을 50,000명으로 늘릴 계획이었으나, 1987년 현재 13개 학과 34,000명에 그쳐 계획에 미치지 못하고 있다. 이는 교수진 및 시설 확충이 이에 부응하고 있지 못한 이유 외에도 졸업 정원제 등에도 차질이 있었기 때문이었다.

## 6) 4년제 교육대학으로의 개편

초등 교원의 자질을 향상시키기 위하여 2년제 교육대학을 4년제로 1981학년도부터 선별적으로 개편하여 1984학년도에 완료하기로 7 · 30 교육개혁에 포함시켰다.

우리나라에서는 일본강점기에 이어 전통적으로 초등 교원은 고등학교 과정인 사범학교에서 양성되었다. 그러던 중 1954년부터 초등 교사 양성을 초급대학 수준으로 올려야 한다는 움직임이 있었다.

1954년 1월 13일에 전국 사범학교 기관장 회의에서 사범학교 승격안을 채택하여 당시 문교부에 건의한 바 있었다. 교육특별심의회가 이를 종합적으로 검토하여 1957년에 5년제 교육대학 설치안을 당시 문교부에 건의하고, 교직교육심의회를 설치하면서 사범학교 승격 추진이 본격화되었다. 그러나 법 개정 등 행정적 절차를 밟지 못하여 중지 상태에 있었던 것을 1960년 4 · 19 이후 민주당정부가 관계 법령을 개정하지 않은 채 광주와 부산의 2년제 사범대학을 교육대학으로 개편하고, 학생 모집을 중지시키면서 교육대학 설치가 시발되었던 것이다.

이어 5 · 16 이후 혁명정부는 1961년 9월 1일 법률 제708호로 교육에 관한 임시특별법을 제정 공포하여, 초등 교원을 2년제 국립교육대학에서 양성한다는 법적 근거를 마련하고, 1962년 2월 17일자 각령 제455호로 국립 학교령을 개정하여 같은 해 3월 1일을 기하여 서울, 인천, 춘천, 청주, 공주, 대구, 전주의 7개 사범학교와 광주, 부산의 이미 개편된 두 교육대학과 합쳐 9개 교육대학이 발족되고, 제주 사범은 제주대 교육과로 개편되었다. 출발 당시는 공주 교육대만 제외하고 모두 각 지방국립대에 병설되었는데, 1963년에 분리되어 단설 국립 교육대학이 되었다.

이어서 1963년에 진주, 안동, 군산, 목포, 1969년에 강릉, 마산, 제주에 교육대학이 신설되어 16개가 되었다가, 1974년부터 초등 교사가 수요보다 과잉 양성되자 1975학년도부터 강릉, 군산, 목포, 안동, 마산의 5개 교대의 학생 모집을 중단하고 1977년 12월 이들을 전문대학으로 개편하였다. 나머지 11개 교대는 학생 정원을 증원했는데, 1980학년도까지만 2년제 교육대학에서 초등 교사가 양성되고 7·30 교육개혁에 의하여 1981~1984학년도 사이에 4년제 교육대학으로 개편하기로 하였다.

그리하여 거의 20여 년간 2년제 교육대학에서 초등 교사를 양성하게 되었으나, 교원 양성의 국제 비교로 보나, 국민소득 수준으로 보나, 초등 교육의 중요성으로 보나, 초등 교사의 수준을 높여야겠다는 당위성이 대두되었다.

2년 동안에 초등 교사로서의 전문 지식과 교육 능력과 기술을 갖추는 일은 극히 어려운 일이라는 여론이 일었고, 유아교육과 조기교육, 기초교육의 중요성이 강조되는 추세이고, 또 초등 교사만 초급대학에서 양성되고 있어 전통적인 초등 경시 풍조와 겹쳐 초등 교사의 사기가 저하되고 있는 실정이었다. 이러한 점이 감안되어 7·30 교육개혁에 교육대학의 4년제 개편이 포함되었다. 이에 따라 1981년에 서울, 부산, 광주, 1982년에 대구, 인천, 공주, 1983년에 전주, 춘천, 진주, 1984년에 청주, 제주 교대의 순으로 모든 교육대학이 4년제 개편이 포함되었다.

2년제에서 4년제 교육대학으로 개편되는 데 따라 교육과정의 개편이 필수적이었다. 그래서 교대 교수와 관계 전문가(11명)로 구성된 교육대학 교육과정 개정 위원회에서 4년제 교대의 이수 학점과 교과목을 심의하여 1981년 1월에 준칙을 마련하고 3월 1일자로 교육법, 교육법시행령 등 관계 법령을 개정하였는데, 교양과정 46학점을 기본 교양(28학점), 외국어(6학점), 인문과학(4학점), 사회과학(4학점), 자연과학(2학점), 예능(2학점)으로 구성하고, 전공과정 66~70학점을 교육 기본 과목(필수 20학점, 선택 4학점)과 교과 교육 과목(각과 교육과 예·체능 실기 38~42학점)과 교육 실습(4학점)으로 편성하고, 2년제 때와 달리 심화과정(副專攻)(21학점)을 두어 교과에 대한 전문성을 기르도록 하였다. 그 밖에 자유 선택, 졸업 논문을 두어 총 140학점의 교육과정을 편성하여 1983학년도부터 적용하기로 하였다.

그 밖에 교수 확보, 시설 확충, 2년제에서 4년제로 전환하는 과정에서 졸업생이 없는 기간의 부족교원 수급, 우수 학생 유인 문제에 대한 대책을 세워야 했다.

7·30 교육개혁을 통해서 교육대학을 4년제로 개편한 데 대하여 이의가 제기되지 않았으며, 오히려 너무 늦은 감이 있다는 지적이 있었다.


## 7) 초·중등 교육과정 축소

이제까지 언급한 조치들이 고등교육과 관련이 깊다고 한다면 다음은 고등학교 교육과 관련이 깊다고 하겠다. 그 중에서도 7·30 교육개혁은 교육 정상화와 과열 과외 해소에 초점을 맞추고 있으므로, 고등학교 교육 정상화를 위해서 고교 이하 학교의 교육과정 축소가 하나의 항목으로 포함되었다.

1973년 2월에 개정된 당시의 교육과정은 우선 교과목 수가 너무 많고, 그 내용과 수준이 높아 학생과 교사에게 무거운 부담을 주었고, 이로 인하여 학교교육이 비정상으로 운영될 뿐만 아니라, 비난의 표적이 되고 있는 과열 과외의 요인이 되는 것으로 판단되었다. 그래서 교과목 수를 통폐합하여 축소하고, 내용과 수준을 조정하여 학생들에게 전인교육을 실시하고, 학교교육을 정상화시키려는 개혁 사업을 추진하였다.

1981년 안으로 초·중등 교육과정 전체를 개편하기 위한 기본방침과 교과목 수를 결정한다는 당초의 계획에 의하여 1981년 12월 31일 당시 문교부는 유치원, 초등학교, 중학교 및 고등학교의 교육과정을 전면 개정 고시하고, 1982학년도에 초등학교 1, 2, 3학년, 1983학년도에는 4, 5, 6학년 순서로 적용하고, 중학교는 1984학년도에 전면적으로 적용하되, 사회, 수학, 과학 과목만은 1984학년도 신입생부터 연차적으로 적용하며, 고등학교의 경우는 1984학년도 신입생부터 점차적으로 적용하였다.

우리나라 교육과정의 개정은 시대 상황의 변화와 때를 맞추는 경향이 없지 않았다. 1970년대의 교육과정이 유신과 무관하다고 할 수 없었으며, 사회적인 면에서 기술 인력의 양성과 관련되었고, 교육적인 측면에서는 학문중심 교육과정에 기울어졌던 것이다.

제5공화국 출범 후 국정 지표로 제시된 교육혁신을 위해서 교육의 중요한 요소인 교육과정 개정이 7·30 교육개혁에 포함되었다. 당시의 구교육과정은 다음과 같은 문제점을 안고 있었다.

① 가르쳐야 할 내용의 양이 많아 수업시간 중에 충분히 소화하기 어렵고, 시간 수도 많으며,
② 학습자의 발달 단계에 비추어 너무 수준 높은 내용이 많아 학생들이 정상적으로 학습하기 어렵고,
③ 지식의 학문적 구조를 강조함으로써 교과목이 지나치게 세분화된 분과주의적인 편제를 가지게 되었으며,
④ 학문의 전문성이 강조된 나머지 기초교육과 일반 교육과정이 소홀히 되는 경향이 나타났고,
⑤ 지식과 기능을 강조한 결과 인간교육, 전인교육이 미흡하다는 점이다.

1980년 7·30 교육개혁 발표에 이어 같은 해 10월 당시 문교부는 한국교육개발원에 교육과정 개정의 기초연구를 위탁하여 1980년말까지 기초연구를 정리하였고, 1981년 초에 교육과정 총론의 시안을 작성하였다. 이어 같은 해 4월에 각 학교 수준별로 시안을 심의하여 7월 말에 각 교과별 각론의 시안을 마련하였고, 8월에 각 교과별 심의를 마쳤다. 심의 결과, 수정을 요하는 부분을 11월 20일까지 수정하여 11월 20일에 교육과정 개정 세미나를 열었고, 1981년 12월 31일자 당시 문교부 고시 제442호로 교육과정을 확정 발표하였다. 만 1년 5개월 만인 1980년 7월 30일에 새 교육과정이 탄생되었던 것이다.

이어서 1년 만에 초등학교 1, 2, 3학년 교과서가 발간되었고, 1982학년

도부터 새 교육과정과 새 교과서로 교육이 시작되었다.

그런데 7·30 교육개혁에서 내세운 교육과정의 축소라는 측면에서는 큰 변화가 없었다.

즉 초등학교 교육과정에서 1, 2학년에 교과 간 통합이 있었으나 이후 교육과정 개편에서 원점으로 돌아갔으며, 교과별 시간 배당에서 약간의 변화가 있었으나 전체 시간은 줄어들지 않았다.

중학교에서는 1과목이 주당 1시간 줄어들고, 사회과의 지리, 세계사, 공민의 분과를 주제중심으로 통합하였다.

고등학교 교육과정에서는 종전의 인문계 204~222단위, 실업계 216~234 단위였던 것을 동일하게 204~216단위로 축소하고, 18주를 17주로 줄였다. 고등학교의 교과목 수는 아직도 너무 많다는 지적이 있었다.


## 8) 교육 방송 실시

7·30 교육개혁이 교육 정상화와 과열 해소에 있었는데, 교육 방송에 관심을 돌린 것은 과열 과외 해소의 일환으로 발상되었던 것이다. 당시 TV를 통해서 방영되고 있던 TV 가정 고교 프로그램을 개선하여 국·영·수 과목에서 전 과목으로 확대하여, 암기식에서 보충수업 형식으로 바꾸고, 시간을 늘리며, 우수 강사를 초청하여 충실을 기함으로써 과외 공부를 하던 학생들의 관심을 TV 교육 방송으로 돌리게 하자는 것이었다. 그리고 1981년도부터 교육 전용 방송을 실시하려던 계획이 예정대로 추진되어 1981년 2월 2일부터 KBS 제3TV UHF를 통해서 한국교육개발원이 제작된 고교 프로그램이 송출되기에 이르렀다. 범국민 과열 과외 해소 캠페인으로 과외 공부를 할 수 없게 된 많은 학생들이 이 프로그램으로 공부할 수 있게 하자는 것이었다. 뿐만 아니라, 필요한 사람은 누구나 이 프로그램에 접근할 수 있어, 평생교육의 일환으로도 일부 선용하자는 의도도 내포되어 있었다.

## 9) 과열 과외 추방 캠페인

과열 과외를 없애야 한다는 것은 누구나 인정하는 심각한 문제였다. 그러나 과열 과외가 없어야 좋겠다는 것은 학생, 학부모, 국민, 교육자 모두가 인정하지만, 이를 해소시키는 방법을 정당화시키는 일이 어려운 과제인 것이다. 무리한 힘으로 다스리기보다는, 과외 공부를 할 필요가 없는가 아니면 순리로 풀어봐야 하지 않겠느냐는 견해도 많다. 학부모들의 일반적인 여론은, 과열 과외는 적극 억제되어야 하며, 학생들의 학력 보충은 학교가 책임지고 담당해야 한다는 것으로 나타나고 있다.

7·30 교육개혁은 소기의 성과를 달성한 것도 있고, 더러는 유명무실해지거나 또 다른 문제를 낳은 것도 있었다. 전반적으로는 과감한 개혁 조치가 과열 과외 해소 등 고질적인 폐해를 일소하는 등 그 의도하는 바 목적을 달성하였고, 고등학교 교육과정 운영을 정상화시키는 데 공헌하였다고 할 수 있다.

그러나 몇 가지 점에 대하여는 계속 개선 또는 보완을 요하였다.

첫째, 고등교육 문호의 확대는 학생들과 사회의 욕구를 충족시켜 주었으나, 이에 따른 고학력자의 취업 문제도 고려해야 한다는 점이다. 고학력자의 실업은 국가적으로 볼 때 질이 높은 인력 자원의 손실일 뿐만 아니라, 또 다른 사회 문제가 될 것이기 때문이다.

둘째, 여건이 정비되지 못한 상태에서의 갑작스런 고등교육 기회의 확대는 반면에 대학교육의 질적 문제점을 던져 주었다. 미비된 고등교육 여건으로 인하여 밀도 높은 교육활동이 이루어질 수 없음에 따라 손실을 가져올 우려가 있었다는 점이다.

셋째, 국가의 대계(大計)요 인력을 길러 내는 교육 계획에서 갑작스런 개혁조치는 자칫 부작용을 가져올 수 있다는 점이다. 교육 계획에서는 아무리 좋은 것이라도 충분한 연구의 검증을 거쳐 현장 적용을 하도록 하는 세심성이 필요한 것이다.

# 제3장 대학교육의 질 향상*

　여기서는 (1) 대학교육의 질의 개념에 대하여 개괄적으로 언급하고, (2) 앞으로 대학교육의 질 향상을 위해서 더욱 노력해야 할 과제와 방향을 제시하고자 한다.

## 1. 대학교육의 질

　그동안 우리나라 교육은 양적으로는 급팽창을 하여 교육의 기회균등의 가치는 어느 정도 실현되었으나 반대로 교육의 질은 상대적으로 떨어지고, 국제경쟁력을 잃고 있다는 비판을 받아왔다. 대학교육도 예외가 아닐 뿐만 아니라 초·중등교육에 비하여 오히려 더 악화되고 있다. 교수 1인당 학생 수의 예로 보나, 학생들의 학습 양으로 보나, 교수방법과 질로 보나 우리나라에서는 상급학교로 올라갈수록 거친 교육을 하고 있다는 것이다.
　그런데 막상 교육의 질이 무엇이냐 하는 질의 개념에는 의견의 일치를 보

---

* 한국대학교육협의회 10년사 중 본인 집필 부분.

지 못하고 있거나 아니면 명확히 제시하지 못하고 있다. 원래 질이라는 개념이 눈에 잘 관찰되지 않고 측정하기 어렵기 때문이다. 일반적으로 교육의 질은 교육의 결과, 교육의 최종산물과 산출로서 교육의 투입과 과정을 거쳐서 나온 학생들의 지적, 정의적, 기능적 성취라 할 수 있다. 그런데 대학교육에서는 학생의 성취와 함께 대학의 3대 기능의 측면에서 대학교육의 질을 따져 볼 수도 있을 것이다. 즉 교수, 연구(情報), 사회봉사의 기능과 목적을 얼마나 잘 달성하고 있느냐의 측면에서 대학교육의 질을 따져 볼 수 있을 것이다. 대학교육의 질은 교육 산출, 목표 달성의 정도라고 할 수 있다.

대학교육의 질을 투입-과정-산출의 체제적 접근으로 해석하려는 노력을 하고 있는 사람들이 있다.1) 이들은 투입 변인을 국내·외 정치·경제·사회·문화적 환경과 변화에 해당되는 외생적 변인(exogenous variables)과 고등교육 체제 내의 내생적 변인(endogenous variables)으로 나누고 있는데, 외생적 변인은 고등교육 체제에서 통제를 할 수 없기 때문에 제외시키고 교육의 질을 좌우하는 투입 변인으로 내생적 변인만을 다루고 있다. 투입 변인으로는 (1) 학생, (2) 교수와 행정 직원의 인적 변인, (3) 시설과 재정의 재화적 변인, (4) 교육목표를 들고 있으며, 과정 변인으로는 (1) 교육과정 운영, (2) 교수학습의 과정, (3) 행정과정, (4) 대학풍토와 문화를 들고, 질을 의미하는 산출 변인으로 (1) 교육 산출, (2) 연구 산출, (3) 정보 산출, (4) 사회봉사를 들고 있다. 이를 〈그림 3-1〉과 같이 나타낼 수 있다.

---

1) 윤정일 외, "고등학교의 기회확대 및 질 관리"(한국교육개발원, 1979), 윤정일 편저, "고등교육의 수월성"(한국교육개발원, 1985)과 이형행, "고등교육의 질 관리와 수월성 추구를 위한 과제와 방안" **고등교육연구** 3권 1호(한국고등교육연구회, 1991. 7)에서 똑같은 고등교육 질의 개념모형을 사용하고 있음.

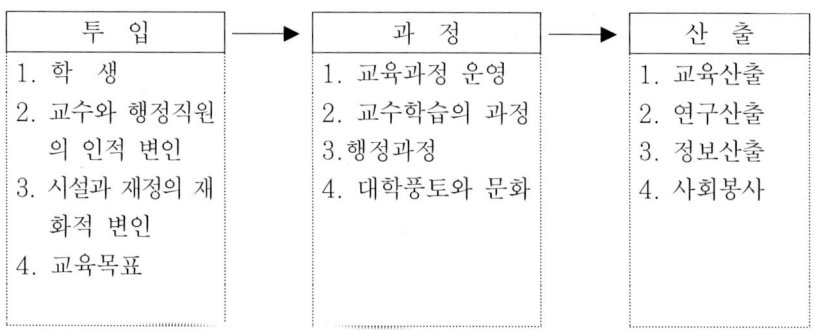

〈그림 3-1〉 고등교육의 질 결정변인

　이러한 체제적 접근에 의한 질의 개념과 모형으로 볼 때 대학교육의 질을 좌우하는 결정요인은 앞에서 말한 투입과 과정의 8요인이라고 할 수 있다. 질과 산출을 높이려면 앞에서 지적한 투입과 과정에 해당하는 (1) 학생, (2) 교수와 직원, (3) 시설과 재정, (4) 대학목표, (5) 교육과정 운영, (6) 교수(instruction) 방법, (7) 행정과정, (8) 대학풍토와 문화에 변화를 주어야 한다. 그런데 투입을 높이는 데는 제한을 받기 쉬우므로 같은 투입을 갖고도 산출과 질을 높이기 위한 과정적 노력에 초점을 맞춰야 한다고 본다. 그리고 투입 변인 중 인적 변인인 학생과 교수, 행정직원은 곧 과정변인의 교수방법과 행정과정의 질과 직접 관련되기 때문에 앞으로 대학교육의 질 향상을 위해서는 (1) 교육과정, (2) 교수방법, (3) 행정과정, (4) 대학문화 등 교육의 과정(process)개선에 초점을 맞춰야 할 것으로 본다. 이러한 과정에의 초점 맞추기는 교육의 질 향상을 위한 소극적 접근이라고 할지 모르나 동시에 본질적 접근이라고도 말할 수 있다. 물론 적극적으로 투입 조건을 개선하는 노력도 해야겠지만 그렇다고 해도 이들은 교육의 질과는 좀 멀리 떨어진 외곽적인 문제들이다. 교수, 학생, 직원 등을 과정에 직접 참여하기 때문에 거기에 포함시켜 중요하게 다루어도 좋을 것이다.

　과정의 질을 높여서 산출의 질이 과연 높아졌는지 알아보기 위한 기준으로는 (1) 우수성(excellence), (2) 사회적 적합성(social relevance),

(3) 개인의 자아실현, (4) 내적 효율성과 외적 생산성을 들고 있다. (1) 우수성은 지적, 문화적 기술의 최고수준을 유지하고 발휘하느냐를 알아보는 것이며, (2) 사회적 적합성은 사회에 적합한 교육을 하여 사회발전에 기여하는 정도이며, (3) 개인의 자아실현은 학생 개개인의 잠재능력을 최고도로 발휘하여 자기완성을 어느 정도 도와주느냐 하는 기준이며, (4) 내적 효율성과 외적 생산성은 경제적 투입에 대한 산출을 최고도로 하고 있으며 국가적·사회적 책무성(accountability)을 다하고 있느냐 하는 것으로 질을 평가하는 기준(criteria)이 된다.

요약하자면 대학교육의 질은 최종 산출의 질이며, 이 질을 높이기 위해서는 교수, 학생, 직원의 질을 높이고 시설과 재정을 확충하고 올바른 대학목표를 설정해야겠지만 특히 교육과정과 교수방법, 행정과정, 대학문화의 향상에 초점을 맞춰야 한다. 그리고 질의 정도는 우수성과 사회적 적합성, 개인의 자아실현, 내적 효율성·외적 생산성의 기준에 의하여 알아본다.

## 2. 대학교육의 질 향상을 위한 과제

지금까지 대학교육의 질의 개념에 대해서 살펴보았는데 이제 앞으로 대학교육의 질 향상을 위해서 어떻게 더 노력해야 할 것인지에 대하여 그 과제와 방향을 제시하기로 한다.

많은 사람들이 대학교육의 발전방향, 또는 질 향상, 수월성 추구의 방향을 제시하고 있다. 그런데 이들이 제시한 것을 보면 상당히 넓은 개념, 대학교육 전반을 다루고 있다는 인상을 받는다. 윤정일 등2)은 고등교육의 질 관리

---

2) 윤영일 편저, **고등교육의 수월성**(서울: 한국교육개발원), 1985, pp.48~66.

방안으로 (1) 우수 학생의 선발과 배출, (2) 교수의 자질 향상 및 우수 교수의 양성·확보, (3) 교육과정 편성과 운영의 효율화, (4) 행·재정 운영의 효율화, (5) 고등교육의 협동체제 구축, (6) (전문)대학교육의 내실화, (7) 대학원교육의 강화를 들고 있으며, 교육개혁심의회3)는 대학교육의 수월성 추구에서 (1) 대학 유형의 다양화, (2) 대학원중심 대학의 육성, (3) 대학평가인증제도의 실시, (4) 대학 정원정책의 자율화, (5) 교수 1인당 학생 수의 대폭 감축, (6) 대학의 연구 지원체제 강화, (7) 지역연구 및 지역전문가 양성기능 강화를 들고 있어 대학교육 전체를 다루고 있다. 이영덕 외4)의 교육발전의 기본구상 중 고등교육의 질적 향상이란 제목에서 대학교육의 개선으로 다룬 것만 떼어 봐도 (1) 대학유형의 다양화와 특성화, (2) 대학교육위원회 설치, (3) 대학교육 기회의 확충과 개방화, (4) 대학 입학시험제도의 합리적 개선, (5) 대학평가인증제도 도입, (6) 대학 연구기능 활성화와 재정의 확충, (7) 국립대학 특수법 인화를 제시하고 있다. 이돈희5)도 고등교육의 대중화와 질 관리에서 (1) 학생 선발 기준, (2) 교육과정 운영 내실, (3) 교원의 수와 권위, (4) 연구물, (5) 교육 연구시설, (6) 면학 풍토, (7) 자원의 효율성, (8) 민주화를 들고 있다. 한국대학교육협의회6)의 "향후 10년간의 대학발전 방안(1991~2000)"을 위한 협의에서 대학의 질적 수월성 추구 방안에 관하여 (1) 대학 및 학과 신설과 운영의 질 향상, (2) 대학운영의 전문성 향상을 위한 협동적 노력 강구, (3) 학생 선발의 정상화, (4) 교육내용·방법의 현대화, (5) 대학원 학위과정의 질적 고도화, (6) 영재교육의 정착, (7) 교수요원의 질 향상, (8) 연구 활동의 활성화, (9) 교육 여건의 국제적 수준 향상의 아홉 가지를 중심으로 논의한 바 있다.

---

3) 교육개혁심의회, **교육개혁종합구상**(서울: 교육개혁심의회), 1987.
4) 이영덕 외, **교육발전의 기본구상**(서울: 교육정책자문회의), 1991.
5) 이돈희, "고등교육의 대중화와 질 관리", **대학교육**(서울: 한국대학교육협의회), 1989. 11.
6) 한국대학교육협의회, "향후 10년간의 대학발전 방안(1991~2000)", 1900. 12. 4.

이들이 제시한 발전방향 내지 방안을 요약하면 〈표 3-1〉과 같다.

여기서 여러 사람들이 '대학교육의 질'이나 '수월성'으로 다룬 것들은 너무나 폭 넓게 대학교육 전반을 다룬 경향이 있어 이를 '교수(teaching)·연구의 질'로 좁히고 앞으로 대학교육의 질 향상을 위해서 더욱 강조할 사항을 (1) 교육과정 개발, (2) 교수방법 개선, (3) 교수자질 개발, (4) 평가인증제의 넷으로 압축하고자 한다.

〈표 3-1〉 대학교육의 질 향상 방향

| 발전방향 | 윤정일 외 | 교개심 | 이영덕 외 | 이돈희 | 대교협의회 |
|---|---|---|---|---|---|
| 1. 학생선발 | ○ | 정원 자율 | ●기회확충·개방<br>●입시개선 | ○ | ○ |
| 2. 교수 자질 개발<br>교수의 수 | ○ | 1인당<br>학생 수 | | ○<br>연구물 | ○<br>연구활동 |
| 3. 교육과정 내실 | ○ | | | ○ | |
| 4. 교육방법 | | | | | ○ |
| 5. 행·재정 운영 | ○ | 연구지원<br>체제 | 연구활성화<br><br>재정 확충 | ●연구<br>시설<br>●자원<br>효율성<br>●민주화 | 운영전문성<br><br>교육여건 |
| 6. 협동체제 구축 | ○ | 지역연구 | | | |
| 7. 대학원교육 | ○ | ○ | | | ○ |
| 8. 유형 다양화 | | ○ | ○ | | |
| | | | 국립대법인화 | | |
| 9. 평가인증제 | | ○ | ○ | | |
| 10. 대학교위 | | | ○ | | |
| 11. 면학풍토 | | | | ○ | |
| 12. 대학·학과 설치 | | | | | ○ |
| 13. 영재교육 | | | | | ○ |

## 1) 교육과정 개발과 운영

이제 한국의 대학은 대학의 교육과정에 관심을 갖고 갖가지 교육과정에 관한 연구를 하여 모형을 제시하고, 이 모형을 바탕으로 특성을 살려 독특하게 운영하도록 촉구할 필요가 있다. 이제 전국 획일의 교과목, 140학점으로의 고정 등은 더 이상 존재해서는 안 된다.

학과별, 또는 교과목별 교육 프로그램 개발을 계속하여 대학에서 다루는 모든 과목을 연차적으로 일단 다 연구·개발할 필요가 있다. 모델 개발로 획일성을 유도한다는 비판이 있을 수 있으나 일단 전문학회에서 협동적 노력에 의하여 깊이 있게 논의해 보는 일 자체만으로도 의미와 가치가 있다고 본다. 그 후에 각 대학에서는 실정에 맞게 운영하도록 하면 얼마든지 다양성과 독특성은 살릴 수 있다고 본다. 인도의 대학 보조금 위원회(University Grant Committee)에서도 계속적으로 이와 비슷한 작업을 많은 예산을 들이면서 수행하고 있다.

## 2) 교수방법 개선

지금까지 각 대학에서 교수방법 개선을 위해서 약간의 연구를 수행하였으나 앞으로는 이에 더욱 집중해야 할 것으로 본다. 대학교육의 질은 바로 교수(teaching)의 질이라고 할 수 있기 때문에 이에 관한 노력이 집중되어야 할 것이다.

각종 교수방법에 관한 자료를 개발하여 이를 소개하고, 교수 효과성(teaching effectiveness)에 관한 (실험)연구를 실시하여 각 교수방법에 따른 결과를 제시해 주고, 각종 교육자료를 개발하여 보급하는 일에 비중을 두어야 할 것이다.

현재와 같은 교수방법을 가지고는 각박한 국제적 교육의 질 경쟁에 명함도 제출할 수 없는 실정이라고 본다. 교수방법을 각 교수의 전문성에 맡겨 놓는 것도 좋지만 그럴 경우에 교수들이 학생시절에 배운 방식대로 교수가 되어 다시 가르치는 경향이 있기 때문에 교수방법에 있어서 좀처럼 혁신이나 개혁이 이루어지기 어렵다. 그래서 우리나라는 전통적인 강의방식에서 벗어나지 못하고 있다. 교수방법 개선에 획기적인 노력이 요청되는 시점이다.

### 3) 교수자질 개발

우리나라에서는 교수양성을 위한 특별한 프로그램을 갖고 있지 못하다. 대학원의 석·박사과정에서 연구하고 논문을 써서 심사에 통과되면 교수직에 채용되어 직접 가르치는 일을 시작하게 된다. 연구하여 학위논문과 연구논문은 써 봤지만 가르치는 교육과 훈련은 받지 못한 것이다. 학생으로서 가르침을 받아 본 경험이 유일한 교수훈련이 되는 셈이다. 그래서 앞에서 지적한 것처럼 스승으로부터 가르침을 받은 대로 다시 학생을 가르치게 되는 것이다.

더구나 신임 교수가 되었을 때 특별한 안내나 오리엔테이션 프로그램도 각 대학이 갖고 있지 못한 실정이다. 또한 교수들 사이에는 전공과 관심영역이 다르다는 이유로 교수들 사이에 높은 장벽이 있고, 정보의 교환도 부족한 상태이며, 필요 없는 자존심 때문에 선배 교수에게조차도 문의하기를 꺼리는 풍토를 갖고 있다.

그래서 우선 (1) 신임 교수를 위한 안내 프로그램을 개발하여 운영하고, (2) 기성 교수를 대상으로 해서도 새로운 교수 방법과 교수 공학에 관한 연수 프로그램을 개발·운영하여 희망자로 하여금 참여하여 능력을 개발하게 하고, (3) 새로운 연구방법에 관한 연수 프로그램도 개발하고, 운영하고, 기구를 설치하도록 노력해야 할 것이다. 외국 대학들이 대학 내에 교수 개발(staff development, faculty development) 센터나 기구(unit)를 설치하고 부단한 노력을 기울이는 데 비하여 우리는 이의 필요성조차 인식하지 못하고 있는 실정이므로 이에 관하여 더욱 노력할 것을 기대한다.

교수자질 개발을 위한 국제·국내 교수 교류를 강화하고 연구년제(안식년제) 등을 권장하는 방안도 고려해야 할 것이다.


### 4) 대학평가인증제의 도입

현재 진행 중인 대학평가에서 자체평가를 강조하면서 서서히 평가인증제(accreditation)로 전환하여 이를 통해서 전반적인 대학교육의 질을 관리해 나가도록 해야 한다. 그러나 대부분의 대학이 이 평가인증제를 채택하고자 하는 분위기 속에서 도입해야지 이를 무리하게 강제적으로 도입하고자 할 때는 오히려 역효과를 가져올 수 있다. 그래서 처음에는 좀 느슨한 기준에 의하여 많은 대학이 평가인증제를 채택하고 차차 기준을 높여 나가고, 나중에는 인정받은 대학과 인정 못 받은 대학 간에 엄격하게 구별해 나가는 방향으로 나가야 할 것이다. 일정한 기한을 주고 그 기한 내에 자발적으로 평가 받기를 지원하여 평가인정을 받게 하여 대학 간 자율적 질 통제의 형태가 되도록 하는 방향이 되어야 할 것이다. 대학평가인증제는 너무 서두르지 말고 우선은 출발부터 하게 하고 나서 참여풍토의 조성에 중점을 두어야 할 것으로 본다.

지금까지 각 대학이 주로 외형적인 측면에 주력한 점이 있다. 질적·내용적 측면에 에너지를 집중하여 2000년대에는 질적인 면에서 국제경쟁력을 갖는 한국 대학교육이 되길 기대한다. 우리는 짧은 기간 내에 대학교육의 기회를 확대하여 대학교육의 보편성과 평등성, 형평성의 가치를 실현하여 제1의 도약을 한 저력을 갖고 있기 때문에 대학교육의 질 향상에 정력과 시간, 자원을 투자해야 한다는 인식에 공감대가 형성되고 합의만 이루어진다면 교육의 우수성(excellence)의 가치를 실현하는 제2의 도약도 가능하다는 확신을 갖는다.

# 제4장 대학평가의 발전*

## 1. 서 론

세계는 교육경쟁의 시대에 접어들었다. 어떤 사람들은 '경쟁'이란 표현이 미지근하다고 하며 서슴없이 총소리 안 나는 교육 '전쟁'을 하고 있다고 표현한다. 얼마 전까지만 해도 총알의 숫자와 비행기 대수를 가지고 국방경쟁에 열을 올렸었다. 정신없이 군사력을 증가하다 보니 국방도 돈이 있어야 한다는 데로 관심이 쏠리게 되었다. 그래서 GNP, 수출액에 초점을 맞춘 경제경쟁에 온갖 정열을 다 바쳤던 것이다. 그렇다. 돈과 경제면 웬만한 일을 다 해낼 수 있는 것은 틀림없다. 그런데 국방도 경제도 결국 두뇌 싸움이라는 것을 깨닫게 된 것이다. 고급인력이 있어야 지속적인 경제 성장이 가능하다는 데 귀착하여 교육의 질 경쟁의 시대에 접어든 것이다. 질 높은 교육을 하는 나라만이 지구상에 살아남을 수 있다고 굳게 믿게 된 것이다.

---

* 원제목 "대학교육의 질 향상을 위한 대학자체평가" 대학행정직 직무 연수 내용, 한국대학 교육협의회(1988~1990). 여기서는 대학평가인증제로 넘어가기 전인 1989~1990까지 필자가 한국대학교육협의회 평가관리부장으로 파견근무하면서 대학자체평가를 강조한 시기의 강의원고 내용이므로 현재의 대학종합평가인증제와는 약간 다르다. 내용이 바뀌었으나 기록상 남겨둔다.

그래서 많은 나라들이 교육의 질 향상을 겨냥한 교육개혁사업에 열을 올렸던 것이다. 그런데 교육의 질을 점검하는 활동이 바로 평가이다.

국방경쟁 ⇄ 경제경쟁 ⇄ 교육(의 질)경쟁

〈그림 4-1 〉 국제 경쟁의 변화

대학은 대부분 공공자금과 학생들 납입금으로 운영된다. 이러한 돈을 사용하여 교육을 잘하고 있다는 것을 세상에 보여주고 설명할 수(account for) 있어야 한다. 이것을 책무성(accountability)이라고 한다. 그래서 교육을 소비하는 학생이나 학부모의 입장에서는 대학이 보여주는 엄격한 자체평가의 결과를 보고 대학을 선택할 수 있고 또 자기들이 세금으로 또는 등록금으로 낸 돈을 잘 사용하여 교육의 효과를 올리고 있다는 것을 확인하고 학업에 전념할 수 있도록 하여야 한다. 앞으로 대학은 교육소비자요 고객인 학생과 학부모를 중심에 놓고 보는 시각의 전환이 필요하다.

다른 한편으로 대학을 운영하는 총학장이나 재단의 입장에서도 학교운영의 철학과 교육적 신념, 설립자 정신, 건학이념이 어떻게 학생교육과 대학운영에 침투되고 어떤 결과로 나타나는지 확인할 필요가 있다. 이것도 대학평가를 통해서 가능하다.

아니 이러한 거창한 이야기를 않더라도 무슨 일을 하려면 계획이 있어야 하고, 이 계획대로 실천하고, 무슨 일을 하고 나서는 반드시 평가가 따라야만 발전하고 성장하는 사람이 된다는 것은 누구나 잘 아는 사실이다. 이것을 'Plan-Do-See'라고 하는데 이는 개인이나 기관이나 마찬가지이다.

그러므로 대학평가는 교육의 질 향상을 위한 어떤 특별한 요란한 활동이 아니라 아주 정상적인 교육의 한 과정(process)에 해당되는 교육활동이다. 이러한 정상적인 교육활동을 그동안 잘 실천하지 못하여 비정상적으로 운영되던 것을 정상으로 돌아가게 하자는 것이다. 정상과 본질로 돌아가면 교육의 질도 정상으로 향상될 것이다.

질이란 눈으로 잘 포착하기 어렵다. 얼마나 우수하냐(excellence) 하는 '우수한 정도'를 질이라 한다. 눈에 보이지 않기 때문에 많은 사람들이 눈에 보이는 것에만 관심을 집중한다. 그러나 이제는 양의 경쟁이 아니라 질의 경쟁이라는 것을 꿈에도 잊어서는 안 된다. 양적으로는 우리나라의 고등 교육은 미국, 소련, 캐나다 다음이라고 한다. 그러나 질적인 면에서는 대학 교육에 관한 한 후진국 중의 후진국에 속한다.

쉽게 말히어 교수 대 학생비의 경우 영국의 초등학교 수준에도 못 미친다.

그런데 대학평가는 대학 내 행정가, 교수, 직원, 학생, 학교 외 인사까지도 많은 사람들이 협동하여 연주해 내야 할 교육 오케스트라에 해당되기 때문에 여기 연수에 참여하신 여러분의 대학평가에 대한 이해와 협조가 이 사업의 성패에 절대적이다. 그러면 좀 더 자세히 설명해 나가기로 한다.

## 2. 대학평가 개관

여기서는 대학평가의 목적, 종류, 한국대학교육협의회와의 관계, 발전과정을 다루고자 한다.

### 1) 대학평가의 목적

앞에서도 잠깐 언급했지만 대학교육 활동의 한 과정으로 교육목표와 계획의 달성 및 실현의 정도를 확인하여 그 결과를 차기의 목표수립과 계획에 반영함으로써 대학교육의 질을 향상시켜 국제경쟁력을 높이고, 국가와 사회 및 개별 대학의 발전을 도우며, 궁극적으로는 개별 학생에게 최대한 봉사하려는 데 그 목적을 두고 있다. 좀 더 구체적 목표를 보면 다음과 같다.

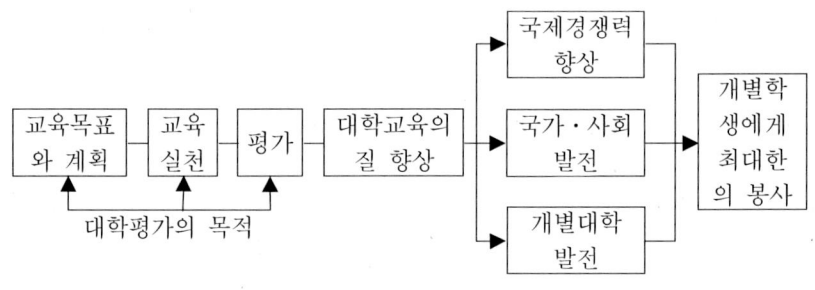

〈그림 4-2〉 대학평가의 목적

(1) 국가적 차원에서 보면 개별 대학으로 하여금 본연의 기능과 역할을 효과적으로 수행할 수 있도록 하고 개별 대학 스스로가 대학에 대한 사회적·시대적 요청을 수렴하여 치열한 국제경쟁에서 수월성을 계속 유지·발전할 수 있는 풍토를 조성한다.

(2) 개별 대학의 차원에서는 보편적 기능과 역할의 수행은 물론 자율적으로 그 특수성과 독자성을 발전시켜 개성 있는 대학으로 성장하도록 자극한다. 계속적인 대학자율평가연구를 통해서 대학의 개선 노력을 고무한다.

(3) 공공적 측면에서는 대학 스스로가 공익성과 논리성을 확립하여 관련기관, 학생 및 대학인 스스로가 대학을 신뢰하고 대학의 권위를 인정하며 대학이 설정한 목표를 달성하고 있다는 것을 알 수 있도록 한다.

(4) 대학교육의 효과를 평가하기 위한 평가기준과 지침의 개발을 통하여 우리나라 대학교육의 수월성을 추구하고, 개별 대학과 한국대학 교육협의회가 협동 노력하는 가운데 대학자체의 평가 능력을 향상시킨다.

## 2) 대학평가의 종류

대학평가의 종류는 다양하며 여러 가지로 나눌 수 있겠으나 분야와 대상에

따라 (1) 기관평가와 (2) 학문영역평가로 나누며, 과정에 따라 (1) 대학자
체평가, (2) 서면평가, (3) 현지방문평가로 나눈다(〈그림 4-3〉 참조).

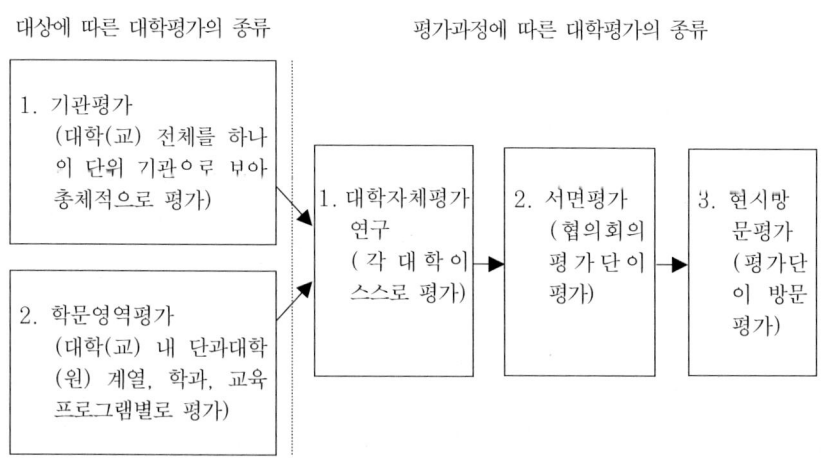

〈그림 4-3〉 평가의 대상과 과정에 따른 대학평가의 종류

### 3) 대학평가와 한국대학교육협의회

한국대학교육협의회는 법률 제3727호(1984. 4. 10.)에 의하여 전국 4년제
대학이 회원이 되어 "대학운영의 자주성을 높이고 공공성을 앙양하며 대학의 상
호협조를 통하여 대학교육의 건전한 발전을 도모"할 목적으로 설립되었다.

이 협의회는 설립과 동시에 지금까지 당시 문교부가 실시하던 감사식 평
가를 넘겨받아 학문중심의 대학평가를 하려고 노력해 왔는데 대학평가는 이
협의회 설립 당시부터의 법적인 주요 기능 중의 하나이다. 한국대학교육협
의회 법 18조(대학평가)에 의하면 협의회는 의무적으로 "대학교육과 대학행
정의 발전을 위하여 그에 필요한 자료를 확보하고 주기적으로 대학의 학사
및 운영 전반에 관한 평가를 실시"하고 "평가의 결과는 지체 없이 교육부 장

관에게 제출"하도록 되어 있다. 그래서 교육부 관할하에 있는 대학과 회원 대학 모두 이 협의회의 평가를 받게 되어 있다.

대학평가를 위한 이 협의회의 조직은 다음 〈그림 4-4〉와 같다.

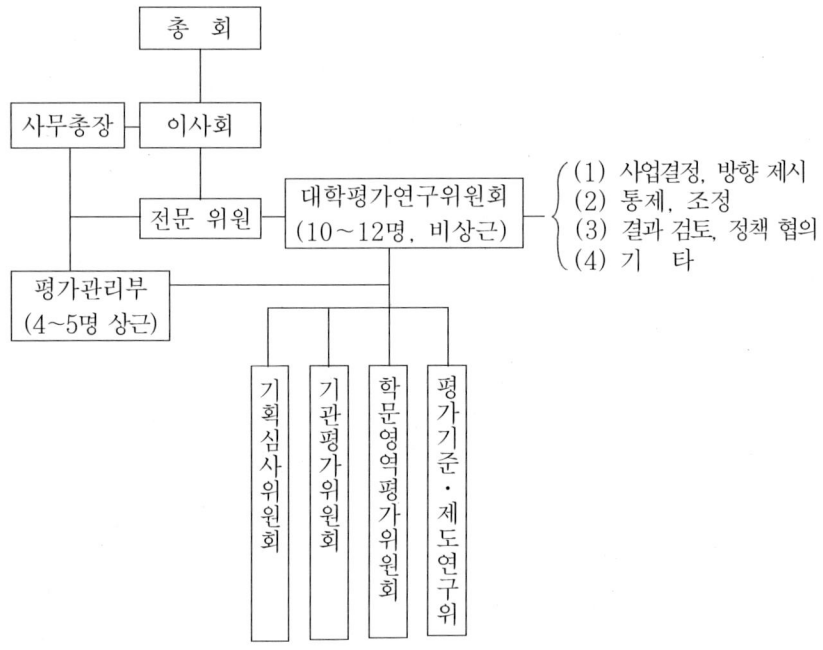

〈그림 4-4〉한국대학교육협의회의 평가관계 조직

(현재는 인증제가 되어 인증위원회가 있다.)

### 4) 한국대학평가의 발전과정

우리나라의 대학평가는 해방 이후부터 60년대까지의 당시 문교부를 중심으로 한 '관' 주도의 감사식 평가에서 70년대 실험대학 운영의 시기에 평가에 많이 접근하는 '관·학'의 평가 시기를 걸쳐 1982년부터 한국대학교육협의회가

맡아 '학' 중심의 평가를 해 왔다. 그러나 평가의 본질에 많이 접근하려 했음에
도 불구하고 형식적인 면이 많고 실효를 거두지 못하여 1987년에 본격적인 연
구를 바탕으로 하여 1988년도부터는 대학자체평가를 강조하는 일대방향전환을
하게 되었다. 지금까지의 발전과정을 표로 요약하고 88년도부터의 방향전환에
대하여는 다음에 좀 더 자세히 항목별로 설명하고자 한다(〈표 4-1〉 참조).

〈표 4-1〉 대학평가의 발전과정

| 연　도 | 평가분야 및 대상 | 평가내용 | 평가방법 | 평가특징 |
|---|---|---|---|---|
| 1. 60년대 대학평가 (행정감사 위주) | ○ 행정감사의 필요성이 있다고 판단되는 대학 선정 | ○ 학사운영 및 재정·회계 중심 <br> ○ 관계 법규와 당시 문교부의 행정지시 준수여부 <br> ○ 비위사항 적발중심의 징계적 성격 <br> ○ 대학 설립인가·학과 증설 허가·정원 정책 과정의 일환 | ○ 당시 문교부 주도의 1회적, 단기적, 문제점 중심의 평가 | ○ 대학의 무분별한 양적 팽창의 억제와 지역 간 균형 발전에 기여 <br> ○ 대학의 형식적 요건 충족과 대학 운영이 획일화·경직성 초래 |
| 2. 70년대 대학평가 (실험대학평가) | ○ 실험대학인가를 신청한 대학에 한정 | ○ 실험대학 개혁사항 실시 정도 <br> ○ 실험대학으로서의 적격여부: 교육여건 전반 | ○ 각 실험대학이 제출한 운영 보고서와 현지방문 | ○ 우리나라 고등교육 개혁의 촉진제 <br> ○ 평가내용, 절차 및 기준의 획일성과 제한성으로 대학자체의 자율적 개선의 촉진에 미흡 |
| 3. 한국대학 교육협의회 설립 이후 | | | | |

| 연 도 | 평가분야 및 대상 | 평가내용 | 평가방법 | 평가특징 |
|---|---|---|---|---|
| 1) '82년도 | ○ 대학운영종합평가: 97개 대학(교)<br>○ 대학원운영평가: 67개 대학(교)의 169개 일반 및 전문대학원<br>○ 기초과학계 대학평가: 60개 대학(교)<br>○ 공학계 대학평가: 24개 대학(교) 특성화공대 운영진단: 6개 대학교 | ○ 대학(교)의 학사운영 전반과 학문 영역별 교육과정의 편성·운영 | ○ 자체분석연구에 기초한 서면평가<br>○ 현지방문평가: 97개 대학(교) | ○ 한국대학교육협의회에 의한 회원대학평가(감사형 → 계도형)<br>○ 기관운영평가와 학문영역별 평가를 분리 시행.<br>○ 평가절차 및 기준의 개발과 실험적 적용 |
| 2) '83년도 | ○ 기관평가: 98개 대학(교)<br>○ 재정·경영평가: 98개 대학(교)<br>○ 국민윤리 및 이데올로기 비판교육평가:98개 대학(교)<br>○ 사립공학계 대학평가: 34개 대학(교) | ○ 대학(교)의 학사 및 재정운영 전반과 학문영역별 교육과정의 편성·운영 | ○ 자체분석연구에 기초한 서면평가<br>○ 현지방문평가: 35개 단과대학 | ○ 종래의 1회적·단기적 평가 체제에서 장기적·계속적 평가 체제로의 전환<br>○ 기관운영평가와 학문영역별 평가로 분리 시행<br>○ 대학별 자체분석연구에 의한 평가와 현지방문평가로 이원화<br>○ 특히 대학자체분석연구의 방향이 제시됨 |
| 3) '84년도 | ○ 기관평가(학부): 110개 대학(교)<br>○ 대학원평가: 75개 대학(교)의 185개 일반 및 전문대학원<br>○ 재정·경영평가: 110개 대학(교)<br>○ 교양교육과 국민윤리 및 이데올로기 비판교육평가: 110개 대학(교)<br>○ 법학계 학과평가: 60개 대학(교)(법학계 학과 설치대학) | ○ 대학(교)의 학사·교육과정 운영과 연구활동, 행·재정 및 시설 등에 관한 평가 | ○ 자체분석 연구에 기초한 서면평가<br>○ 현지방문평가: 42개 종합대학교 | ○ 예년의 기관운영평가 중심에서 학문영역별(학과) 평가로 확대 실시하여 대학 평가에 새로운 전기가 됨 |

| 연 도 | 평가분야 및 대상 | 평가내용 | 평가방법 | 평가특징 |
|---|---|---|---|---|
| 4) '85년도 | ○ 기관평가(학부): 110개 대학(교)<br>○ 대학원평가: 74개 대학(교)의 74개 일반대학원, 58개 대학(교)의 126개 전문대학원<br>○ 인문과학계 학과평가: 69개 학과<br>○ 사회과학계 학과평가: 82개 학과<br>○ 이·공학계 대학(원)평가<br>—이학계: 72개 대학(교)의 37개 학과<br>—공학계: 53개 대학(교)의 63개 학과 | ○ 기관별·학과별 평가 준거의 개발(대분류, 중분류, 소분류)<br>○ 교수—학습 활동, 연구 활동, 장학복지활동, 사회봉사활동, 행·재정운영, 교육여건 등에 관한 평가 | ○ 자체분석연구에 기초한 서면평가<br>○ 현지방문평가: 40개 단과대학 | ○ 대학의 기능을 세분화한 평가준거 개발 및 적용<br>○ 연차적 자료 축적을 위한 전산화 |
| 5) '86년도 | ○ 교양교육평가: 111개 대학(교)<br>—교양교육전반, 교양국어, 교양영어, 교양한국사, 교양국민윤리의 5개 분야 | ○ 교과별 평가준거(교양교육) 개발(대·중·소 분류) | ○ 자체분석연구에 기초한 서면평가 | ○ 교양교육의 운영개선을 위한 수강 학생들의 반응조사 병행 |
| 5) '86년도 | ○ 기관평가: 111개 대학(교) | ○ 교과계획, 교육과정, 교수—학습방법 및 평가, 학습환경 등에 관한 평가 | ○ 현지방문평가: 60개 대학(교)<br>○ 기관평가는 30여 개의 주요지표 산출 | ○ 교양교육 담당교수 워크숍 및 교무처장 세미나를 사전 개최하여 평가의 분위기 조성 및 평가기획에의 반영으로 성과 거둠 |
| 6) '87년도 | ○ 특성학과평가(83개 대학 83개 특성학과)<br>○ 대학평가제도 연구<br>○ 대학기관평가 기준 개발<br>○ 농학계, 사범계 평가기초연구 | ○ 특성학과의 설정배경·육성·지원 상황에 관한 종합평가 | ○ 자체분석연구에 의한 서면평가와 24개 대학의 현지방문평가 | ○ 진단평가의 성격을 띰.<br>○ 대학평가 편람 발간 |

| 연  도 | 평가분야 및 대상 | 평가내용 | 평가방법 | 평가특징 |
|--------|----------------|---------|---------|---------|
| 7) '88년도 | ○ 23개 대학 기관 평가<br>○ 사범계, 농학계 평가<br>○ 89년도 평가 착수 9.14부터 | ○ 기관운영 전반<br>○ 학문영역별 평가기준에 의하여 | ○ 새 모형에 의한 자체평가와 현지방문평가<br>○ 종래와 비슷하고 현지방문대학에 대하여는 대학별로 평가보고서로 피드백 | ○ 자체평가보고서를 제출받고 각 대학별로 평가보고서 작성하여 피드백 줌 |
| 8) '89년도 | ○ 24개 대학 기관 평가<br>○ 어문계, 약학계 평가 | ○ 기관운영 전반<br>○ 학문영역별 평가기준에 의하여 | 〃 | ○ 자체평가보고서를 제출받고 각 대학별로 평가보고서 작성하여 피드백 줌 |
| 9) '90년도 | ○ 24개 대학 기관 평가 진행 중<br>○ 사회계, 의학계 평가 예정 | 〃 | 〃 | 〃 |
| 4. 평가인증제 실시 예정 | ○ 희망대학<br>○ 희망영역부터 실시 | ○ 기관<br>○ 학문 | ○ 기준에 도달했다는 인정 기능 추가 | ○ 평가결과 활용 |
| ※ 2000년대의 제도에 대하여는 한국대학교육협의회에 문의 | | | | |

앞으로도 우리의 대학평가 사업은 계속 발전시켜 나가야 한다. 앞으로의 구체적인 발전방향도 요약하면 다음 〈표 4-2〉와 같다.

〈표 4-2〉 대학평가의 발전방향

| 구  분 | 현          행 | 발전방향 |
|--------|--------------|---------|
| 1) 평가 목적 | ○ 국가수준에서 전체 대학의 운영 전반에 관한 현황과 정보를 수집하는 의사결정평가<br>○ 각 대학의 통계적 수치를 상호 비교하는 상대평가<br><br>○ 각 대학의 자발적 참여가 아닌 전체 대학 대상의 법정 성격의 타율적 평가 | ○ 개별 대학의 질적 향상과 개혁 의지를 지원하는 평가체제<br><br>○ 대학이 추구하는 목표를 통계적으로 설정하고 목표달성을 노력하는 목표기준평가<br>○ 대학의 설립별, 유형별 특성과 설립 목적을 고려한 대학 자체평가연구를 개발·적용하는 자율적 평가와 이를 확인·보완하는 외부평가의 조화 |

| 구 분 | 현　　행 | 발전방향 |
|---|---|---|
| 2) 주관기관 및 평가위원 | ○ 기관평가와 학문계열(별)평가·학과(별)평가를 모두 한국대학교육협의회에서 주관<br><br>○ 평가위원은 대학교수로 구성 | ○ 기관평가와 학문영역평가는 한국대학교육협의회가 전문학회나 전문기관의 협조를 받아 평가<br><br>○ 대학교수와 대학 외 인사의 협동(산업체, 관련연구소학회, 정부) |
| 3) 평가대상 및 주기 | ○ 기관평가는 매년 전체대학을 대상으로 계속 실시<br><br><br><br><br><br>○ 학문계열(별)평가와 학과(별)평가는 당시 문교부와의 협의 조정에 따라 선정된 학과를 대상으로 일시적·단기적으로 실시 | ○ 기관평가는 개별 대학을 대상으로 하되 각 대학의 발전계획을 고려하여 5년 주기로 회원대학을 순차적으로 실시(그 평가결과에 따라 대학마다 향후의 평가적기를 달리 할 수 있음)<br><br>○ 학문영역평가는 순(연)차적으로 영역을 달리하여 실시하도록 하되, 평가결과에 따라 평가주기를 달리함 |
| 4) 평가준거 및 기준 | ○ (1) 교수-학습활동, (2) 연구활동, (3) 장학·복지활동, (4) 사회봉사활동, (5) 행·재정운영, (6) 교육여건의 측면에서 기관별, 학과별, 교과별 평가준거를 개발·적용함<br><br>○ 각 평가기준별로 우리나라 대학의 현실적 여건과 미래의 전망을 고려한 평가기준을 설정하지 못하고 전국 대학의 평균치, 최저 최고치, 표준편차만 제시 | ○ 대학평가의 기준, 발전지표설정을 위한 연구위원회를 구성하여 보다 신뢰로운 기준을 개발하고 계속 수정·보완해 나감<br><br>○ 계량적, 평면적, 획일적인 적용에서 벗어나 각 대학의 특성을 고려한 목표지향적이고 질적인 평가 기준을 개발, 적용 |
| 5) 대학별 자체평가 연구보고서 | ○ 대학별 자체분석연구보고서 작성을 위한 전문위원회가 구성되지 않은 채, 주로 사무직원에 의한 행정적 처리에 그치는 경향임.<br><br>○ 주로 양적 자료수집을 위한 표준화된 공동서식을 사용하여 자료의 양에 비해 작성기간이 짧아(2~3개월) 신뢰성이 부족 | ○ 각 대학의 설립목적과 발전계획을 구현할 수 있는 대학별 자체평가 연구위원회를 구성·운영하고 계속적인 평가연구를 추진하여 대학 스스로 개선·노력해 나감.<br><br>○ 대학별 특성을 고려한 최소한의 자체평가연구보고서 형식을 각 대학에 제공해 주고 작성에 융통성을 부여함 |
| 6) 현지방문평가 | ○ 자체분석연구보고서의 기술내용 확인을 목적으로 실시되고 있으나, 현지방문평가에 앞서 충분한 사전 이해와 준비가 부족하여 그 기능을 제대로 수행하고 있지 못함 | ○ 방문대학의 자체평가연구보고서에 대한 충분한 숙지와 사전이해를 위해 평가위원 워크숍 또는 협의회를 갖도록 함 |

| 구 분 | 현 행 | 발전방향 |
|---|---|---|
| 6) 현지방문 평가 | ○ 매년 방문하는 대학이 있기도 하고, 2~3년 동안 한 번도 방문하지 않은 대학도 있으며, 1개 대학의 방문 시간도 짧아 피상적인 방문에 그치고 있음 | ○ 당해 연도의 모든 평가대상(기관·학문영역별)에 따라 대학을 1~2일간 방문하여 심층적인 평가활동이 되도록 함 |
| 7) 평가보고서 작성 및 평가 결과의 활용 | ○ 매년 평가보고서를 각 대학 및 당시 문교부에 제출하여 왔으나, 평가결과에 따른 대학명은 밝히지 않고 전국 수준만을 제시하였음<br>○ 종합보고서(1권)의 작성<br>○ 상당수의 대학에서는 평가결과가 대학발전의 기초자료로 활용되고 있으나 평가결과에 따른 정부로부터의 보상체제는 아직 없음 | ○ 장기적으로는 평가보고서를 정부, 사회, 언론 등에서 공표하도록 하고, 평가보고서에 각 대학의 수준을 상세히 밝히도록 함.<br>○ 종합보고서 외에 평가대상 대학별로 기관평가 보고서 작성<br>○ 평가결과에 따른 정책적 지원과 차등적 혜택을 부여하는 방안을 강구하여 시행하도록 함(상기 사항은 후속조치가 따라야 할 것임) |
| 8) 평가인증제로의 전환 | ○ 91년부터 실시 예정 | |

## 3. 새로운 대학평가 모형에 의한 방향

새로운 대학평가는 5년 주기 모형에 의하여 1차 년도에는 대학 스스로가 (1) 계획을 세워, (2) 자체평가를 실시하고, (3) 자체평가연구보고서를 작성하여, (4) 한국대학교육협의회 제출하고 그 결과는 차기 자체평가에 활용하며 3차 년도부터 자체평가 결과에 의하여 개선 노력하는 데 활용한다.

2차 년도는 한국대학교육협의회에 의한 평가의 해로 대학에서 제출한 (1) 대학자체평가보고서를 평가단을 구성하여 검토하고 (서면평가) 현지방문 계획을 세워 준비하고, (2) 일정에 의하여 현지방문을 실시하고 (3) 대학별 평가보고서와 당해연도의 종합보고서를 작성하여 (4) 각 대학에 피드백해 주어 개선 노력에 활용하게 하고 교육부에도 제출하여 교육정책과 대학 지원에 반영하게 한다. (당시는 형편상 1차 년도에 현재방문 평가도 동시에 실시하고 있음.)

그리고 3~5차 년도는 자체평가와 현지방문평가 결과에 의하여 개선 노력에 중점을 두고 다음 평가를 맞게 된다.

이 모형의 특징과 이 모형에 의한 평가방법의 주요 방향전환에 대하여 설명하고자 한다.

첫째, 대학자체평가연구를 강조하고 이를 중심에 놓고 한국대학교육협의회는 밖에서 도와주는 입장에 있다는 점이다. 〈그림 19-3〉에서 보면 대학자체평가를 중심에다 놓고 한국대학교육협의회는 밖에다 놓고 있다. 용어도 지난 5년 동안은 자체분석연구(self-study 또는 self-analysis)라고 했으나 88년부터 자체평가연구(self-evaluation)라고 과감히 바꾼 것이다.

즉 과거에는 대학은 자료를 수집하여 분석하고 정해진 통계양식(자체분석표)에 적어내기만 하고 평가는 한국대학교육협의회가 한다는 생각이었다.

그러나 여기서는 대학이 스스로 평가까지 하도록 한 것이다. 이러한 전환의 밑바탕은 각 대학의 능력을 믿고 신뢰하며 독특성을 인정한다는 생각이 깔려 있다. 이 평가 모형에서 평가의 주인은 각 대학이다.

둘째, 평가의 주기를 5년으로 하여 주기제를 도입하였다. 지난 5년간은 매년 또는 수시로 부정기적으로 그때그때 필요에 따라 기관평가를 실시하여 안정성이 없었고 각 대학도 일정한 계획에 의하여 학교운영을 할 수가 없었다. 그러나 이 주기 모형에서는 88년 현재 115개 회원대학을 5개 집단으로 나누어 5년 내에 모든 대학이 적어도 1회의 기관평가를 마치도록 계획되었다. 사실은 5년 주기가 너무 길다는 반응이 있다. 1년마다 해야겠지만 이러한 평가는 대학의 자체계획에 의하여, 얼마든지 더 할 수 있다.

셋째, 이 모형에서는 평가 그 자체도 중요시하지만 그 활용과 개선에 보다 더 강조점을 둔다는 점이다. 그래서 평가에 1~2년의 비중을 둔다면 개선과 활용노력에 3~4년의 비중을 두어 강조하고 있다. 〈그림 19-3〉에서도 보는 것처럼 여러 통로를 통하여 평가결과를 활용하도록 화살표로 표시되어 있다. 그래서 한국대학교육협의회의 평가는 합격·불합격의 최종결정을 매기거나 등위를 매기기 위한 총괄평가(summative evaluation)가 아니라 개선에 목적을 둔 형성평가적 성격이 강하다. 그래서 각 대학은 대학자체평가와 협의회의 평가결과에 근거하여 장·단기 발전계획을 세워 이를 실천에 옮겨야 할 것이다.

넷째, 지금까지의 평가는 주로 계량적인 평가였으나 이제는 여기에 질적인 기술적(記述的) 평가를 결합시켰다. 물론 계량적인 것도 중요하지만 이것만이 만병통치약은 아니다. 평가가 객관적이어야 하지만 주관적인 요소를 전연 배제할 수는 없으며, 과학적이어야 하지만 예술적인 측면을 전연 무시할 수 없다. 어떤 사람은 평가를 하나의 예술이라고 한다(The Art of Evaluation). 음악비평, 미술비평, 문학비평만 있는 것이 아니라 교육비평도 가능하다는 입장이 최근에 강하게 대두하고 있다.

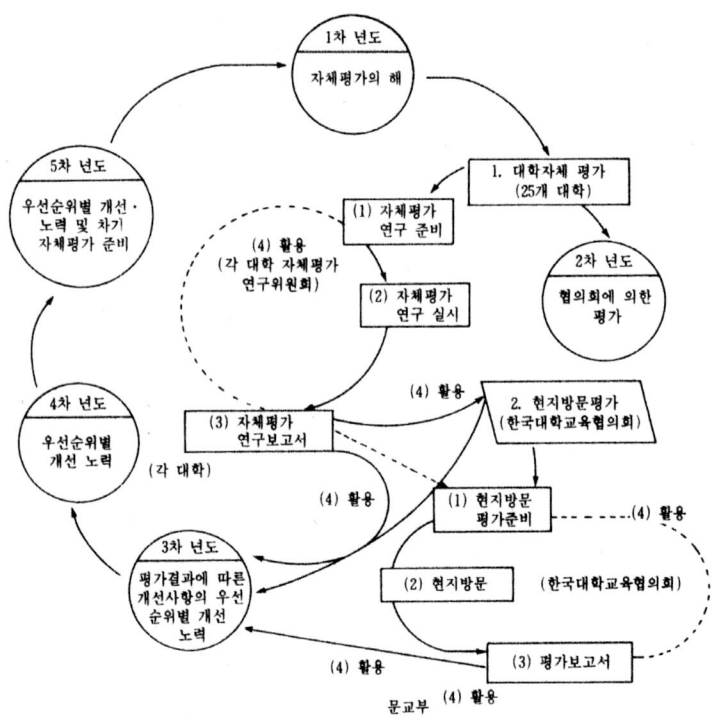

〈그림 4-5〉 평가주기에 따른 대학평가 모형

다섯째, 지난 5년간은 주로 전체 대학을 통계 조사하여 평균을 내고 최저, 최고의 범위를 내어 상대 비교하는 상대평가하였으나 이제는 각 대학의 교육목표의 달성도를 알아보는 절대평가의 성격으로 전환하였다. 각 대학의 역사와 전통이 다르고 목적이 다른데 이를 일률적으로 비교한다는 것은 무리이다. 각 대학의 다양성과 특수성을 인정한다면 상대비교는 모순이다. 각 대학이 가지고 있는 고유한 목표의 달성도를 알아보는 것이 더 타당하다.

이러한 정신은 자체평가를 강조하는 평가철학과 일치한다. 그런데 문제는 각 대학이 분명한 목적과 목표를 설정하고 있지 못하다는 점이다.

희미하고 추상적인 미사여구의 건학이념 같은 것만 늘어놓고 있을 뿐이다.

여섯째, 과거에는 상대비교였기 때문에 전체 대학을 뭉뚱그려 하나의 종합평가보고서를 썼으나 88년부터는 각 대학이 자체평가보고서를 쓰고 또 협의회 평가단이 개별 대학별로 평가보고서를 쓰고, 다시 이를 종합하여 종합보고서를 내어 이중, 삼중으로 평가결과를 활용하고 이를 피드백하고 있다.

일곱째, 새로운 평가 모형에서는 '대학평가편람'을 제작하여 평가를 받는 사람이나 평가를 하는 사람이나 이를 바탕으로 하여 공감대를 형성하고 이 편람에 의하여 평가의 전 과정이 이루어지도록 하였다. 과거에는 이러한 책자도 없이 그때그때 유인물로 지시하고 전달하는 식이었다. 또 하나 중요한 것은 평가해당자에 대한 연수회의를 중시한다는 점이다. 각 대학의 자체평가연구위원과 협의회의 평가위원에 대한 연수를 앞으로 강화해 나갈 것이다.

여덟째, 기관평가를 위한 평가기준을 연구개발하고 앞으로 계속 수정해 나갈 것이다. 이는 자체평가와 현지방문평가 모든 기관평가의 공통 기준으로 삼는 것이다. 이 기준은 6개 영역, 20개 중항목, 59개의 소항목으로 되어 있는데 다음과 같다.

## 당시 한국대학교육협의회의 대학기관평가 기준내용

### 1. 교육목표

    1. 1 목표체계의 구조

        1. 1. 1 목표체계의 정립

아홉째, 모든 평가의 과정을 (1) 준비, (2) 실시, (3) 보고, (4) 활용의

4단계에 의하여 설명하고 있다는 점이 새 평가 모형의 특징이다. 이를 그림으로 나타내면 〈그림 4-6〉와 같다.

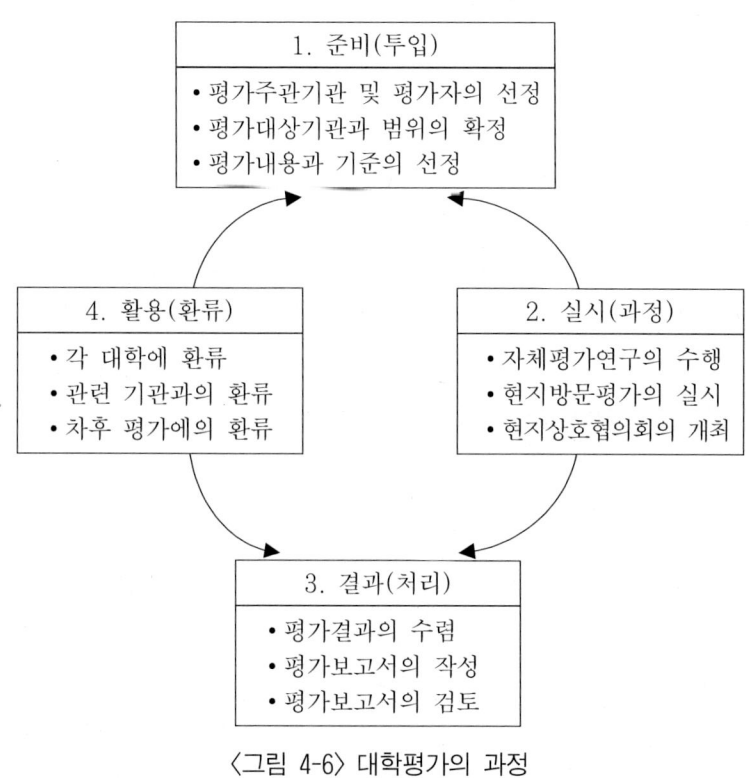

〈그림 4-6〉 대학평가의 과정

## 4. 대학자체평가연구

앞에서 언급된 것처럼 현재 우리나라 대학평가에서 가장 중점을 두는 부분은 대학자체평가이다. 이는 대학 자율화의 물결과도 맥을 같이한다. 그동안 자체평가가 필요하다는 것을 알면서도 외형적인 것에 매달리다 실제로 평가를 못하던 대학에서는 이 기회를 잘 활용하여 대학 발전의 전기로 삼아야 할 것이다.

중요한 것은 질 개선에 도움을 주고 정해진 기준에 어느 정도 도달했는지 알아보는 데 초점을 맞춰야 할 것이다.

주의해야 할 점은 교수 몇 사람이 분담하여 단순히 보고서 쓰는 일로 착각해서는 안 된다는 점이다.

평가의 핵심은 정확하고 명확한 평가의 (1) 목적을 설정하고 목적에 맞는 (2) 정확한 자료를 수집하고 수집된 자료에 (3) 어떤 의미를 부여하는 (판단하는) 활동이라고 할 수 있다. 자체평가도 하나의 연구과정으로 다루어야 한다.

그러면 자체평가연구와 관련하여 좀 더 자세히 다루고자 한다.


## 1) 자체평가연구의 목적

각 대학의 자체평가연구는 각 대학이 자발적으로 대학의 전반적인 학사관리, 재정·경영실태 등을 연구적으로 분석·평가함으로써 스스로의 문제를 진단·구명하고 그 해결 및 개선방안을 모색하여 실천해 나가도록 조장하는 데 목적이 있다.

구체적인 목적은 다음과 같다.

(1) 현재의 위상을 밝혀 발전방향을 설정하고 사실적 기술을 바탕으로 판단과 의사결정적 기술을 한다.

(2) 장·단기 발전계획의 기초가 된다. 현실을 확인하여 계획을 세우고 비전을 제시한다.

(3) 스스로 이미 진행 중이던 대학 기관 연구와 자체분석을 촉진하고 선도한다.

(4) 대학의 정책과 방침, 실제, 절차, 기록물을 검토하도록 자극한다.

(5) 사회 속의 대학의 위치를 밝혀 공공성과 책무성, 개방성을 진작시킨다.

(6) 대학 내 직원능력개발(staff development, faculty development, professional development)의 기회를 제공한다.

(7) 대학이 평가기준에 어느 정도 도달하였는지 그 정도를 알 수 있다.

이 대학자체평가연구에서 기대되는 것은 다음과 같다.


① 이미 진행 중이던 자체연구가 있으면 이와 조화를 이루기를 기대한다.

② 올바른 계획으로부터 출발하길 기대한다. (내·외적 목적과 일치하고, 시간과 정력, 학교의 사정에 맞게)

③ 학과나 프로그램보다 기관전체에 초점을 맞추기를 기대한다.

④ 기술적이기보다는 평가적이어야 한다.

⑤ 기준도달의 증거를 나타내 주는 평가보고서가 나오길 기대한다.


바람직한 자체평가연구는 다음과 같은 속성을 갖는다.

(1) 소극적이고 피동적인 반응보다는 적극적인 동기유발이 중요하다.

(2) 대학 최고 지도자의 참여와 관심표명의 정도가 중요하다.

(3) 각 대학실정에 맞는 자체평가연구의 설계가 중요하다.

(4) 자체평가연구의 과정에 대학의 목표를 명료화하고 그 목표 달성의 정도를 평가하려는 시도가 있어야 한다.

(5) 교육 공동체 여러 구성원의 적극적 참여를 특징으로 한다.

(6) 효과적인 집단과정, 문제 명료화와 문제해결 기법, 작업과정, 집단지도력 발휘의 방법 등을 활용한다.

(7) 효과적인 기능 발휘의 조직능력에 대한 연구와 연구능력을 신장한다.

(8) 평가의 과정에서나 평가의 최종산물에 있어서 어떤 개선이 있어야 한다.

(9) 읽고 이해하기 쉬운 평가보고서를 산출한다.

(10) 이미 별도로 진행하는 기관 연구, 자체 분석, 자체 개선에 도움이

되어야 한다.

결론적으로 성공적인 자체평가연구를 위해서는 학교 실정에 맞는 올바른 연구 설계와 구성원의 동기와 참여, 최고 책임자의 지도력이 절대적이다.


## 2) 대학자체평가연구의 과정

대학자체평가연구는 앞에서 언급한 것처럼 준비, 실시, 보고, 활용으로 나누어 설명할 수 있다.

이것을 좀 더 구체적인 단계로 나누어 제시하면 다음과 같다.


대학자체평가 연구과정의 단계


**[1단계] 자체평가 연구과정의 준비 및 설계**
- 지도력 형성과 내적 동기유발
- 지역사회의 요구와 쟁점을 구체적인 목록으로 작성
- 자체평가연구의 설계에 고려해야 할 지역적 현장 확인

**[2단계] 자체평가 연구과정의 조직**
- 해야 할 과제와 역할을 명확히 정의
- 자체평가연구를 이끌어 나갈 자체평가연구위원회 구성
- 자체평가연구에 필요한 인적 자원의 선발, 오리엔테이션, 훈련실시
- 필요한 재정적, 물적 자원의 획득
- 작업집단 구성
- 추진일정 및 시간적 절차 정의
- 조정과 의사소통 기제의 확립

**[3단계] 자체평가 연구과정의 역학구조에 주의집중**
- 진술된 대학목표에 대하여 명료화, 합의정도, 달성 가능성, 우선순위

면에서 검토

- 투입, 평가, 프로그램, 과정에 대한 검토
- 평가기준에 대한 유용성, 타당성 검토
- 사실과 의견의 수집 도구 적용
- 목표달성에 관한 연구 실시
- 결과 논의 및 유용한 보고서 준비
- 결과의 활용

**[4단계] 동료 전문가 활용**

- 자문가의 활용
- 현지방문 평가단의 활용
- 외부 조직과의 협력

**[5단계] 평가연구와 기획의 주기 결정**

- 기획의 기초로서 자체평가연구의 활용
- 스스로 진행 중이던 기관 연구에 박차

## (1) 계 획

앞에서도 지적한 것처럼 실정에 맞는 올바른 연구 설계를 하고, 최고 지도자를 설득하고, 연구위원을 조직하고, 재정을 확보하고, 계속적인 자체연수를 하는 일이 중요하다고 한다.

인적 조건은 자체평가연구기획위원회와 자체평가연구위원회, 실무직원, 보조원으로 구성하는 게 바람직하다.

자체평가연구위원은 (1) 대학교육 이념, 목적, 목표, 설립취지 분야를 평가할 수 있는 교육철학 전문가, (2) 교육과정 전문가, (3) 학생관계 전문가, (4) 교수관계 전문가, (5) 교육실시 전문가, (6) 교육 행·재정 전문가, (7) 대학을 종합적으로 평가하고 연구위원회를 이끌어 나갈 위원장으로 구성하는 것이 좋을 것이다.

자제평가연구위원은 그 분야에 대한 폭 넓은 전문적 지식을 가지고 있을 뿐 아니라, 정력과 열성이 있어야 하고, 무엇보다도 다른 대학인들을 존중할 줄 아는 사람을 선발하여야 한다. 이를 요약하면 〈그림 4-7〉와 같다.

* 기획위원회 (+) 평가연구위원회 (+) 직원 (+) 보조원
* 위원은 지식 (+) 정력과 열성 (+) 대학 내 다른 직원 존중

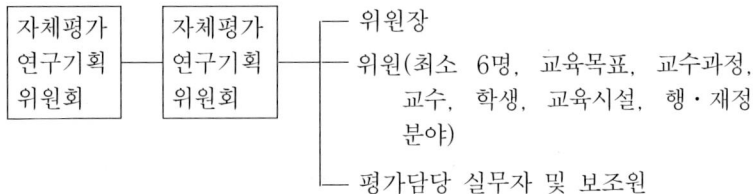

〈그림 4-7〉 대학의 자체평가연구를 위한 조직

재정은 대학의 사정과 연구 설계에 따라 달라질 것으로 보나 '88, '89년도의 자체평가의 경우 500~1,200만 원 범위의 연구비를 투입한 대학이 많았다.

자체평가 연구과정에서 많은 연수와 회의를 계획하여 실시해야 한다. 자체평가연구위원으로 선발된 사람들이 교육평가나 대학평가 전문가들이 아니고 전공이 각각 다르기 때문에 공감대를 형성하기 위해서 많은 연수와 회의가 필요하다. 100~200년 대학평가 역사를 가지고 있는 미국의 평가 전문가라고 하는 사람도 계속적인 연수를 하고 있다.

자체평가연구 계획을 좀 더 자세히 살펴보면 다음과 같은 항목으로 요약해 볼 수 있다.

### 계획전 단계
(1) 계획 세우기 전에 대학의 기관과 관련된 자료와 과정을 검토
- 대학의 목표적정에 대한 검토
- 현존 위원회의 구조에 대한 검토

- 현존 평가의 기획과정 조사(대학 스스로 진행하던)
- 최근의 종합평가 관계서류, 문헌 검토

(2) 협의회의 평가관계 자료와 과정 검토

- 협의회의 평가절차와 기대에 관한 〔평가편람〕검토
- 현지방문의 성격과 이와 관련된 최근의 서신(공문) 교환 검토

### 계획수립단계

대학이 바라는 욕구와 협의회의 요구를 충족시키는 자체평가연구 계획 수립

- 자체평가 연구과정의 목적 확인
- 기존 평가와 기획의 과정 확인, 이 과정을 협의회의 과정과 어떻게 종합시킬 것인가?
- 이 평가목적에 일치하는 위원회의 구성과 수행
- 추진일정 수립
- 자체평가 연구보고서의 대체적인 예비적 윤곽 결정
- 자료수집, 분석에 사용될 평가방법을 제안하고 수집 분석될 자료 명시
- 자료수집에서 평가보고서 완성에 이르기까지 보고회 작성 계획 수립

이러한 대학자체평가연구의 설계는 당해 대학의 역사, 규모, 복잡성, 발전단계, 욕구, 문제점, 목표, 기획과정, 자료체제, 연구 프로그램에 맞아야 한다. 중요한 것은 (1) 목표, (2) 자원, (3) 목표달성 증거, (4) 협의회의 평가기준 도달 여부를 알아보는 데 적절해야 한다.

## (2) 실 시

자료수집 도구를 제작하여 필요한 자료를 수집하고, 대학 내 각 부처로부

터 필요한 정보를 수집하여 이를 바탕으로 하여 어떤 판단을 내리는 것이다.

각 분야별로 전문가가 평가하지만 전체 평가위원들 간의 합의과정이 필요하다고 본다.

자체평가연구 시 중요한 사항을 요약하여 항목을 뽑아보면 다음과 같다.

(1) 계획의 실천은 계획의 범위, 성격, 강조점에 따라 다양
(2) 대학의 규모, 복잡성, 성격에 따라 달라져야 (정형없다.)
(3) 위원회 아닌 사람도 참여해야 하며 최소한 반응은 받아 봐야 (전
    문가로만 구성 말고)
(4) 특히 이해당사자 참여요
(5) 의사소통의 효과 정도가 승패 결정
(6) 지역사회와 의사소통해야
(7) 전 대학인이 알아야 하고 반응 받도록

자체평가연구 작업의 성격은 다음 세 가지로 요약될 수 있다.

---
* 자체평가연구 작업의 성격
(1) 작업 집단의 활용과 개인별 과제활동의 양면성.
(2) 기록 검토, 자료 수집, 사실과 의견 수집, 질문 제기와 해답 추구, 해결 추구, 새로운 아이디어 창출, 원고로부터 최종 보고서의 검토.
(3) 근거서류는 다음 평가 기초영역과 관련하여 강점, 약점, 문제점 제시 (목표, 학생, 교수, 프로그램, 학생봉사, 교육봉사, 행정봉사, 조직과 통치 재정 연구, 공공봉사, 목표달성도).
---

평가의 과정에서 자료수집에서 최종보고서가 나오기까지의 과정과 내용을 요약하여 그림으로 나타내면 〈그림 4-8〉과 같다.

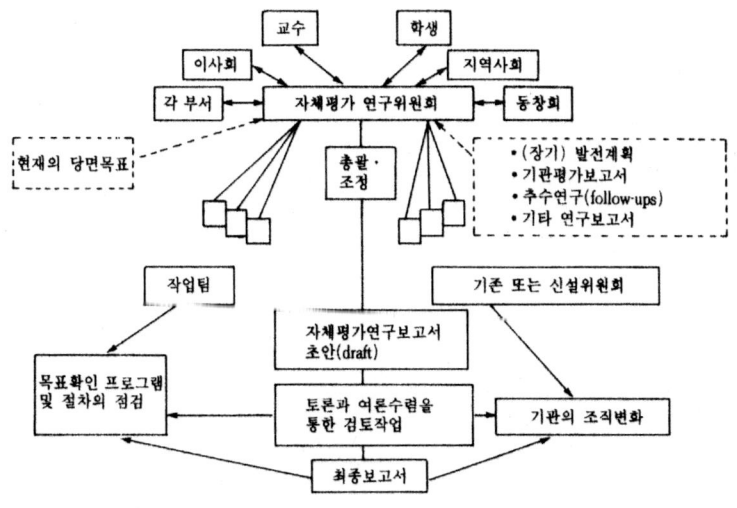

〈그림 4-8〉 자체평가연구의 흐름도

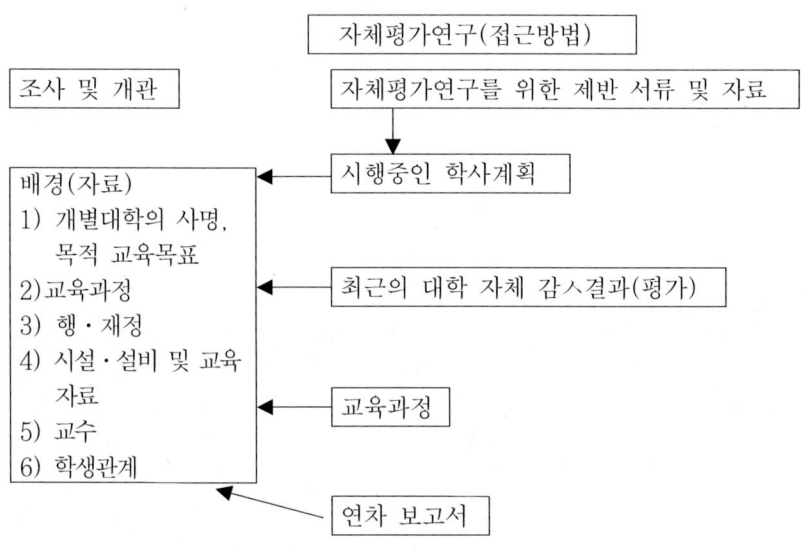

〈그림 4-9〉 자체평가연구의 내용·자료

## (3) 보 고

아무리 열심히 계획을 세워 평가했어도 보고를 잘못하면 모든 것이 수포로 돌아간다. 일정한 형식에 맞춰 깔끔하게 인쇄하여 보고하는 일도 상당히 중요하다. 보고의 목적과 형식을 요약하고자 한다.

### 목 적

(1) 대학의 목적을 효과적으로 달성하고 있으며 자체평가 능력과 자기 개선 계획의 능력이 있다는 증거로 제시한다.

(2) 대학이 평가기준에 도달했다는 증거가 된다.

(3) 현지방문평가, 협의회의 심사과정, 조치에 필요한 정보를 간결하게 요약해 준다.

① 자체평가연구의 많은 수고의 일부만이 최종보고서에 나타난다는 점에 유의, 평가의 전 과정에 대한 분명한 제시가 된다.

② 평가기준에 도달했음을 확인하는 보고서가 된다.

③ 단순한 표나, 도표, 그래프의 수집에 그치는 것이 아니라 잘 서술해야 하고 의미 파악과 전달이 잘되어야 한다.

④ 자체평가 연구과정에서 발견한 결과의 요약서가 된다. 다른 첨부 제출물과 함께 종합 검토될 것이다.

⑤ 독자를 의식해야 한다.—재단이사, 기부금 증여자, 교직원, 정부 기관, 학생대표, 평가단

### 보고서 형식

협의회가 요구하는 형식에 따르되 대학의 창의를 중시한다. 이 형식은 대학 자체의 목적과 필요에 맞아야 하며 평가계획에 따라야 한다. 첫째, 평가의 상황을 알려주고 기본 정보를 포함하는 서론 부분과 둘째, 평가기준에 따른 평가사항을 담는 본론 부분과 셋째, 강점, 약점, 개선점, 앞으로의 계

획을 포함하는 결론 부분으로 나눌 수 있다. 서론, 본론, 결론의 핵심은 다음과 같다.

[서 론]
평가의 과정을 나타내 주고 기본정보를 제공해 주는 분명하고 간결한 소개부분
a. 평가보고서의 목적(자기 개선)
b. 자체평가의 공정 - 위원회구성, 직원조직, 계획의 특별한 측면
c. 보고서의 구성 조직
d. 본 대학평가 역사의 요약
e. 과거 본 대학에 대한협의회의 평가에 대한 대학의 조치 또는 대응
f. 최근의 평가 이후의 변화와 주요 발전 사항
g. 대학의 독특한 측면(사명, 목적)

[본 론]
a. 평가기준에 따른 대학자체의 평가
b. 이미 발행된 대학 요람과 중복되는 내용을 많이 담지 않게
c. 보충 통계자료, 질문지 등은 부록으로 첨부, 단순한 통계 제시가 아니라 해석까지

[결론] - 요약, 판단
  협의회가 요구하는 자체평가연구의 보고서 형식은 다음과 같다.

〈형식 A〉
머리말 - 총장
  제1장 서론
    1. 평가목적

 2. 평가방법(평가계획, 자체평가연구위원회 조직 및 구성, 역할분
    담, 평가 추진 일정 및 절차 등)
제2장 학교 개황(분교 포함)
 (대학교육 목표, 연혁과 역사, 조직 및 기구, 교직원 현황, 학생 현
    황, 교육과정관계, 기본 현황, 시설, 설비, 재정, 기타 개황을 서술
    식으로 요약, 필요하다면 표 제시)
제3장 이전(과거의) 평가에 대한 조치
제4장 교육목표
제5장 교육과정
제6장 학생
제7장 교수
제8장 시설, 설비 및 교육자료
제9장 행·재정
제10장 종합평가(강점과 개선점)
 * 부 록: 기관평가 기초자료
 * 별첨제출자료: 1. 대학요람(학생용, 교수용) 및 안내, 학칙 및 제
            규칙, 대학 입시요강, 대학 학사력
        2. 대학 교육과정, 교과목 개설, 이수규정, 교육
            과정 관계연구
        3. 대학 예산관계 자료
        4. 시설·설비 개황
        5. 인사규정
        6. 장·단기 발전계획, 마스터플랜

## (4) 활 용

평가 그 자체보다 이의 활용이 중요하다고 하였다. 앞에서 쓴 보고서는 다

음과 같은 통로를 통하여 활용하여 대학 발전의 계기가 될 때 의미가 있다.

(1) 자체발전과 개선(대학 내 관계자에 발표)
(2) 외부평가단의 근거
(3) 차기평가에 활용
(4) 사회와 공공기관에 대하여 대학의 기능을 다하고 있다는 공표
(5) 내학자체의 장·단기 계획
(6) 교개심의안에 의하면 학위인정, 정원인가, 학과증설, 종합대 개편 재정 지원 등의 근거가 됨.

앞에서도 여러 번 언급하였지만 대학의 자기통제와 자기규제가 대학의 자율성 신장과 성장에 중요하다는 인식이 점점 고조되고 있다. 이러한 때에 대학자체평가는 중요한 의미를 갖는다. 이 자체평가의 개선과 성공을 위해서는 다음과 같이 되어야 한다고 요약할 수 있다.

(1) 대학의 최고 책임자가 대학자체평가연구로부터 이익과 도움을 받을 수 있다는 믿음을 가져야 한다.
(2) 학교 실정을 고려하여 원하는 결과를 얻을 수 있도록 설계되어야 한다.
(3) 작업 실무집단의 기능을 제대로 발휘할 수 있도록 주의를 기울여야 한다.
(4) 한국대학교육협의회에 의하여 실시하는 자체평가연구가 스스로 진행하는 대학 자체의 기관 연구에 기여할 수 있다는 믿음을 가져야 한다.
(5) 대학자체평가연구는 가능한 한 자주 그리고 부분적으로 집중하여, 또 초점을 맞춰 실시되어야 한다.
(6) 자체평가연구와 스스로 진행되는 기획과정과 보다 긴밀하게 통합되고 상호보완적이어야 한다.

## 5. 현지방문평가

대학자체평가 연구보고서가 협의회에 제출되면 협의회에 의하여 구성된 현지방문 평가위원들이 1개월 반 정도 이를 검토하고 하루에 1개교씩 방문하여 평가하고 1개월 내에 자체평가보고서와 현지 확인 결과를 종합하여 각 대학별 평가보고서를 쓴다. 그리고 이들 대학별 평가보고서를 종합하여 그 해의 종합보고서를 쓴다.

평가단은 교육목표, 교육과정, 교수, 학생, 교육시설과, 자료, 행·재정 각 분야별 전문가와 단장, 보조원 등 8명 정도로 구성된다.

〈표 4-3〉 현지방문평가 당일 일정표

| 구 분 | 시 간 | 내 용 | 비 고 |
|---|---|---|---|
| 오 전 | 09:20~09:20 | 대학 도착 및 총·학장 예방 | 대학 관련자 및 평가위원 전원 참석 |
| | 09:20~10:00 | 평가단장의 평가일정 발표 및 대학 현황 청취 | 대학 관련자 및 평가위원 전원 참석 |
| | 10:00~12:00 | 분야별 평가 | 7개 분야별로 평가위원과 대학 자체평가연구위원 또는 관련자 간의 별송 회의실에서 면담 |
| 오 후 | 12:00~13:30 | 중식 | |
| | 13:30~14:30 | 오전 평가 계속 | 7개 분야별로 평가위원과 대학 자체평가연구위원 또는 관계자유의 면담 |
| | 14:30~15:30 | 교수대표, 재단대표 또는 학생대표와의 면담 | 협의회 평가위원이 세 집단으로 나뉘어 교수대표, 재단대표 또는 학생대표와 별도의 장소에서 동시 면담 |
| | 15:30~16:00 | 평가위원 자체회의 | 평가위원 전원의 종합 회의 |
| | 16:00~17:00 | 현지 상호협의회 | 대학 관계자 및 평가위원 전원 참석 |

방문 당일의 일정표만 〈표 4-3〉에서 제시하고 자세한 것은 생략한다.

# 6. 결 론

이제 대학교육의 질을 높여야 할 절박한 시점에 도달했다. 양과 외형에만 매달리지 말고 대학교육의 본질로 돌아갈 때이다. 교육에 있어서 평가는 본질적인 활동이다. 순수한 비판에 의한 올바른 평가를 통해서만 개인이나 기관도 발전힐 수 있다. 앞으로 언젠가는 이 평가결과에 의하여 사립대학까지도 정부 지원을 받고, 신설학교 인가, 학위 인정, 학과 증설, 학생정원 관리 등의 자율을 누리게 될 것이다. 그때까지 하루빨리 대학자체평가를 통하여 우리나라 대학을 본 궤도에 올려놓아야 할 것이다.

지금 이 순간에는 대학자체평가를 강조하고 있지만 이것에만 의존할 수 없다는 판단이 내려질 때에는 언젠가는 다시 강한 외부평가와 외부통제를 또 받게 될 것이다.

대학평가가 대학에 몸담고 있는 사람들에게 의미 있는 일이라고 판단된다면 전 직원이 합심 단결하여 이에 최선의 노력을 경주하여 보람을 찾아야 할 것이다.

이제 91년도부터 실시하기로 당시 문교부가 발효한 평가인증제에 대하여 오해가 있는 것 같아 간단히 설명하면서 끝맺고자 한다.

## 가. 대학평가인증제란

아무리 바쁜 사람도 하루 한 번은 자기 모습을 거울에 비춰본다. 자기 모습을 가다듬고 예쁘게 보이기 위해서이다. 또 유명상표일수록 품질관리를 철저히 엄격하게 한다. 소비자를 실망시키지 않고 신용을 지키며 회사를 더욱 발전시키기 위해서이다. 그 결과 이제 '메이드 인 코리아'가 해외에서 환영받기 시작하고 있다.

그런데 대학교육에서는 유명대학에서조차도 중소기업체만큼도 교육의 품질보증에 대하여 엄격하지 못하였다. 전구 하나에 불량품이 나와도 교환을 요구하고 소비자 고발센터에 가는 판인데 대학에서는 불량품이 얼마만큼 나오는지조차 전연 파악하지도 못하고 또 이에 별로 관심을 기울이지 못하고 있다. 대량생산을 하다 보니 불량품이 나올지 모른다고 해도 이는 이유가 될 수 없으며, 시설이 나쁘고 기술자가 부족하고 원료가 나쁘다는 것도 변명이 될 수 없다. 물건을 만드는 공장에서는 그런대로 실수가 인정될 수 있으나 인간교육에서는 어떤 이유로도 실수나 불량품에 대하여 용서받을 수 없다. 이유를 대는 동안 한 인간은 이미 망쳐 버리기 때문이다.

대학에서 이렇게 거울에 자기 모습을 비춰 보고 상품의 품질을 챙기는 제도가 대학평가인증제이다.

대학교육의 우수성을 추구하고 자율적인 품질관리를 위하여 교육개혁심의회가 대학평가인증제의 채택을 권고한바 교육부가 이를 받아들여 91년부터 실시하기도 하고 이를 준비하고 있다. 일반인에게는 이 제도가 갑자기 발표된 것같이 느껴지겠지만 사실은 82년도부터 대학 간 자율협의기구인 한국대학교육협의회가 대학평가와 연구를 담당하여 실시해 오면서 꾸준히 건의해 온 것이다.

평가인증제란 일정한 기준에 의하여 대학이라는 기관과 대학 내 각 학문 프로그램을 평가하여 어떤 표준에 도달했다는 보증과 인증을 해주는 제도이다. 그래서 대학자체의 평가에다 평가인정기구에 의한 인증과 보증의 기능을 합친 제도라고 할 수 있다.

### 나. 몇 가지 오해

그런데 이 제도에 대하여 몇 가지 오해가 있는 것으로 보도되고 있다. 첫째, 정부가 대학에 대한 통제권을 행사하기 위한 것으로 착각하거나 오해하고 있다는 점이다. 과거에 교육부가 하던 감사식 평가권을 자율협의기구인 한국대학교육협의회에 스스로 넘겨주고 또 이를 국고로 지원해 주고 있으며 또 앞으로 품질관리를 잘하려는 대학에 대하여는 더욱 지원해 주려는 입장인데 이를 통제수단으로 오해해서는 안 된다. 이제 대학은 스스로를 통제하지 않으면 스스로 망하고 만다. 다만 각자가 품질관리하기 어렵고 또 그렇게 되면 공신력을 잃어 공인을 받기 어렵기 때문에 대학들이 모여서 만든 자율기구에서 평가인정의 일을 담당할 뿐이다. 이에 동참하지 않고 자사제품관리에 게을리 하는 대학의 교육은 교육소비자들이 사주지 않을 것이다.

둘째, 대학평가인증제를 대학별, 학과별로 등급과 서열을 매기는 것으로 착각·오해하고 있는 점이다. 무슨 재주로 다양한 배경을 가진 대학을 하나의 잣대로 등급과 서열을 매겨 한 줄로 세울 수 있는가? 상상만 해도 끔찍한 노릇이다. 미국의 일부 회사와 개인이 이런 조사를 하여 발표하고 또 우리나라 유학후보자들이 활용하고 있는데 이는 몇 가지 지표에 의한 평정(rating)으로 평가인증제와는 거리가 멀다. 평가인증제는 하나의 잣대에 의한 획일성보다는 오히려 다양성과 특수성을 인정하고 나름대로의 자율성과 우수성을 조장하려는 제도이다. 그러나 분명한 것은 앞으로 대학사회에서 선의의 경쟁은 어쩔 수 없게 되며 하나의 필요악이 된다는 점이다. 그래야만 대학은 발전하고 또 교육소비자인 학생과 국민에게 혜택이 돌아간다. 대학교육이 언제까지나 독점상품일 수는 없다. 자사제품의 품질관리를 등한시하면서 타사까지 단합하여 불량품을 만들자고 하는 주장에 박수를 보낼 교육소비자는 아무도 없다.

### 다. 앞으로의 방향

대학평가인증제는 첫째로 대학교육의 우수성(excellence) 추구를 목적으로 한다. 이제는 우리나라 대학이 외형에서 내부로, 양에서 질로 눈을 돌려 교육상품도 국제경쟁력을 길러야 할 때이다. 외적인 문제를 빨리 해결하고 각자 맡은 자리로 돌아가 능력을 최고도로 발휘해야 하며, 또 그러기 위해서는 엄정한 자기평가제를 도입해야 한다.

둘째는 대학의 자율성, 다양성, 독특성, 효율성의 신장을 지향한다. 그래서 대학이 스스로 만든 기구에서 평가인증을 담당하며, 대학으로 하여금 규모, 역사와 전통, 지역에 따라 다양하고 독특하게 발전하도록 조장하는 기능을 한다. 그래서 처음에는 희망하는 대학부터 참여하게 하고 참여하여 평가인정을 받은 대학이 이익과 혜택을 받게 하는 방향으로 접근해야 할 것이다. 대학이 스스로 통제하지 않으면 또다시 정부나 교육소비자인 외부의 통제를 불러들이게 된다. 타율과 간섭을 배제하기 위해서라도 자율적인 평가를 하여 이를 세상에 공표해야 한다.

셋째, 평가인증제는 좋은 상품에 대하여 보증서를 써주는 것이지 불량품을 고발하지는 않는다. 불량품의 고발과 감시·감독은 다른 방향을 동원해야만 처음 접근하는 평가인증제는 성공할 수 있다. 대학으로 하여금 좋은 상품만 만들어 내게 하고 계속 품질개선에 노력하게 하며, 소비자들로 하여금 좋은 상품만 선별하게 해야 할 것이다.

넷째, 평가인증제는 사회에 대한 대학의 책무성을 다 하려는 것이다. 공공기관으로서의 대학은 어떤 교육목적하에 어떤 교육을 하여 어느 정도 목표달성을 하였는지 사회에 알려줘야 할 의무가 있다. 특히 학생의 돈이었든 국민의 세금이었든 공공자금을 사용하는 기관에서는 이 돈을 어디에다 어떻게 써서 어느 정도의 효과를 거두었는지에 대하여 평가를 통하여 일반인에게도 공표해야 한다. 대학은 평가를 기피할 것이 아니라 오히려 이를 적극 활용하여 대학이 잘하고 있는 점과 어려움과 곤란을 받고 있는 점을 세상에 홍보하는 계기로 삼을 수 있다. 사학이 재정적으로 어떻게 어느 정도 어렵다고 상세히 밝혀 설득시키려는 노력 없이 이를 숨기고 있다가 어려워서 비정상, 비리, 부정을 저질렀다고 하면 공중과 국민이 이를 용서하거나 정당화시켜 줄 것인가? 그러나 엄정한 평가결과를 세상에 공표하여 그동안의 어려움을 계속 알려왔더라면 국민들은 이를 외면하지 않았을 것이다.

지금 대학은 외적인 일로 몸살 정도가 아닌 홍역을 앓고 있다. 다른 나라 대학의 실험실과 도서관의 등불이 24시간 켜져 있고, 나라의 운명을 걸고 교육의 우수성 추구를 위한 교육개혁에 열을 올리고 있는 동안 우리 젊은이들의 열기는 겉으로 새는 것 같아 심히 걱정된다. 젊은이들의 올바른 주장이 있다면 이는 속히 받아들여져 외적인 문제를 빨리 해결하고 우리도 고등교육의 질 향상에 국력을 집중해야겠다.

발전하는 자는 자신에 대하여 그렇게 너그럽지 않다. 우리가 매일같이 거울에 얼굴을 비춰 보고 일기를 쓰고, 기업체들이 계속적인 심사분석과 품질관리로 발전하듯이 대학사회도 엄격하고 비판적인 자기평가로 자신을 정확히 파악하고 새로운 목표를 설정하여 이를 달성하기 위해 노력함으로써 세계 속의 대학으로 도약할 수 있다. 대학인들 스스로가 엄격한 품질관리로 최저가 아닌 최고수준에서 수수성을 발휘하기 위해 평가인증제를 발전시켜야 한다. (2006년도 현재 대학평가의 제도와 방법은 많이 변질 되었으나 이 글을 쓸 당시의 필자의 평가철학은 지금도 그대로 유지하고 싶다. 바꾸고 싶은 마음은 전연 없다.)

# 제5장 대학생의 대학운영에의 참여*

## 1. 서 론

### 1) 문제의 제기

과도한 권위주의와 역기능적 관료제에 의한 통제의 시대가 지나간 후에 불어 닥친 갑작스런 민주화 바람은 사회규범의 파괴와 무질서의 난무를 연출하고 있다. 이러한 현상은 한국사회 곳곳에서 일어나고 있다.

사회규범을 유지하고 발전시키는 것을 주요 기능으로 하고 있는 학교조직 속에서도 오히려 규범이 무너지고 집단 간의 갈등과 이해관계에 의한 권력 게임과 정치적 타협에 의하여 결정이 이루어지는 경우가 많아지고 있다.

대학에서도 과거에 권위적이었던 정부와 사립대의 이사회에 대하여 여러 집단들이 도전하고 있는 실정이다. 국가와 이사회, 총장, 교수, 사무직원, 학생들이 각각 자신들의 이익을 옹호하고자 암암리에 갈등을 일으키고 있다.

특히 학생들은 과거 교육에 있어서 객체이며 대상으로만 생각되어 피동체

* 이 연구는 강상철, 김종석, 주삼환의 "대학의 학생자치와 참여에 관한 연구" 충남대 인문과학연구소 論文集 제18권 제1호 1991. 8. pp.203~349 중 필자의 연구부분만 뽑아낸 것임.

로만 여겨졌는데 민주화 물결과 함께 오히려 과도한 참여와 주장으로 교육의 장은 아직도 일대 혼란상태에 있다.

어디까지나 학생회 자치활동의 범위이며 영역인지 분간하지 못하고 자율과 자치라는 미명 아래 무리한 주장을 하는 경우가 많다. 정치체제에 대한 도전을 포함하여 모든 정치 문제에 관여하고자 하며 중요한 사회 문제를 교내로 끌어들여 많은 학생들의 호응을 받고자 시도하기도 한다.

대학의 학내문제에도 학생들은 거의 모든 영역에 걸쳐 참여하고자 한다. 심지어는 총장 선출문제, 등록금 책정, 학사일정, 교육과정 문제, 교수임명, 대학발전기획 등 모든 문제에 어떤 형태로든 참여하고자 하고, 이러한 주장이 관철되지 않을 경우 무리한 행동으로 표출되어 대학의 존재 이유인 수업이 방해를 받거나 주변으로 밀려나 주객이 전도되는 현상이 벌어지고 있다. 배우고 연구하기 위해서 대학생이 된 것인지 아니면 학생운동을 하기 위해서 대학생이 된 것인지 분간하기 어려운 경우가 있다.

그런가 하면 학생들은 학생회 활동에 대해서는 절대적 가치를 옹호하고 있다. 그동안 학교나 교수가 하던 일에는 학생들이 참여하고자 하면서 과거에 지도를 받아오던 학생회에는 절대 불간섭의 원칙을 고수하려는 것 같다.

그런가 하면 국가나 이사회, 총장과 교수 등은 때로는 학생들의 정당한 요구까지도 묵살하는 경우가 있다. 권위를 지키고자 하는 본능에서 나온 반응도 있다. 하나를 들어주기 시작하면 끝없는 요구가 뒤따르고, 하나가 무너지기 시작하면 우르르 무너진다는 논리이다. 현대교육에 있어서 학생들이 교육과정상의 어떤 과목이나 내용을 설정하거나 다루어 주었으면 좋겠다는 요구는 할 수 있다고 본다. 그리고 학교 예산에 학생의 후생 복지에 관한 어떤 측면을 반영해 달라고 서면이나 대표를 통하여 요구할 수 있는 통로는 마련되어야 한다고 본다. 이러한 건설적인 요구도 학교는 체제적 측면에서 방어적 반응을 보이는 것이다.

이러한 현 상황에서 어떤 갈피를 잡아가는 노력이 경주되어야 할 실정이다.

이 연구도 이러한 문제의식에서 현상을 파악하고 문제해결의 실마리를 잡고자 하는 데서 시도되고 있다.


## 2) 연구목적과 필요성

이러한 현실적인 문제로부터 출발하여 학생들의 대학운영에의 참여 현상과 욕구를 파악하여 가능한 한 한계와 범위를 설정하여 방향감을 제시하려는 것을 연구의 목적으로 하고 있다. 좀 더 구체적으로 말하면 다음과 같다.

대학운영의 영역을 (1) 대학의 발전기획, (2) 조직·구조 (3) 학사, (4) 학생, (5) 교수 인사, (6) 재정, (7) 시설, (8) 기타 도서관 운영, 도서관 환경, 체육부 운영, 대학출판부, 교내 연구소 등 8개 영역으로 나누어 (1) 각 영역별로 참여의 필요 여부, 참여해야 한다면 (2) 참여해야 하는 이유, (3) 참여의 정도, (4) 참여 형태 또는 방식에 관하여 교수와 학생집단별로 그 의견을 조사해 보고 나서 두 집단 간에 어떤 의견의 차가 있는지 밝히고, 나아가서 참여의 범위와 한계를 설정하고자 한다.

이러한 문제들을 연구하여 학생들의 대학운영에의 참여의 한계와 범위를 설정하여 새로운 대학질서를 확립하려는 시도를 할 필요가 있다고 본다. 물론 이러한 방향을 제시한다고 하더라도 모든 사람들이 만족할 수는 없다고 본다. 다만 이러한 활발한 논의 속에서 나름대로 새로운 대학문화와 규범이 형성될 것으로 본다.


## 3) 연구방법

대학생의 대학운영에의 참여에 관한 현황과 한계와 범위에 관한 의견을 파악하기 위하여 질문지를 개발하여 이를 교수, 학생, 사무직원에게 적용하여 이를 분석하였다. 질문지 적용대상과 도구, 분석방법은 다음과 같다.

## (1) 연구대상

질문지를 적용한 대상은 다음 〈표 5-1〉과 같다. 질문지의 배포는 엄격한 무선표집을 못하고 국립대 1개 대와 사립대 3개 대 계 4개 대의 인문·사회·자연계열에서 고루 표집하려고 노력하였다.

〈표 5-1〉질문지 배포 및 회수, 사용 현황

| 구 분 | 내 용 | 배포수 | 회수매수 | 회수율(%) | 사용매수 | 사용률(%) |
|---|---|---|---|---|---|---|
| 국 립 | 학 생 | 350 | 307 | 87 | 297 | 96 |
| | 교직원 | 150 | 67 | 44 | 45 | 67 |
| 사 립 | 학 생 | 350 | 310 | 88 | 304 | 98 |
| | 교직원 | 150 | 70 | 46 | 55 | 78 |
| 계 | | 1,000 | 754 | 75.4 | 701 | 92.9 |

## (2) 도 구

학생의 대학운영에의 참여에 관한 질문지를 이론적 배경에 의하여 개발하여 교수, 학생, 사무직원들의 의견을 수렴하고자 하였다. 질문지는 학생의 대학운영에의 참여에 관한 조사를 (1) 학생참여의 영역인지와 아닌지를 묻는 부분과, (2) 참여해야 한다면 참여 이유와, (3) 어느 정도 참여해야 하는지의 참여 정도와, (4) 참여 형태(방식)의 3부분으로 ① 기획 조정, ② 조직 관리, ③ 학사 행정, ④ 학생 행정, ⑤ 교수 인사 행정, ⑥ 재정, ⑦ 시설 행정, ⑧ 기타의 영역에 대해 질문하였다.

## (3) 자료 처리

이 연구에서는 정밀한 고급통계를 사용하기보다는 대체적인 경향을 파악하기 위하여 빈도와 백분율로 처리하고 집단 간의 차(예; 학생 : 교직원, 국립 : 사립 등)를 밝히기 위해서는 $x^2$분석을 하였다.

이러한 질문지 방법 이외에 연구자들은 비공식적으로 많은 학생과 교수, 직원을 접촉하여 대화를 나누는 속에서 연구자료를 수집하였다. 이러한 면접은 좀 주관적인 표현으로 연구분석과 논의에 반영될 것으로 본다. 그리고 연구자들은 수시로 만나서 연구 협의하는 속에서 대학의 문제, 학생 활동과 참여의 문제를 논의하였다.

## 2. 대학생의 대학운영에의 참여 논리

최근에 학생들이 대학운영을 비롯한 학내문제에 깊이 참여하고자 하나 대학당국은 이를 허용하지 않으려는 경향이 있다. 총장을 비롯한 교수, 직원의 인사문제와 재단과 대학의 재정문제, 교육과정과 교수법에 대하여도 학생들은 목소리를 높이고자 하고 대학당국의 입장은 이들 영역만큼은 대학고유의 영역으로 생각하여 최후의 보루로써 이들 영역을 지키려는 데서 마찰이 생기고 있다.

이런 상황에서 학생들이 대학운영에 어떤 이유로, 어떤 문제에, 어떤 형태로, 어느 정도 참여해야 하는지에 관하여 간단하게 살펴보고자 한다.

### 1) 학생의 대학운영 참여 역사

고대 희랍의 플라톤에 의한 아카데미는 학생 중심의 공동체인 종교적 결사체로서 법인의 성격을 띠고 있었다. 이 종교적 결사체는 도시국가의 정치에서 독립되어 있었으며 아카데미가 정치에서 독립한 하나의 법인인 이상 그 운영의 자율과 학문의 자유는 완전히 보장되어 오늘날 대학의 자율과 학문 자유의 기원이 되었다.7) 이 아카데미의 공동체는 중세대학의 조합형태도 아니고 근세대학의 국가통제의 형태도 아니었다고 하나 어쨌든 학생공동체라는 데서 학생중심으로 아카데미가 운영되었으리라는 짐작을 할 수 있으며 어떤 의미에서는 학생의 대학운영 참여의 뿌리라고 할 수 있을 것이다.

중세의 대학들은 교수와 학생이 조합을 이루어 universitas와 studium generale라는 이름을 갖고 운영되었다. 이 중세대학은 학생과 교수의 특수한 직업인원으로 구성된 조합조직의 형식을 취해서 고도의 자치권을 가져 '나라 안의 나라'를 형성했던 것이다. 이 당시 학생들이 어느 정도 대학운영에 참여했는지는 알 수 없으나 학생들이 배우기 위해서 스스로 조합의 형태를 만들어 교수를 모셔왔으므로 상당한 정도 학생에 의하여 운영되었을 것으로 짐작할 수 있다 (특히 이태리의 볼로냐 대학은 학생조합에 의한 학생중심의 성격이 강했다.).8)

중세 이후 19세기 초의 대학은 계속 조합조직의 형태로 국왕이 왕국을 통치하듯이 하여 외부와의 왕래가 차단된 수도원과 같이 묘사되고 있다.

근세대학은 교회관할 방식으로부터 관료에 의한 관리방식으로 넘어가는 형식을 취하게 된다. 대학 내 각 부분을 영주가 다스리고 이것이 합쳐서 하나의 장원을 이루는 형태를 취하게 된다. 이때까지만 해도 대학의 자율에는 지장이 없었으나 학생들의 대학운영에의 참여는 점점 줄어들었을 것으로 본다.

현대대학은 전문적 관리자에 의하여 운영되고 있다. 국가나 사립대의 재단이사회가 기본적인 관리직 권위를 갖고 총장이라는 전문관리자가 관리하게 된다. 그러나 대학 내 학생집단, 교수회, 교수협의회, 직원노조, 총장과 전문관리자, 대학의회, 이사회, 동창회 등 각 집단들이 상호관련적, 상호의존적이며 서로 관할권과 영역을 나누어 맡아 공존하는 형식을 취하고 있다.

학생들은 교육에 있어서 과거에는 교육의 대상, 피동체로만 보았으나 최

7) 주삼환 외, "대학에서의 의사결정과 합리화 방안 연구", 한국대학교육협의회, 1988, p.13
8) 강상철, 김종석, 주삼환, "대학교육의 자율성 신장을 위한 개선방안", 충남대학교 교육발전 연구소, 1990, p.155.

근에는 자주적이고 적극적인 참여자로 보게 되면서부터 일정한 영역에서 목소리를 내게 되었다. 대학은 결국 연구와 학생교육을 위해서 존재하는 것이므로 학생들의 필요와 요구에 대하여 귀를 기울이지 않을 수 없다.

특히 1960년대 외국대학에서의 Student Power 이후 학생의 대학운영 참여의 폭은 넓어졌으나 오히려 학생들이 학문과 연구에 바빠 제대로 참여하지 못하는 경우가 많고 과도한 참여보다는 최소한의 필요한 참여가 기대되고 있다.


## 2) 학생의 대학운영 참여 이유

앞에서 언급된 것처럼 현대대학은 여러 집단구성원들 간의 상호의존과 협조, 공존에 의하여 운영되고 있다. 대학구성원은 국가나 대학재단이사회, 총장, 교수, 학생, 사무직원과 동창회, 학부모, 지역사회인들까지로 보아야 할 것이다. 그래서 총장이라는 대학운영의 전문가가 운영하되 각 구성원에 깊이 관련된 문제에 대하여는 각 관련집단의 의견을 청취하고 협조를 얻어내는 것이 대학운영에 도움이 될 것으로 본다.

그러면 왜 대학 내 구성원들이 대학운영에 참여해야 하는가? Keeton[9]은 네 가지로 요약하고 있다. 첫째, 대학 내의 여러 구성집단은 대학의 어떤 결정으로 인하여 심각한 영향을 받기 때문이다. 그래서 어떤 결정과 이해관계(concern)가 있는 집단은 꼭 참여되어야 한다는 것이다. 둘째, 결정하고자 하는 문제와 영역에 대하여 전문지식과 능력·자질(competence)을 갖고 있는 사람과 집단은 그 결정에 참여시켜야 한다. 이 두 가지는 Hoy와 Miskel의 공동의사결정 모형에서 (1) 이해관계가 있는지와(test of relevance, personal stake) (2) 전문지식과 능력이 있는지(test of expertise, capable of contributing)의 여부에 따라 참여자를 결정한다는 기준과 거의 일치한다. 셋째,

---

9) Morris Keeton, Shared Authority on Campus(Washington, D. C.: American Association for Higher Education, 1971), pp.146~147.

구성원의 협조(cooperation)를 요하는 문제에는 구성원을 참여시켜야 한다. 넷째, 조직구성원으로서 자원을 대주는 후계자와 제공자는 어떤 결정에 참여할 권한을 갖는다고 한다. 이런 기준에 비추어 볼 때 학생의 경우는 첫째 기준이 중요한 이유가 되고 셋째와 넷째가 약간 해당된다. 즉 학생은 대학의 어떤 결정에 중요한 직접적인 영향을 받는 영역과 경우가 많고, 학교의 어떤 결정에 학생들이 협조를 안 하고 실력(무력)행사까지 동원하는 경우가 있어 학생의 협조를 필요로 하는 경우가 최근에 많아지고 있으며, 또 학생도 학교에 등록금을 내고 있으므로 일종의 자원제공자로서 등록금 부분과 예산편성에 목청을 높이기 시작하고 있다. 그리고 학생들은 교육에서 더 이상 객체로만 머물러 있을 수 없다는 입장에서 학생들의 대학운영에의 참여는 고무적이다. 그러나 교수와 직원들이 대학에 거의 평생을 머무르는 반면 학생들은 일시적으로 대학을 이용하고 떠난다는 점에서 일시적 구성원의 성격을 가짐으로 제한을 받게 된다.

학생들이 대학운영에 참여해야 한다는 당위성이 인정된다 하더라도 아직도 어떤 문제에, 어떤 형태로, 어느 범위에서, 어느 정도 참여해야 하느냐 하는 문제는 남아 있다. 학생들이 대학운영의 모든 문제, 모든 영역에 교수나 총장과 똑같이 무제한으로 참여할 수는 없다. 학생은 배우기 위해서 대학의 구성원이 된 것이지 대학운영에 참여하기 위해서 학생이 된 것은 아니기 때문이다.

## 3) 학생참여의 영역

대학운영에 있어서 기본적인 정책결정은 국립대학의 경우 국가의 정부수준에서, 사립대학의 경우 재단 이사회에서 이루어지고, 총장은 이 결정을 받아서 집행하고 운영하는 기능을 한다. 그리고 이를 집행할 때 사무직원을 고용하여 구체화시키는 것이다. 그런데 학교에서 중요한 기능이 교수와 연구, 사회적 봉사인데 이 기능을 주로 교수들이 담당하기 때문에 교수들이 대학운영에 주로 참여할 수밖에 없다.

외국대학에서는 각종 위원회에 학생들을 참여시키고 있는 것을 볼 수 있다. 미국 캘리포니아대학교의 교수평의회(academic senate)의 각종 위원회 중 학생참여 위원회가 어떤 것이 있는지 살펴보면 참고가 될 것이다. 캘리포니아대학의 교수평의회의 각종 위원회는 두 종류가 있는데 (1) 교수진과 평의회에 관한 위원회에는 학생의 참여가 배제되고, (2) 교육에 관한 위원회에는 학생들의 참여가 허용되고 있다. 아마도 전자는 대학운영의 절대적 권위와 교수의 교권에 관한 것으로 판단되며 후자는 교육에 관한 것으로 학생들이 직접 영향을 받는 영역으로 인정되었기 때문으로 본다. 캘리포니아대학교에서 학생참여가 배제되는 교수진(faculty)과 평의회(senate)에 관한 위원회들에는 (1) 총회대표 위원회, (2) 예산과 학과 간의 관계에 관한 위원회, (3) Clark Kerr상 위원회, (4) 위원회에 관한 위원회, (5) 교수·연구·강의에 관한 위원회, (6) 선거에 관한 위원회, (7) 대학의 복지 위원회, (8) 진정 결정 위원회, (9) 민원조사 위원회, (10) 특권과 임기보장 위원회, (11) 연구 위원회, (12) 규정과 사법에 관한 위원회, (13) 평의회의 정책과 방침에 관한 위원회, (14) 명예 교수관계 위원회 등이 있다.

대신 학생대표가 참여하는 교육에 관한 위원회들에는 (1) 학문의 자유 위원회(5명 평의원, 2명의 학생), (2) 인종연구교육과정 위원회(15명 평의원, 2명의 학생), (3) 학생 위원회(7명), (4) 학사계획 위원회(5명의 평의원과 2명의 학생), (5) 대학원 위원회(원장, 전임원장, 12명 평의원, 3명의 원생), (6) 교수(teaching)에 관한 위원회, (7) 입학허가와 등록에 관한 위원회(6명의 평의원과 2명의 학생), (8) 도서관 위원회(2명의 학생참여), (9) 학부 장학금 위원회(2명의 학생참여), (10) 컴퓨터 위원회, (11) 상벌 위원회(2명의 학생참여), (12) 성인교육 위원회, (13) 수업코스에 관한 위원회(12명의 평의원과 3명의 학생), (14) 특별교육과정 위원회(9명의 평의원과 2명의 학생), (15) 교육발전 위원회(6명의 평의원과 행정직), (16) 특별장학금 위원회(10명의 평의원과 2명의 학생), (17) 교육방침 위원회(12명의 평의원과 3명의 학생), (18) 여성·소수민족 신분에 관한 위원회(5명의 평의원과 2명의 학생), (19) 학생의원 선정·임명 위원회 등이 있다.

교육에 관한 여러 위원회에 학생대표 2~3명이 참여하고 있지만 여기서 중요한 것은 참여 방식에 있다. 다음에서 좀더 자세히 다루겠지만 학생대표로 위원회에 참관자(observer)로 참여하여 의견을 발표할 수는 있으나 교수대표와 똑같이 투표에는 참여하지 않는 경우가 많다는 점이다. 또 똑같이 투표에 참여하면 학생의 숫자가 중요하겠지만 여기서는 학생들의 의견을 수렴해서 위원회에 전달만 하면 되기 때문에 2, 3명으로 충분한 것이다.

우리나라에서는 학생참여의 영역이 학생회에 관한 부분과 학생의 후생·복지에 관한 부분으로 극히 제한되어 있으나 학생의 건설적이고 건전한 의견을 듣기 위해서는 캘리포니아대학의 예에서 보는 것처럼 교육에 관한 영역까지로 확대할 필요가 있다. 그러나 학생들의 의견이 관철되지 않으면 무조건 때려 부수는 현 상황에서는 건전한 참여마저도 봉쇄당하는 일을 자초하고 있는지도 모른다.

대학운영에의 학생참여 운영은 학생자치에 관한 영역에서는 거의 전적인 자율권을 갖고, 식당, 소비조합을 비롯한 후생·복지와 같이 직접 관련된 부분에는 많은 자율권을 주고, 교육에 관한 사항에는 의견을 들어, 약간 참여시키고, 대학운영의 기본적인 사항에 대하여는 이사회, 총장 등에게 맡기는 방식이 되어야 할 것이다. 이것을 〈그림 5-1〉과 같이 나타낼 수 있다.

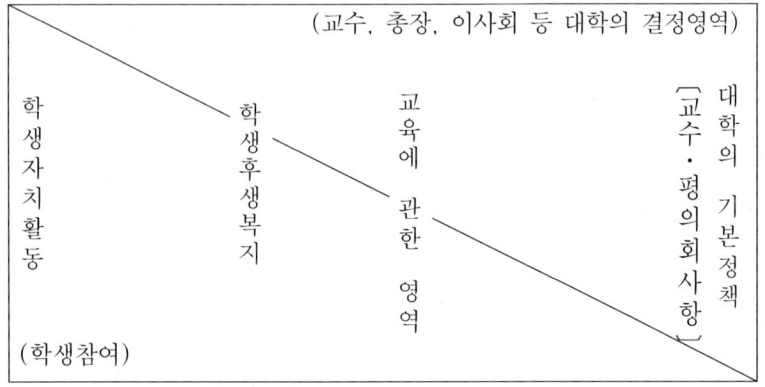

〈그림 5-1〉 대학운영에의 학생참여 영역과 정도

이렇게 볼 때 학생들이 총장선출, 교수의 인사, 기본재산과 재정문제에 참여하겠다는 것은 외국의 예에서도 찾아볼 수 없는 무리한 주장이며 학생들이 받고 있는 교육에 대하여, 대표를 통한 건설적이고 건전한 의견을 제시하는 통로를 열어줄 필요는 있다고 본다. 교권을 내세워 학생들의 건설적인 요구마저 묵살하는 것은 그들의 요구에 맞는 교육 서비스를 제공하겠다는 기본적인 자세가 안 되어 있는 것이라고 본다. 학생들의 요구가 없더라도 교수와 대학은 스스로 그들이 원하는 교육을 제공해 주기 위해서 요구조사(need assessment.)를 수시로 해야 하는 것이다.

## 4) 학생참여의 형태와 정도

학생의 대학운영에의 참여 방식에는 여러 형태가 있을 수 있다. 또 참여 영역에 따라 참여의 형태와 정도가 달라질 것이다.10)

우선 (1) 직접참여와 간접적 참여가 있을 수 있다. 직접참여 형태로 우선 학생전원의 직접투표에 의하여 찬·반을 묻는 방식을 생각할 수 있다. 그러나 학생과 직접 관련된 학생자치의 영역 이외에는 별로 직접 참여할 기회는 별로 없다. (2) 또 여기에 소극적인 거부권 행사에 의한 직접참여 방식이 있을 수 있다. 한때 일본에서 학장후보자 중에서 학생이 거부권을 행사하여 비토된 사람을 후보자에서 제외시키는 경우가 있었다.

그러나 대부분의 경우는 간접참여의 형태를 취하게 된다. 캘리포니아대학의 경우처럼 각종 위원회에 (3) 학생대표가 참관자(observer)로 참여하여 ① 단순히 방청하고 있거나, ② 의장의 허가를 받아 발언할 수 있게 하거나, ③ 경우에 따라서는 표결권까지 갖게 할 수 있다. 그 다음에는 (4) 협의방식으로 계속적인 협의회를 통하여 표결 없이 합의(consensus)를 도출하는 방식이다. 이는 전문가집단에서 많이 사용하는 형태이다. 이외에도 학생의 의견을 구하

10) Wayne K. Hoy and Cecil G. Miskel, Educational Adminstration 3rd ed.(New York: Random House, 1987), p.340.

는 자문방식과, 마치 노사 협상하듯이 대학대표와 학생대표가 협상하는 협상
방식이 있을 수 있으나 후자는 그렇게 바람직한 형태라고 보기 어렵다.

　학생들이 직접 참여하여 투표권을 행사하거나 거부권을 행사하고, 대등한 입장에서
교섭·협상을 하게 되면 참여의 정도는 높아질 것이나, 간접참여 방식에 의하여 의견
을 청취하거나 자문을 듣고 단순히 방청만 하게 되면 참여의 정도는 낮아지게 된다.

　그래서 참여의 영역에 따라 참여 형태와 정도는 달라져야 할 것이라는 생
각을 할 수 있다.

　대학운영에의 학생참여 영역과 정도는 〈그림 5-1〉에다 참여 형태를 첨가
시키면 〈그림 5-2〉와 같다.

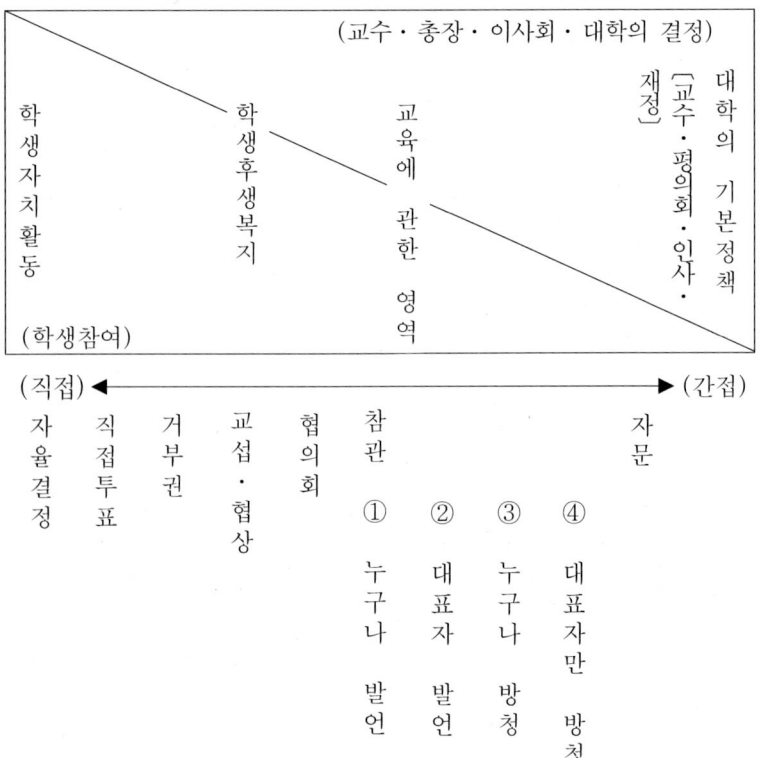

〈그림 5-2〉 학생의 대학운영 참여 영역·형태·정도

# 3. 연구결과

앞의 대학생의 대학운영에의 참여 논리에서 언급된 것처럼 대학운영에 관한 결정에 될 수 있는 대로 많은 사람이 참여하는 것이 좋을 것이다.

그렇다고 대학운영의 모든 영역, 모든 문제에 대학구성원 모두가 참여할 수도 없을 뿐만 아니라 또 그래서도 안 된다. 그래서 여기서는 대학운영의 영역을 (1) 기획 조정, (2) 조직 관리, (3) 학사 행정, (4) 학생 행정, (5) 교수 인사 행정, (6) 재정, (7) 시설 행정, (8) 기타 부속기관의 여덟으로 나누어 각 영역에 대하여, (1) 참여의 필요 여부(① 참여 필요, ② 참여 불필요), 만일 각 영역에 학생이 참여해야 한다면, (2) 참여해야 하는 이유(① 이해관계가 있기 때문에, ② 전문지식이 있어서 기여할 수 있기 때문에, ③ 일의 수행에 학생의 협조를 필요로 하기 때문에, ④ 자원을 제공해 주기 때문에), (3) 참여의 정도(① 최소한의 참여, ② 중간 정도의 참여, ③ 최대한의 참여), (4) 참여의 형태(① 참관·방청자로, ② 거부권 행사 형식으로, ③ 협의를 거쳐 합의를 도출하는 형식으로, ④ 똑같이 투표권을 행사하여, ⑤ 대학의 간섭 없이 학생 자율결정과 책임지는 형식으로)의 네 가지를 국립대학과 사립대학의 교수, 학생, 직원의 세 집단을 대상으로 조사한 결과를 제시한다.

## 1) 학생의 참여 영역

대학운영의 영역을 (1) 대학의 발전기획, (2) 조직·구조, (3) 학사, (4) 학생, (5) 교수 인사, (6) 재정, (7) 시설, (8) 기타 도서관 운영, 도서관 환경, 체육부 운영, 대학출판부, 교내연구소 등으로 각 영역에 5개의 주요 항목을 제시하고 각 항목의 결정에 학생들이 참여해야 하는지 아니면 참여하지 않아도 되는지 반응해 주도록 학생과 교수, 직원에게 요구한 결과는 다음 〈표 5-2〉와 같다.

이 조사에서 몇 가지 사실을 발견할 수 있다. 첫째, 학생들은 (1) 기획 (65.6%), (2) 조직(57.7%), (3) 학사(62.5%), (4) 학생(66.8%), (5) 교수 인사(44.7%), (6) 재정(59.8%), (7) 시설(58.6%) 등의 거의 모든 학내문제에 참여하고자 하는 것으로 나타났다. 다만 교수의 인사문제에는 참여해야 한다는 반응이 낮았다. 학생들은 학내의 거의 모든 문제에 참여해야 한다고 믿고 있는 데 갈등의 소지가 있다. 그러나 일단 교수의 인사문제에는 참여해서는 안 된다는 쪽으로 높은 반응을 보여준 것은 다행이라고 본다.

둘째, 교수와 직원은 양 집단이 모두 대체로 학생의 학내문제 참여에 대하여 부정적인 반응을 나타냈는데 '발전기획', '학생'에 관한 사항, '학사' 문제에는 비교적 긍정적인 반응을 보여주었다. 여기서는 일단 교수와 직원도 기획, 학생, 학사문제에는 어떤 형태로든 어느 정도 학생을 참여시키는 데 허용적 태도로 변해 가고 있는 것으로 본다.

〈표 5-2〉 대학운영 영역별 학생참여 필요

| 대학운영의 영역 | 학생 | 교수 | 직원 | 계 |
|---|---|---|---|---|
| 1. 기획 | 65.6 | 50.4 | 41.7 | 63.0 |
| 2. 조직 | 57.7 | 26.8 | 25.2 | 53.0 |
| 3. 학사 | 62.5 | 46.0 | 36.3 | 59.2 |
| 4. 학생 | 66.8 | 56.8 | 43.7 | 64.3 |
| 5. 교수인사 | 44.7 | 12.6 | 10.7 | 40.4 |
| 6. 재정 | 59.8 | 37.2 | 34.1 | 56.2 |
| 7. 시설 | 58.6 | 38.4 | 37.0 | 55.5 |
| 8. 기타 | | | | |
| 도서관 운영 | 72.4 | 58.0 | 57.4 | 70.2 |
| 도서관 환경 | 64.2 | 48.0 | 38.9 | 61.1 |
| 체육부 운영 | 42.4 | 54.0 | 38.9 | 43.0 |
| 대학 출판부 | 53.9 | 36.0 | 31.5 | 50.9 |
| 교내 연구소 | 49.8 | 18.0 | 18.5 | 45.1 |

셋째, 교수들보다 직원들이 학생의 대학운영에의 참여에 더 부정적인 반응을 보여주고 있다는 사실을 알 수 있다.

넷째, 학생의 대학운영에의 참여에 대하여 모든 항목, 모든 영역에서 학생, 교수, 학생집단 간에 의의 있는 반응의 차를 보이고 있다. 학생은 높은 참여욕구를 갖고 있는 반면, 교수와 직원은 학생의 참여의 필요성을 덜 느낀다고 할 수 있는데 그중에서도 직원들이 더 학생참여에 부정적이다.

## 2) 학생참여의 이유

만일 학생이 대학운영에 참여해야 한다고 응답했다면 그 참여해야 하는 이유가 무엇인가를 두 번째로 알아보고자 하였다. 누가 대학운영에 참여해야 하는가를 이론적 고찰에서 제시된 것처럼 (1) 어떤 결정으로 이해관계가 있는 사람, (2) 결정하려고 하는 영역과 문제에 전문지식이 있는 사람, (3) 협조를 받아야 할 사람, (4) 금전적, 정신적 자원제공을 해주는 사람으로 나누어 참여 이유를 표시하도록 하였다. 조사 결과는 〈표 5-3〉과 같다.

|〈표 5-3〉 참여 이유

| 대학운영의 영역 | ① 이해관계 | | | | ② 전문지식 | | | | ③ 협조필요 | | | | ④ 자원제공 | | | |
|---|---|---|---|---|---|---|---|---|---|---|---|---|---|---|---|---|
| | 학생 | 교수 | 직원 | 계 | 학생 | 교수 | 직원 | 계 | 학생 | 교수 | 직원 | 계 | 학생 | 교수 | 직원 | 계 |
| 1. 기획 | 41.1 | 29.5 | 38.6 | 40.3 | 12.9 | 7.3 | 4.7 | 12.1 | 39.2 | 59.3 | 48.8 | 40.9 | 6.8 | 3.3 | 7.9 | 6.7 |
| 2. 조직 | 41.4 | 43.1 | 48.0 | 41.5 | 16.2 | 9.2 | 8.0 | 15.5 | 35.5 | 40.0 | 37.3 | 35.5 | 6.9 | 7.7 | 6.7 | 7.4 |
| 3. 학사 | 42.0 | 49.1 | 41.2 | 42.3 | 17.4 | 3.7 | 8.8 | 16.3 | 34.6 | 45.4 | 42.3 | 35.5 | 6.1 | 1.9 | 7.8 | 5.9 |
| 4. 학생 | 46.0 | 48.1 | 53.7 | 46.5 | 11.4 | .5.3 | 14.4 | 10.4 | 32.9 | 39.0 | 33.9 | 33.3 | 9.8 | 7.6 | 12.4 | 9.8 |
| 5. 교수인사 | 42.2 | 38.5 | 27.3 | 41.8 | 16.7 | 11.5 | 12.1 | 16.5 | 35.6 | 50.0 | 48.5 | 36.2 | 5.5 | 0.8 | 12.1 | 5.6 |
| 6. 재정 | 48.3 | 51.2 | 45.4 | 48.2 | 12.4 | 5.8 | 5.2 | 11.8 | 30.3 | 36.0 | 37.1 | 30.8 | 9.1 | .8.1 | 12.4 | 9.2 |
| 7. 시설 | 38.2 | 40.9 | 49.5 | 39.0 | 16.5 | 11.8 | 6.1 | 15.5 | 35.0 | 40.9 | 30.3 | 35.1 | 10.4 | .6.5 | 14.1 | 10.5 |
| 8. 기타 | | | | | | | | | | | | | | | | |
| 도서관 운영 | 41.6 | 39.3 | 43.3 | 41.6 | 14.9 | 10.7 | 10.0 | 14.3 | 35.9 | 42.9 | 43.3 | 36.8 | 7.6 | 7.1 | 3.3 | 7.3 |
| 도서관 환경 | 35.3 | 47.8 | 52.4 | 36.8 | 16.4 | 13.0 | 17.2 | 15.4 | 37.9 | 34.8 | 38.1 | 37.8 | 10.4 | 4.3 | 9.5 | 10.0 |
| 체육부 운영 | 31.3 | 32.0 | 33.3 | 31.5 | 17.8 | 4.0 | 4.8 | 15.7 | 42.5 | 56.0 | 42.9 | 43.6 | 8.5 | 8.0 | 19.0 | 9.2 |
| 대학 출판부 | 30.0 | 35.3 | 35.3 | 30.5 | 22.0 | 11.8 | 23.5 | 21.6 | 38.2 | 41.2 | 23.5 | 37.7 | 9.8 | 11.8 | 17.6 | 10.2 |
| 교내 연구소 | 29.0 | 33.3 | 40.4 | 29.5 | 30.7 | 22.2 | 20.0 | 30.1 | 32.7 | 33.3 | 20.0 | 32.3 | 7.7 | 11.1 | 20.0 | 8.2 |

이 조사결과에 의하면 학생이 대학운영에 참여해야 한다면 그 참여해야 하는 이유의 첫째는 영역별로 약간의 차이는 있으나 학생, 교수, 직원 세 집단 모두가 (1) 이해관계가 있기 때문에, 그리고 (2) 일을 추진하는 데 학생의 협조가 필요하기 때문이라는 데 많은 반응을 보여주었다.

이 결과를 역으로 뒤집으면 학생이 대학운영에 참여해야 할 문제와 영역은 (1) 학생과 이해관계가 있는 부분, (2) 학생의 협조를 필요로 하는 부분이라고 생각할 수도 있다. 어쨌든 학생은 대학운영에의 참여에 있어서 이해관계가 있고 또 협조를 필요로 하기 때문에, 또 그런 영역에 참여해야 한다고 말할 수 있다.


## 3) 참여 정도

학생들이 대학운영의 (1) 기획 조정, (2) 조직 관리, (3) 학사 행정, (4) 학생 행정(교수 인사 행정 영역은 빼고-참여 영역에 따른 참여필요 조사결과에 따라), (5) 재정, (6) 시설 행정 영역에 (1) 이해관계, (2) 협조의 필요성 때문에 참여해야 한다면 어느 정도 참여해야(시켜야) 하는지 알아보고자 하였다. 참여 정도는 (1) 최소한의 정도, (2) 중간 정도, (3) 최대한의 정도로 나누어 해당 정도에 표시하도록 하였는데 그 결과는 〈표 20-4〉와 같다.

〈표 5-4〉에서 발견할 수 있는 사실은 첫째, 전반적으로 학생들은 '최대한'과 '중간 정도'에 높은 반응을 보인 반면, 교수와 직원은 '최소한'과 '중간 정도'에 높은 반응을 보여 학생과 교수·직원 두 집단 간에 현격한 차이를 보이고 있다는 점이다.

둘째, 학생들은 학사, 학생, 재정, 시설에 최대한 참여해야 한다고 한 반면 교수들은 교수 인사와 재정에 학생들이 참여한다고 하더라도 최소한으로 참여한다는 데 높은 반응을 보였다. 이 결과는 어떤 영역에 학생들이 참여해야 하느냐는 첫 번째 질문과도 비슷한 결과를 보여주었다. 그런데 교수 인사에 학생들이 최대한 참여해야 한다고 직원들이 높은 반응(40.6%)을 보여준 것은 의외의 결과이다. 무슨 착오를 일으켰는지는 모를 일이다. 교수 인사에 직원 자신들이 참여해야 한다고 착각하지 않은 이상 특이한 결과이므로 다음에 기회가 있으면 재조사해 볼 필요가 있다. 그리고 교수 인사에는 학생들이 최대한 참여해야 한다는 데는 기대한 대로 교수들은 낮은 반응(0.3%)을 나타냈다.

〈표 5-4〉 참여 정도

| 대학운영의 영역 | ① 최소한 | | | | ② 중간 정도 | | | | ③ 최대한 | | | |
|---|---|---|---|---|---|---|---|---|---|---|---|---|
| | 학생 | 교수 | 직원 | 계 | 학생 | 교수 | 직원 | 계 | 학생 | 교수 | 직원 | 계 |
| 1. 기획 | 13.3 | 35.4 | 31.5 | 15.7 | 44.4 | 43.3 | 46.5 | 44.3 | 42.3 | 21.3 | 22.0 | 40.0 |
| 2. 조직 | 14.8 | 41.5 | 30.7 | 16.4 | 44.0 | 40.0 | 44.0 | 43.8 | 41.2 | 18.5 | 25.3 | 39.8 |
| 3. 학사 | 13.3 | 38.1 | 33.0 | 15.5 | 39.2 | 38.1 | 41.5 | 39.5 | 47.5 | 23.9 | 25.5 | 45.0 |
| 4. 학생 | 10.7 | 31.2 | 22.8 | 12.6 | 34.0 | 39.1 | 39.5 | 34.3 | 55.3 | 29.7 | 37.7 | 53.1 |
| 5. 교수인사 | 18.6 | 66.6 | 25.0 | 19.8 | 40.3 | 30.0 | 34.3 | 40.0 | 41.0 | 0.3 | 40.6 | 40.2 |
| 6. 재정 | 12.2 | 66.1 | 36.2 | 15.2 | 37.7 | 22.0 | 36.2 | 37.3 | 50.0 | 11.7 | 27.7 | 47.5 |
| 7. 시설 | 12.5 | 38.5 | 32.0 | 14.7 | 40.5 | 39.6 | 34.0 | 40.1 | 47.0 | 22.0 | 34.0 | 45.1 |
| 8. 기타 | | | | | | | | | | | | |
| 도서관 운영 | 6.7 | 28.6 | 22.6 | 8.9 | 31.9 | 42.9 | 38.7 | 32.9 | 61.5 | 28.6 | 38.7 | 58.2 |
| 도서관 환경 | 10.9 | 46.8 | 19.0 | 13.2 | 37.0 | 20.8 | 38.1 | 36.2 | 52.1 | 33.3 | 42.9 | 50.6 |
| 체육부 운영 | 17.1 | 34.6 | 14.3 | 18.4 | 45.0 | 42.3 | 52.4 | 45.2 | 38.0 | 23.1 | 33.3 | 36.4 |
| 대학 출판부 | 13.3 | 50.0 | 17.6 | 15.3 | 41.0 | 38.9 | 47.1 | 41.2 | 45.7 | 11.1 | 35.3 | 43.5 |
| 교내 연구소 | 14.1 | 30.0 | 33.3 | 15.2 | 38.7 | 60.0 | 33.3 | 39.2 | 47.1 | 10.0 | 33.3 | 45.6 |

기타의 영역에서 도서관 운영, 도서관 시설과 도서선정 등에는 학생들과 교수, 직원 모두가 최대한 참여해야 한다는 데 높은 반응을 나타냈다. 그러나 대학출판부에 대하여는 학생들이 참여하더라도 최소한 참여해야 한다는 데 교수들은 높은 반응을 나타냈다.

## 4) 참여 형태

학생들이 학내문제에 참여한다만 어떤 문제에 어떤 형태로 참여해야 할 것인가?

(1) 단순히 참관자, 방청자로 참여할 것인가, (2) 거부권을 행사하게 할 것인가, (3) 협의를 통하여 합의에 도달하게 하는 방식으로 참여시킬 것인가, (4) 투표권을 부여하여 투표를 통해서 할 것인가, (5) 학생 자율로 결정하게 하고 책임을 지게 할 것인가? 이 다섯 가지 참여 형태 중 하나에 반응하도록 한 결과는 〈표 5-5〉와 같다.

학생의 대학운영에의 참여 형태에 관한 조사에서도 중요한 사실을 발견할 수 있다. 첫째, 학생, 교수, 직원이 대체로 세 번째 참여 형태로 제시된 협의에 의한 합의도출에 높은 반응을 나타내고 있다. 전문가집단에서는 충분한 협의를 통하여 합의에 이르게 되는 것이 과거 대학의 의사결정 방식이고 또 그것이 대학사회의 특징이었다. 고요한 대학시절의 이상적인 의사결정 방식이고 어쩌면 가장 바람직한 형식인데 여기에 세 집단 모두 비교적 높은 반응을 하고 있다. 여기서는 문제는 학생, 교수, 직원들이 학생의 참여 형태로 '협의·합의' 방식을 선호했는데 협의를 통하여 합의에 이르지 못할 경우이다. 자기주장적이고 자기이익 보호현상이 두드러지게 나타나는 현실에서는 이상론에 그치고 말 위험요소를 안고 있는 응답이다. 그러나 합의를 위해서는 장기간의 집중적인 협의와 양보, 전문성이 요구된다.

둘째, 교수와 직원은 학생을 대학운영에 참여시키더라도 가장 소극적인 방식인 '참관' 형태로 참여시켜야 한다는 데 높은 반응을 하고 있다.

셋째, 학생들의 경우는 '협의·합의' 형태 이외에는 참관, 거부권, 투표권, 자율결정 등에 비슷한 정도로(10~14%) 분산되어 특별한 형태를 선호하지 않았다.

넷째, 교수들은 '교수 인사(62.9%)', '재정(52.7%)' 등, 직원들은 '재정(41.5%)'과, '기획(50.4%)', '조직(49.3%)', '학사(44.7%)' 등 학생의 참여를 불필요하다고 했고, 또 참여하더라도 최소한으로 참여해야 한다고 반응했던 영역에 참여 형태로는 가장 소극적인 '참관' 형태로 참여해야 한다고 반응하였다.

〈표 5-5〉 참여 형태

| 대학운영의 영역 | ① 참관 | | | | ② 거부권 | | | | ③ 협의·합의 | | | | ④ 투표권 | | | | ⑤ 자율결정 | | | |
|---|---|---|---|---|---|---|---|---|---|---|---|---|---|---|---|---|---|---|---|---|
| | 학생 | 교수 | 직원 | 제 | 학생 | 교수 | 직원 | 제 | 학생 | 교수 | 직원 | 제 | 학생 | 교수 | 직원 | 제 | 학생 | 교수 | 직원 | 제 |
| 1. 기획 | 16.4 | 38.1 | 50.4 | 19.5 | 11.3 | 0.9 | 4.8 | 10.8 | 39.4 | 34.7 | 30.4 | 38.6 | 21.2 | 11.9 | 9.6 | 20.0 | 17.7 | 5.9 | 4.8 | 11.0 |
| 2. 조직 | 16.7 | 43.1 | 49.3 | 18.9 | 11.7 | 13.8 | 5.3 | 11.5 | 40.1 | 30.8 | 25.3 | 39.2 | 20.2 | 7.7 | 10.7 | 19.3 | 11.5 | 4.6 | 9.3 | 11.2 |
| 3. 학사 | 16.5 | 34.8 | 44.7 | 18.9 | 10.1 | .5.4 | 9.7 | 9.4 | 43.5 | 42.9 | 37.9 | 43.1 | 12.3 | .8.0 | 3.5 | 11.7 | 17.7 | .8.9 | 12.6 | 17.0 |
| 4. 학생 | 12.7 | 41.5 | 35.0 | 15.7 | 10.4 | 3.7 | 2.4 | 9.5 | 46.2 | 40.7 | 43.9 | 45.7 | 14.3 | .8.1 | 2.4 | 13.3 | 16.4 | 5.9 | 16.3 | 15.8 |
| 5. 교수인사 | 18.9 | 62.9 | 22.6 | 20.0 | 16.1 | 28.6 | 16.1 | 16.4 | 27.4 | .8.6 | 45.2 | 27.3 | 28.8 | | 12.9 | 27.8 | 8.8 | | 3.2 | 8.5 |
| 6. 재정 | 16.4 | 52.7 | 41.5 | 19.2 | 14.2 | 5.5 | 4.3 | 13.3 | 41.7 | 30.8 | 33.0 | 40.8 | 18.5 | 7.7 | 11.7 | 17.7 | 9.2 | 3.3 | 9.6 | 8.9 |
| 7. 시설 | 17.4 | 40.9 | 39.0 | 19.8 | 9.7 | 8.6 | 3.0 | 9.4 | 46.4 | 33.3 | 37.0 | 45.8 | 14.4 | 8.6 | 7.0 | 13.9 | 11.0 | 8.6 | 14.0 | 11.9 |
| 8. 기타 | | | | | | | | | | | | | | | | | | | | |
| 도서관 운영 | 10.4 | 35.7 | 29.0 | 13.0 | 10.0 | 3.6 | 3.2 | 9.2 | 48.8 | 46.4 | 54.8 | 49.1 | 13.9 | 3.6 | 6.5 | 12.8 | 16.9 | 10.7 | 6.5 | 15.9 |
| 도서관 환경 | 18.5 | 41.7 | 28.6 | 20.3 | 7.3 | | | 6.5 | 50.4 | 45.8 | 66.7 | 50.9 | 10.4 | 4.2 | | 9.6 | 13.3 | 8.3 | 4.8 | 12.6 |
| 체육부 운영 | 18.3 | 36.0 | 33.3 | 20.8 | 10.9 | 4.0 | | 9.6 | 40.5 | 52.0 | 52.4 | 42.2 | 14.8 | 4.0 | 4.8 | 13.2 | 15.6 | .4.0 | 9.5 | 14.2 |
| 대학 출판부 | 16.7 | 55.6 | 29.4 | 19.3 | 10.5 | | 5.9 | 9.8 | 42.4 | 27.8 | 47.1 | 41.9 | 12.7 | 5.6 | 11.8 | 12.3 | 17.6 | 11.1 | 5.9 | 16.8 |
| 교내 연구소 | 18.5 | 54.5 | 36.4 | 20.3 | 9.2 | 9.1 | 9.1 | 9.2 | 46.2 | 27.3 | 36.4 | 45.2 | 9.9 | 9.1 | 9.1 | 9.8 | 16.2 | 8.6 | 9.1 | 15.4 |

〈표 5-6〉 대학운영 영역별 학생참여 종합

| 대학운영의 영역 | 1. 참여의 필요 | | | | 2. 참여 이유 | | | | | | | | | | | | | | | | 3. 참여 정도 | | | | | | | | | | | | |
|---|---|---|---|---|---|---|---|---|---|---|---|---|---|---|---|---|---|---|---|---|---|---|---|---|---|---|---|---|---|---|---|---|
| | | | | | ① 이해관계 | | | | ② 전문지식 | | | | ③ 협조필요 | | | | ④ 자원제공 | | | | ① 최소한 | | | | ② 중간 정도 | | | | ③ 최대한 | | | |
| | 학생 | 교수 | 차이 | 계 | 학생 | 교수 | 차이 | 계 | 학생 | 교수 | 차이 | 계 | 학생 | 교수 | 차이 | 계 | 학생 | 교수 | 차이 | 계 | 학생 | 교수 | 차이 | 계 | 학생 | 교수 | 차이 | 계 | 학생 | 교수 | 차이 | 계 |
| 1. 기획 | 65.6 | 50.4 | 41.7 | 63.0 | 41.1 | 29.5 | 38.6 | 40.3 | 12.9 | 7.3 | 4.7 | 12.1 | 39.2 | 59.3 | 48.8 | 40.9 | 6.8 | 3.3 | 7.9 | 6.7 | 13.3 | 35.4 | 31.5 | 15.7 | 44.4 | 43.3 | 46.5 | 44.3 | 42.3 | 21.3 | 22.0 | 40.0 |
| 2. 조직 | 57.7 | 26.8 | 25.2 | 53.0 | 41.4 | 43.1 | 48.0 | 41.5 | 16.2 | 9.2 | 8.0 | 15.5 | 35.5 | 40.0 | 37.3 | 35.5 | 6.9 | 6.7 | 7.7 | 7.4 | 14.8 | 41.5 | 30.7 | 16.4 | 44.0 | 40.0 | 44.0 | 43.8 | 41.2 | 18.5 | 25.3 | 39.8 |
| 3. 학사 | 62.5 | 46.0 | 36.3 | 59.2 | 42.0 | 49.1 | 41.2 | 42.3 | 17.4 | 3.7 | 8.8 | 16.3 | 34.6 | 45.4 | 42.3 | 35.5 | 6.1 | 1.9 | 7.8 | 5.9 | 13.3 | 38.1 | 33.0 | 15.5 | 39.2 | 38.1 | 41.5 | 39.5 | 47.5 | 23.9 | 25.5 | 45.0 |
| 4. 학생 | 66.8 | 56.8 | 43.7 | 64.3 | 46.0 | 48.1 | 53.7 | 46.5 | 11.4 | 5.3 |  | 10.4 | 32.9 | 39.0 | 33.9 | 33.3 | 9.8 | 7.6 | 12.4 | 9.8 | 10.7 | 31.2 | 22.8 | 12.6 | 34.0 | 39.1 | 39.5 | 34.3 | 55.3 | 29.7 | 37.7 | 53.1 |
| 5. 교수인사 | 44.7 | 12.6 | 10.7 | 40.4 | 42.2 | 38.5 | 27.3 | 41.8 | 16.7 | 11.5 | 12.1 | 16.5 | 35.6 | 50.0 | 48.5 | 36.2 | 5.5 |  | 12.1 | 5.6 | 18.6 | 66.6 | 25.0 | 19.8 | 40.3 | 30.0 | 34.3 | 40.0 | 41.0 | 0.3 | 40.6 | 40.2 |
| 6. 재정 | 59.8 | 37.2 | 34.1 | 56.2 | 48.3 | 51.2 | 45.4 | 48.2 | 12.4 | 5.8 | 5.2 | 11.8 | 30.3 | 36.0 | 37.1 | 30.8 | 9.1 | 8.1 | 12.4 | 9.2 | 12.2 | 66.1 | 36.2 | 15.2 | 37.7 | 22.0 | 36.2 | 37.3 | 50.0 | 11.7 | 27.7 | 47.5 |
| 7. 시설 | 58.6 | 38.4 | 37.0 | 55.5 | 38.2 | 40.9 | 49.5 | 39.0 | 16.5 | 11.8 | 6.1 | 15.5 | 35.0 | 40.9 | 30.3 | 35.1 | 10.4 | 6.5 | 14.1 | 10.5 | 12.5 | 38.5 | 32.0 | 14.7 | 40.5 | 39.6 | 34.0 | 40.1 | 47.0 | 22.0 | 34.0 | 45.1 |
| 8. 기타 | | | | | | | | | | | | | | | | | | | | | | | | | | | | | | | | |
| 도서관 운영 | 72.4 | 58.0 | 57.4 | 70.2 | 41.6 | 39.3 | 43.3 | 41.6 | 14.9 | 10.7 | 10.0 | 14.3 | 35.9 | 42.9 | 43.3 | 36.8 | 7.6 | 7.1 | 3.3 | 7.3 | 6.7 | 28.6 | 22.6 | 8.9 | 31.9 | 42.9 | 38.7 | 32.9 | 61.5 | 28.6 | 38.7 | 58.2 |
| 도서관 환경 | 64.2 | 48.0 | 38.9 | 61.1 | 35.3 | 47.8 | 52.4 | 36.8 | 16.4 | 13.0 |  | 15.4 | 37.9 | 34.8 | 38.1 | 37.8 | 10.4 | 4.3 | 9.5 | 10.0 | 10.9 | 46.8 | 19.0 | 13.2 | 37.0 | 20.8 | 38.1 | 36.2 | 52.1 | 33.3 | 42.9 | 50.6 |
| 체육부 운영 | 42.4 | 54.0 | 38.9 | 43.0 | 31.3 | 32.0 | 33.3 | 31.5 | 17.8 | 4.0 | 4.8 | 15.7 | 42.5 | 56.0 | 42.9 | 43.6 | 8.5 | 8.0 | 19.0 | 9.2 | 17.1 | 34.6 | 14.3 | 18.4 | 45.0 | 42.3 | 52.4 | 45.2 | 38.0 | 23.1 | 33.3 | 36.4 |
| 대학 출판부 | 53.9 | 36.0 | 31.5 | 50.9 | 35.3 | 35.3 | 22.0 | 30.5 | 22.0 | 11.8 | 23.5 | 21.6 | 38.2 | 41.2 | 23.5 | 37.7 | 9.8 | 11.8 | 17.6 | 10.2 | 13.3 | 50.0 | 17.6 | 15.3 | 41.0 | 38.9 | 47.1 | 41.2 | 45.7 | 11.1 | 45.3 | 43.5 |
| 교내 연구소 | 49.8 | 18.0 | 18.5 | 45.1 | 29.0 | 33.3 | 40.4 | 29.5 | 30.7 | 22.2 | 20.0 | 30.1 | 32.7 | 33.3 | 20.0 | 32.3 | 7.7 | 11.1 | 20.0 | 8.2 | 14.1 | 30.0 | 33.3 | 15.2 | 38.7 | 60.0 | 33.3 | 39.2 | 47.1 | 10.0 | 33.3 | 45.6 |

| 대학운영의 영역 | 4. 참여 형태 | | | | | | | | | | | | | | |
|---|---|---|---|---|---|---|---|---|---|---|---|---|---|---|---|
| | ① 참관 | | | ② 거부권 | | | ③ 협의·합의 | | | ④ 투표권 | | | ⑤ 자율결정 | | |
| | 학생 | 교수 | 직원 | 학생 | 교수 | 직원 | 학생 | 교수 | 직원 | 학생 | 교수 | 직원 | 학생 | 교수 | 직원 |
| 1. 기획 | | ① | ① | | | | ① | ② | ② | ② | | | | | |
| 2. 조직 | | | | | | | ① | | | ② | | | | | |
| 3. 학사 | | ② | | | | | ① | ① | | | | | ② | | |
| 4. 학생 | | ① | ② | | | | ① | ② | ① | | | | ② | | |
| 5. 교수인사 | | | | | | | | | | | | | | | |
| 6. 재정 | | | | | | | ① | | | ② | | | | | |
| 7. 시설 | | | | | | | ① | | | ② | | | | | |
| 8. 기타 | | | | | | | | | | | | | | | |
| 도서관 운영 | | ② | ② | | | | ① | ① | ① | | | | ② | | |
| 도서관 환경 | ② | | ② | | | | ① | | ① | | | | | | |
| 체육부 운영 | | ② | | | | | | | ① | | | | | | |
| 대학 출판부 | ② | | | | | | ① | | | | | | | | |
| 교내 연구소 | | | | | | | | | | | | | | | |

## 5) 대학운영 영역별 학생참여 종합

이제 대학운영의 각 영역별로 (1) 학생참여의 필요 여부, 참여해야 한다면 (2)참여 이유, (3) 참여 정도, (4) 참여 형태를 학생, 교수, 직원의 세 집단별로 종합해 보고자 한다. 그 결과는 앞에서 제시한 세 개의 표를 합쳐 놓고 영역별로 보면 된다.

### (1) 기획 조정 영역

(1) 장·단기 발전계획 수립, (2) 학칙 및 제 규정의 제정·변경, (3) 대학의 기본정책 수립, (4) 대학의 기본 교육목표, (5) 대학의(이미지) 홍보 등 대학의 기획 조정의 결정에 학생(65.6%), 교수(50.4%), 직원(41.7%), 계 63%가 학생들은 참여해야 하는데, 그 이유는 학생들은 이해관계(41.1%),

협조필요(39.2%), 전문지식(12.9%), 자원제공(6.8%)이라고 대답했으나 교수와 직원은 협조필요(59.3%와 48.8%), 이해관계(29.5%와 38.6%), 전문지식(7.3%와 4.7%), 자원제공(3.3%와 7.9%)의 순서로 반응하였다. 이 영역의 참여이유는 협조필요와 이해관계 때문이라고 할 수 있다.

참여의 정도는 학생의 경우 중간(44.4%), 최대한(42.3%)의 순서인 데 비하여 교수와 직원은 중간(43.3%와 46.5%), 최소한(35.4%와 31.5%), 최대한(21.3%와 22%)의 순서였다.

참여의 형태로는 학생의 경우 협의·합의(39.4%), 투표권(21.2%), 자율결정(17.7%), 참관(16.4%), 거부권(11.3%)의 순서인 데 비하여 교수와 직원의 경우는 참관(38.1%와 50.4%), 협의·합의(34.7%와 30.4%), 투표권(11.9%와 9.6%), 자율결정(11.9%와 9.6%), 거부권(0.9%와 4.8%)의 순서이다.

결국 기획 조정의 문제와 영역에는 협조의 필요와 이해관계 때문에 학생은 중간~최대한, 교수와 직원은 최소한~중간 정도로 참여할 필요가 있다고 하며, 참여 형태로는 학생의 경우 협의·합의와 투표권 행사를 주장하는 데 비하여 교수와 직원은 참관과 협의·합의를 제시하고 있다.

## (2) 조직 관리

(1) 자매결연, (2) 대학부속기관의 설·폐, (3) 대학의 기본구조와 조직, (4) 학과, 단대, 대학원의 신설·개편, (5) 의사결정·정책기구 결정 등 조직 관리의 측면에는 학생(57.7%)들은 참여해야 한다고 하는 반면 교수(26.8%)와 직원(25.2%), 계 53%가 참여의 필요를 인정한 반면 나머지 더 많은 사람들이 참여시킬 필요가 없다고 반응하였다. 조직 관리면에서는 학생은 참여하고자 하나 교·직원은 반대하는 경향이다.

참여를 주장한 사람은 주로 이해관계(41.4%, 43.1%, 48.0%)와 협조필요(35.5%, 40%, 37.3%) 때문이라고 대답하였다.

참여 정도는 기획 조정의 경우와 마찬가지로 학생은 중간~최대한, 교수와 직원은 중간~최소한의 정도를 원한다.

참여 형태로는 학생의 경우 협의·합의(40.1%), 투표권(20.2%)을 앞세우는데 교수와 직원의 경우는 참관(43.1%, 49.3%), 협의·합의(30.8%, 25.3%)를 내세우고 있다.

결국 대학의 조직 관리에 학생들은 이해관계와 협조의 필요 때문에 협의·합의의 형대로 중간~최대한 참여해야 한다고 주장하는 반면 교수와 직원은 학생참여를 반대하는 입장이다.

### (3) 학사 행정

(1) 학생성적 평가방법, (2) 교육과정의 편성·개정, (3) 교과목의 개설·변경, (4) 신입생 오리엔테이션, (5) 학사일정 계획 변경 등 학사 행정에 학생들 자신은 62.5%가 참여해야 한다고 반응하고, 교수들도 46%가 필요하다고 하고 직원은 36.3%가 학생의 참여를 인정했다. 여기서 특이한 것은 학사 행정에의 학생참여에 지금까지 거부적이었던 교수들이 비교적 허용적 반응을 보여주었다는 점이다. 지금까지 이 학사영역은 교수의 절대적 권한의 영역이라는 입장이었다.

참여해야 하는 이유로는 학생·교수·직원 공히 이해관계 때문이라고 1위로 대답하고 다음이 협조필요 때문이라고 하였다.

참여 정도는 다른 영역과 마찬가지로 학생들은 최대한~중간 정도로 주장하고, 교수와 직원은 중간~최소한의 참여를 허용하는 경향이다.

학사 행정에의 참여 형태로는 학생과 교수는 협의와 합의, 참관 형태의 순이고 직원은 참관, 협의·합의의 순서이다.

학생 행정에는 학생과의 이해관계 때문에 협의와 합의를 통하여 어느 정도 학생들의 의견이 반영되도록 참여하여야 한다고 할 수 있다.

### (4)학생 행정

(1) 학생의 취업 및 진로지도, (2) 학생의 후생·복지, (3) 학생(생활) 지도, (4) 장학금 운영, (5) 학생의 상벌에 관한 사항 등 학생 행장과 관련된 문제에는 학생(66.8%), 교수(56.8%), 직원(43.7%) 세 집단 모두 학생들이 참여해야 한다고 높은 반응을 보여주었다.

참여 이유로는 세 집단 모두 이해관계를 1위로 협조의 필요는 2위로 들고 있다. 참여 정도는 다른 영역과 마찬가지로 학생들은 최대한~중간 정도이고, 교수와 직원은 중간~최소한으로 반응했는데 다른 영역과 달리 최대한에 29.7%. 37.7%로 높은 반응을 보여주었다.

참여 형태는 세 집단 모두 협의·합의, 참관 방식의 순서이다.

학생 행정의 문제에는 이해관계와 협조의 필요 때문에 협의와 합의, 참관 방식으로 가능한 한 적극 학생들이 참여해야 한다는 결과이다.

### (5) 교수의 인사 행정

(1) 총장의 추천 및 임명, (2) 단대학장 추천·선출·임명, (3) 교수의 보직(원, 처, 실, 관장) 임명, 교수의 신규 채용 및 승진, (4) 교수의 상벌 등 교수 관련 인사 행정에는 학생들 자신도 제일 낮은 비율(44.7%)로 참여해야 한다고 했고, 교수(12.6%)와 직원(10.7%)도 학생참여를 불허하는 경향이다. 학생들도 총장(53.6%)과 학장(53.2%)의 선출에는 비교적 높은 비율로 참여욕구를 표시했으나 교수의 보직임명(33.9%), 신규채용과 승진(44.9%), 상벌(37.6%)에는 참여의 필요성을 덜 인정하였다.

교수의 인사 행정에 참여해야 한다고 응답한 사람들은 그 이유로 협조의 필요와 이해관계를 들고 있으며, 학생은 최대한~중간 정도, 교수는 최소한, 직원은 중간 정도의 참여를 들고 있다. 참여 형태로는 학생은 투표권(28.8%), 협의·합의(27.4%)와 참관(18.9%), 거부권(16.1%)으로 분산되었으며, 교수의 경우는 참관(62.9%), 직원의 경우는 협의·합의 (45.2%), 참관(22.6%)의 형태를 제시하고 있다.

### (6)재 정

(1) 재정 확보, 재단전입금(사립), (2) 예산편성 및 심의, (3) 결산·회게·감사, (4) 등록금 책정(인상), (5) 대학발전기금, 기부금 조성·유치 등 대학의 재정문제에 학생들은 59.8%가 참여해야 한다고 하나 교수(37.2%)와 직원(34.1%)은 학생참여를 인정하지 않으려는 경향이다.

참여를 주장하는 사람들은 이해관계(48.3%, 51.2%, 45.4%)와 협조필요(30.3%, 36.0%, 37.1%)이유를 들고 있으며, 참여 정도는 학생은 최대한 교수와 직원은 최소한으로 해야 한다고 하는 반응이며, 참관 형태도 학생은 협의와 합의를 내세우나 교수와 직원은 참관 형태이다.

특히 '등록금 책정(인상)' 항목에 학생은 78.5%, 교수와 직원은 각각 50%가 학생참여를 필요하다고 보고 있는 것은 현실 주장과 이에 대한 허용분위기가 반영된 것 같다.

### (7) 시설 행정

(1) 교육기자재·교육자료 선정, (2) 시설확충·발전계획, (3) 교사건물 신축·개축, (4) 조경 및 환경미화, (5) 공간(강의·연구·실험실·서클룸) 배정·배치 등 시설 행정에 학생들은 참여해야 한다고 하나(58.6%) 교수(38.4%)와 직원(37.0%)은 이에 부정적이다.

참여해야 한다고 응답한 사람들은 그 이유로 이해관계(38.2%, 40.9%, 49.5%)와 협조필요(35.0%, 40.9%, 30.3%)를 들고 있으며, 참여 정도는 학생의 경우는 최대한~중간, 교수와 직원은 중간~최소한이다. 참여 형태로는 협의·합의(46.4%)를 교수(40.9%)와 직원(39%)은 참관 형태를 들고 있다.

특히 학생, 교수, 직원 세 집단 모두 '공간 배정·배치' 항목에 학생들이 참여해야 한다고 높은 반응을 보였다.

### (8) 기타 부속기관의 문제

(1) 도서관 시설 및 운영, (2) 도서관(도서) 선정 및 구입, 환경미화, (3) 체육부(운동부), (4) 대학출판부 운영, (5) 교내 연구소 운영 등 부속기관의 운영에도 학생들은 많이 참여하고자 하나 교수는 도서관과 체육부에 허용적이다.

참여 이유와 정도, 형태는 다른 영역과 비슷한 결과를 보여주었다.

## 6) 학생 참여 조사 요약표

학생의 학내문제의 참여와 관련하여 (1) 참여의 필요 여부, (2) 이유, (3) 정도, (4) 형태를 대학운영의 영역별로 학생, 교수, 직원을 대상으로 조사한 결과 각각 반응이 높은 것 둘씩을 표시해보면 〈표 5-7〉과 같다.

〈표 5-7〉 학생의 대학운영 영역별 참여조사 요약

| 대학운영의 영역 | 1. 참여의 필요 | | | 2. 참여 이유 | | | | 3. 참여 정도 | | | 4. 참여 형태 | | | | |
|---|---|---|---|---|---|---|---|---|---|---|---|---|---|---|---|
| | 학생 | 교수 | 직원 | ① 이해관계 | ② 전문지식 | ③ 협조필요 | ④ 자원제공 | ① 최소한 | ② 중간 정도 | ③ 최대한 | ① 참관 | ② 거부권 | ③ 협의·협의 | ④ 투표권 | ⑤ 자율결정 |
| 1. 기획 | ② ② ② | ② ② ② | ① | ① ① ① | ① ② ② | ② ② ② | | ② ① ② | ② ① ② | | ① ② ② | ① ① ① | ② ② ② | ② ② | |
| 2. 조직 | ② ⑥ ② | ② | | ① ① ① | ② ② ② | ② ② ② | | ② ① ② | ② ① ② | | ② ① ② | ① ① ① | ② ① ① | ② | |
| 3. 학사 | ② ③ ① | ○ | | ① ① ① | ① ① ① | ② ② ② | | ② ② ② | ② ② ② | ② | ② ① ② | ① ① ① | ② ① ① | ② | ② |
| 4. 학생 | ① ① ① | ① | | ② ② ② | ① ① ① | ② ② ② | | ② ② ② | ① ② ② | ② | ② ② ① | ① ① ① | ① ② ② | ② | ② |
| 5. 교수인사 | ① ① ① | | | ① ① ① | | ② ② | ② | | ② | | | | | | |
| 6. 재정 | ④ | | | ① ① | | ② ② | ② | ② ② ② | ② ② ② | | ② | ① ① | | ② | |
| 7. 시설 | ⑤ | | | ① ① | | ② ② | ② | ② ② ② | ② ② ② | | ② | ① ① | | ② | |
| 8. 기타 | | | | | | | | | | | | | | | |
| 도서관 운영 | ② ○ ○ | ○ | | ① ① ① | ② ② ② | ① ② ② | ① ② | ② ② ② | ② ① ② | ① | ② ② | ① ① | ② ② | | ② |
| 도서관 환경 | ○ ○ ○ | ○ | ○ | ② ② ② | ② ② ② | ① ① ① | ② ② | ② ② ② | ② ② ② | ① | ② ② | ① ① | ② ② | | |
| 체육부 운영 | ○ | | | ② ② ② | | ① ① ① | ① | | ② ② | | ② ② | | | | |
| 대학 출판부 | ○ | | | ② ② ② | | ① ① ① | ① | | | | | | | | |
| 교내 연구소 | | | | | | | | | | | | | | | |

첫째, 학생의 대학운영 참여의 영역으로는 (1) 학생 행정 분야와, (2) 기획 조정 영역으로 학생, 교수, 직원의 세 집단 간에 의견 일치를 보았으며, 앞으로 가능한 영역으로는 (1) 학사 행정과 (2) 시설 행정으로 보며, 학생은 참여하고자 하나 교수와 직원이 적극 찬성하지 않은 영역은 (1) 조직(구조)관리와 재정이고, 교수 인사 행정에는 학생, 교수, 직원의 세 집단이 모두 학생이 참여할 필요가 없다는 반응이다.

둘째, 기획에는 학생이 참여하되 그 이유는 이해관계와 협조 때문이며 협의나 참관 방식으로는 중간 정도 참여해야 한다는 의견이다.

셋째, 조직에는 학생들은 참여하고자 하는 교수와 직원이 이에 반대하는데 학생들은 이해관계 때문에 협의방식으로 중간 정도로 참여해야 한다는 주장이다.

넷째, 학사문제에도 학생들은 참여하고자 하나 교수와 학생이 반대하지만 교수가 약간 가능성을 비치고(46% 찬성, 54% 반대) 있는데 그 이유는 이해관계 때문이며 협의방식으로 학생과 교수가 의견의 일치를 보였고 참여 정도는 중간 정도이다.

다섯째, 학생 행정에는 이해관계 때문에 협의가 참관방식으로 중간 정도 참여해야 한다는 것에 세 집단이 비슷한 반응이었다.

여섯째, 교수 인사 행정에는 참여의 필요에 학생들 자신도 44.7%가 찬성하고 55.3%가 반대하여 이는 학생들의 참여 영역으로 보고 있지 않다.

일곱째, 재정영역에는 학생들만 이해관계 때문에 협의방식으로 최대한 참여해야 한다고 하나 교수와 직원은 이에 반대하는 입장이다.

여덟째, 시설 행정에도 학생들은 이해관계 때문에 협의방식으로 최대한 참여해야 한다는 주장이나 교수나 직원은 반대 입장이다. 그중에서도 직원이 의외로 37%나 학생참여에 호의적이었다.

아홉째, 도서관 운영에는 비교적 학생참여에 세 집단이 모두 찬성하는 편이며 교내 연구소 문제에는 모두 학생참여를 배제해야 한다는 입장이다. 대학출판부에 학생들은 참여를 원하나 교수나 직원은 반대이며, 체육부 운영에 학생은 참여하고자 하지 않는데 교수가 오히려 호의적이다.

# 4. 요약 및 결론

여기서는 연구결과를 간단히 요약하고 이를 종합하여 결론을 도출하기로
한다.

## 1) 요 약

(1) 학생들은 기획, 조직, 학사, 학생, 교수 인사, 재정, 시설 거의 모
든 학내문제에 참여해야 한다는 반응이지만 교수의 인사문제에는 학
생들도 비교적 가장 낮은 반응이다.

(2) 교수와 직원은 대체로 학생참여에 부정적이지만 '발전기획'과 '학생',
'학사' 문제에는 그래도 허용적 태도이다.

(3) 학생의 학내문제 참여의 이유로는 영역별로 약간의 차이는 있으나
'이해관계'와 '협조의 필요'를 들고 있다.

(4) 참여 정도에 대하여 학생들은 '최대한'과 '중간 정도'에 높은 반응을
보인 반면 교직원은 '최소한'과 '중간 정도'에 높은 반응을 보여 참여
정도에도 학생과 교직원 사이에 의견차를 보이고 있다.

(5) 학생들은 '학사', '학생', '재정', '시설'에 최대한 참여해야 한다는 데
비하여 교수들은 '교수 인사'와 '재정'에 참여하더라도 '최소한'이어야
한다는 반응이다.

(6) 참여 형태는 '협의·합의' 방식에 학생, 교직원 모두 비교적 높은 반
응이다.

(7) 교직원은 학생을 참여시키더라도 차선책으로 '참관'을 선호하는 반면
학생들은 '협의·합의' 이외에는 분산되는 반응이다.

(8) 학생들의 대학운영 참여 가능 영역은 ① 학생 행정과 ② 기획 조정

영역이고, 더 영역을 넓히면 ① 학사 행정과 ② 시설 행정 영역이라
고 할 수 있다. 학생은 원하고 있지만 직원이 허용치 않으려는 영역
은 조직구조관리와 재정영역이고, 교수 인사 행정은 교수, 학생, 직
원 모두 참여할 영역이 아닌 것으로 거의 의견이 일치하였다.

(9) 기획영역은 참여한다면 이해관계와 협조 때문이며 협의나 참관방식
이고 참여 정도는 중간 정도이어야 한다.

(10) 조직영역에는 학생은 참여하고자 하나 교직원이 반대하는데 학생들
은 이해관계 때문에 협의방식으로 중간 정도라도 참여해야 한다는
주장이다.

(11) 학사문제에는 학생들이 참여하고자 하나 교수와 직원이 반대하지만
교수가 직원보다 비교적 허용적이다. 학생들은 이해관계 때문에 협
의방식으로 중간 정도의 참여를 원하고 있다.

(12) 학생 행정에는 이해관계 때문에 협의나 참관방식으로 중간 정도로
참여해야 한다는 데 세 집단이 거의 의견이 일치하고 있다.

(13) 교수 인사 행정에는 교직원이 참여를 반대하고 학생도 비교적 참여
에 반대하고 있다(55.3%).

(14) 재정영역에는 학생집단만 이해관계 때문에 협의방식으로 최대한 참
여해야 한다고 하나 교직원이 이에 반대 의견을 갖는다.

(15) 시설 행정에도 학생들은 이해관계 때문에 협의방식으로 최대한 참
여하고자 하나 교직원이 이에 반대하는데 교수보다는 직원이 더 허
용적이다.

(16) 도서관 운영에는 세 집단이 모두 참여의 필요를 인정하고, 교내연
구소에는 모두 학생참여를 불필요한 것으로 보고, 대학출판부에는
학생들은 참여를 원하지만 교직원이 반대하며, 체육부 운영에는 학
생들이 참여를 원하지 않는데 오히려 교수가 참여에 호의적이어서
다른 항목들과 대조적이다.

## 2) 결 론

학생의 대학운영에의 참여에 관한 결론은 연구를 하지 않아도 이미 나와 있었는지도 모른다. 그러나 이 연구를 통해서 더욱 분명해졌다. 학생의 참여는 최대한 보장되고 올바른 참여는 권장되어야 할 것이다. 그러기 위해서는 필요한 문제와 영역에 한하여 필요한 시기에, 적절한 방법으로 적절한 수준에서 허용되어야 한다. 위의 결과를 바탕으로 좀 더 구체적인 결론을 도출하면 다음과 같다.

첫째, 직접 관련된 문제에는 전폭적인 자율을 허용하고, 덜 관련된 문제에는 간접적인 참여를 허용하고, 참여가 필요치 않은 부분에는 허용하지 않는다는 원칙이 준수되어야 한다.

둘째, 학생들의 대학운영에의 참여는 보장되어야 하나 참여의 방법과 참여의 정도에 대하여는 앞으로 더 연구되어야겠지만 학생 신분에 맞아야 하며, 학생들의 올바른 의견은 수용될 수 있는 기제가 마련되어야 한다.

셋째, 대학운영에의 참여를 위하여 학생들의 건전한 의견을 받아들일 수 있는 채널이 있어야 하며 학생의 참여를 대학발전의 계기로 삼을 수 있어야 한다. 그러나 학생들도 참여의 방법과 참여 정도에는 선별과 제한이 따른다는 것을 인식하고 현재의 과격한 방법은 지양되면서도 자신들의 의견이 반영될 수 있는 방안을 강구해야 할 것이다.

넷째, 학생의 후생복지, 도서관 이용과 같은 학생과 직접적으로 관련된 영역에는 학생들의 참여를 가능한 한 확대하고, 학사, 교육과정, 시설 등에는 어떤 형태로든 학생들의 의견을 수렴하고, 기획, 조직, 재정 등의 영역에는 대표자를 통하여 건의를 하게 하는 식으로 참여시키고, 교수의 인사문제 등에의 참여에는 제한적이어야 할 것이다. 대학운영에의 학생참여의 폭을 각 영역과 관련지어 보면 다음 〈그림 5-3〉과 같다.

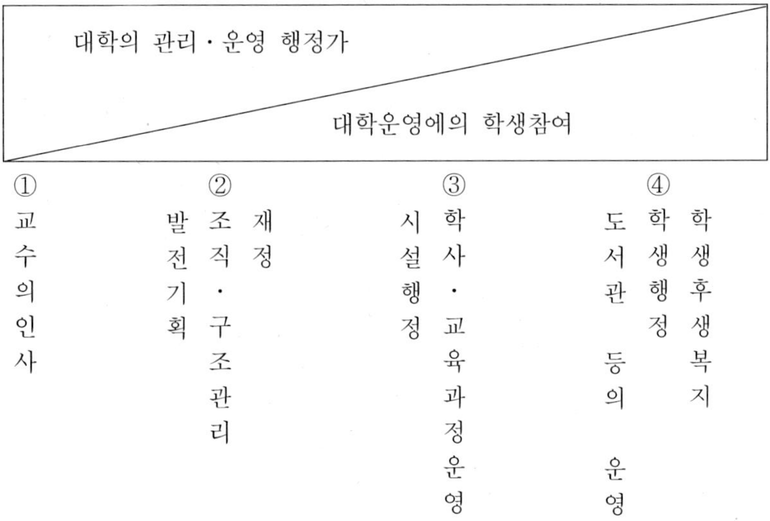

┌─────────────────────────────────────────────────────┐
│　대학의 관리·운영 행정가　　　　　　　　　　　　　　　　　　│
│　　　　　　　　　　　대학운영에의 학생참여　　　　　　　　　│
└─────────────────────────────────────────────────────┘

| ① | ② | ③ | ④ |
|---|---|---|---|
| 교<br>수<br>의<br>인<br>사 | 발　조　재<br>전　직　정<br>기　·<br>획　구<br>　　조<br>　　관<br>　　리 | 시　학<br>설　사<br>행　·<br>정　교<br>　　육<br>　　과<br>　　정<br>　　운<br>　　영 | 도　학　학<br>서　생　생<br>관　행　후<br>　　정　생<br>등　　　복<br>의　　　지<br>운<br>영 |

〈그림 5-3〉 대학운영에의 학생참여 폭(각 영역별로)

　　학생들의 참여는 필요한 영역에, 필요한 때에, 알맞은 방법으로, 적절한 수준에서 보장되어야 한다. 그러나 학생의 자치와 참여에는 민주주의의 기본원리에 따라 일정한 한계와 제한이 있어야 한다.(이 연구 이후 시간이 많이 흘러갔으나 2006년 현재도 학생의 대학운영에의 참여에 관한 합리적인 이론 제도나 규정이 정립되지 않아 참여가 부족하고, 또 그럴수록 불법과 무질서가 난무하게 된다고 본다.)

# 참고문헌

강상철, 김종석, 주삼환, "대학교육의 자율성 신장을 위한 개선방안", 교육발전 농촌 Ⅻ, 충남대학교 교육발전연구소, 1990.

권형철, **한국변혁운동논쟁사**, 일송정, 1990.

김상원, **활동가를 위한 훈련지침서**, 등에, 1990.

김성식, **대학사·독일학생운동사**, 서울: 제삼기획, 1987.

박명규, "사회의 변화와 대학의 갈등", **대학교육**, 대학교육협의회, 1988.

박용헌, "대학문화에 대한 탐색적 연구", **교육학연구**, 서울대 사대 교육연구소, 1983.

성용구, "한국대학에서 1980년대 학생운동과 의식화 학습과정연구", 박사학위 논문, 충남대학교, 1991.

원호택, "오늘의 한국대학생의 이해", 대학교수 워크숍, 대학교육협의회(4), 1989.

이근영, 팜플렛 조직노선, 일송정, 1990.

이장호, "대학생 서클활동에 관한 연구", **학생지도연구**, 공주사범대학교, 1975.

이재오, **해방後 한국 학생운동사**, 서울: 형성사, 1984.

주삼환 외, "대학에서의 의사결정 합리화 방안 연구", 한국대학교육협의회, 1988.

학생생활연구소, **학생지도연구 제5집**, 강릉대학, 1986.

Altbach. Philip G., ed. *Student Political Activism: an International Reference Handbook*, NewYork: Greenwood Press. 1989.

Cobban. A. B., *The Medieval Universities: Their Development and Organization*, New York: Harper & Publishers. 1975.

Evans. Sara. *Personal Politics*, New York: Knopf, 1979.

Feuer. Lewis. *The Conflict of Generation: The Charater and Significance of Student Movements*, New York: Basic Books, 1969.

Giroux, H. A., "Theories of Reproduction & Resistance in the New Sociology of Education", *Harvard Educational Review*. 53(3).

Hoy, Wayne K. and Miskel Cecil G. Miskel, *Educational Administration* 3rd ed., New York: Randon House, 1987.

Keeton, Morris, *Shared Authority on Campus*, Washington, D. C.: American Association for Higher Education, 1971.

Keniston, Kenneth, *Youth and Dissent*, New York: Harcour Brace Jovanovich, 1971.

Keniston, Kenneth, *Youth Radicals*: *Notes on Committee Youth*, New York: Harcourt Brace and World, 1968.

Kibre, Scholarly, *Privileges in the Middle Ages*, London: Medieval of America, 1961.

Klineberg, Otto, Zavalloni Marisa, Christain Louis-Guerin and Ben-Brika, *Students, Values and Politics*: *A Cross-Cultural Comparison*, New York: Free Press, 1979.

Liebert, Robert, *Radical and Militant Youth*: *A Psychoanalytic Inquiry*, New York: Praeger, 1971.

Linter, B., "Burma: The Wrath of the Children", *Far Estern Economic Review*, July 21, 1988.

Rothman, Stanley and Lichter S. Robert *Roots of Radicalism*: *Jews, Christians and the New Left*, New york, 1982.

Shils, Edward, "Dreams of Plentitude, Nightmares of Scarcity", in Students in Revalt, editted by S. M. Lispet and Altbach P. G. Boston: Beacon, 1969.

Waddell, H., *Wandering Scholars*, London, 1954.

# 〈ABSTRACT〉

## A Study on the Students' Participation in University Intramural Affairs Sam Hawn Joo(prof. of Education)

## Introduction

This study focused on the scope and limitations of the student participation in intramural affairs of the university campuses along with student autonomy by the university student government.

The purposes of the study was to propose the scope, limitation and direction of student participation through theoretical and historical study of student participation in the intramural affairs of the university campuses by investigating student demand of participation in the intramural affairs.

The Method in order to achieve the stated purpose, the investigator formulated the questionnaire based upon theoretical and historical study and the incumbant problems faced to the university and college administrator and to be solved by the rational way. The questionnaire included the scope and limitation lf student participation in intramural affairs on the campuses in Korea. The questionnaire was administered to a total of 300 faculties and administrative personnels, and 700 students in public and private universities. The collected data were analyzed by Chi-squre analysis between the groups. The analyzed data were discussed and compared in terms of the theoretical norms.

The problems of student participation in the intramural affairs were analyzed whether the student participations should be per mitted or not and if permitted, then the rational, the extent and the pattern of reunification while the counterpart was likely to disapprove it.

## Results

The discussions on the intramural affairs covered such affairs as, university planning, organization, academic, and student affairs, faculty personnel, financial and facility affairs, etc.

(1) In general the students did more positively want to participate in all intramural affairs including planning, organization, academic and student affairs, financial and facility affairs except faculty personnel procedure.

(2) The faculties were likely to disapprove the student participation in the intramural affairs except university planning, student welfare, and academic affairs.

(3) The rationale of approval of student participation in the intramural affairs was that they have interest and need for coo-

peration.

(4) The some differences were found between the students and faculties that the students like to participate in decision making more actively or moderately while the faculties like to allow for student participation moderately or minimaly.

(5) The students want to participate actively in the academic, student, financial and facility affairs while the faculties allowed for participation minimaly.

(6) Both students and faculties favored the negotiation type as participation pattern.

(7) As for the method of participation, the disagreement was found that faculties favored it as observation type while students favored it as negotiation type.

(8) Students wanted to participate in student administration, planning and coordianting, extend to academic and facility administration while the faculties were reluctant to allow for it in the organization structure and financial affairs. But both group agreed with involvement by student for the faculty recruiting procedure.

(9) Students wanted to participate in the affairs on forming the university organizational structure in some extent while the faculties were reluctant to allow for it.

(10) Students wanted to participate in academic affairs in extent while the faculties were reluctant to allow for it.

(11) Both group agreed with allowing the student participation in the student affairs.

(12) Both group agreed with student uninvolvement in the

faculty recruiting procedure.

(13) Students wanted to participate in the financial affairs while the faculties were reluctant to allow for it.

(14) Student wanted to participate in the facility plan and administration while faculties were not allowed for it.

(15) Both groups agreed with student participation in library administration but not in research institute affairs. Students wanted to participate in university publishing while the faculties did not allow for it. One interseting thing was found that the faculties likely to favored student participation in university athletic activity affairs while the students did not want.

## Conclusion

The student self regulatory activities and participation in the intramural affairs may be a common sense. However, there has not been any systematic study on the matter in Korea except some historical, theoretical studies. It has been clear that student self regulatory activities in common sense should be warranted by all means for the practical experience for educating democratic citizens in the country. Recently there have been, however some questions raised in the practice of student demands for participation in the intramural issue and their demands are increasing beyond the limitation of the practice. The method of participation in the issue has been tended to be radical and violent, and ideology of the student activism is leaning toward the leftist.

The purification of student activism is gradually diminished and rather radical student participation in the university affairs has been likely. Under this circumstances, though this study was conducted but there is still uncertain about the issue and methods of student participation in intramural affairs. By analyzing the study result, this study concluded as follows:

The first, the rules and regulations should be respected and authority of university should be honored under the conditions:

(1) Autonomy without any restriction is allowed to participate in decision making directly related to student personal affairs and unique student right.

(2) Indirect participation in the intramural affairs is allowed to the affairs indirectely related to student right.

(3) The affairs unrelated to the student right is not to be allowed.

The second, channel of student's sound opinion to the intramural affairs should be facilitated. The student opinion should be reflected on the university planning and operation within the scope that the university academic code and regulations stipulated. The code and regulations should stipulate the method, extent, and procedure of student participation in the academic and student affairs.

The third, the student participation in the matters of student welfare, library utilization, and other directly student related domains should be warrented as maximum as possible.

The student opinions on the academic, curricular, facility plan should be limited to certain extent. The student participation in planning, organization, financial affairs should be allowed by way of student represen tatives. the student opinion on the faculty recruiting procedure should be limited within the student status.

The extend to which student participation in the intramural affair may be illustrated as the following illustration.

In summary, the scope and limitions of student participation in the intramural affairs should be stipulated and respected under the democratic principles. The matters related to When, Where and how do students participate in university intramural affairs it should be kept under the principles and spirit of Korean Constitution.

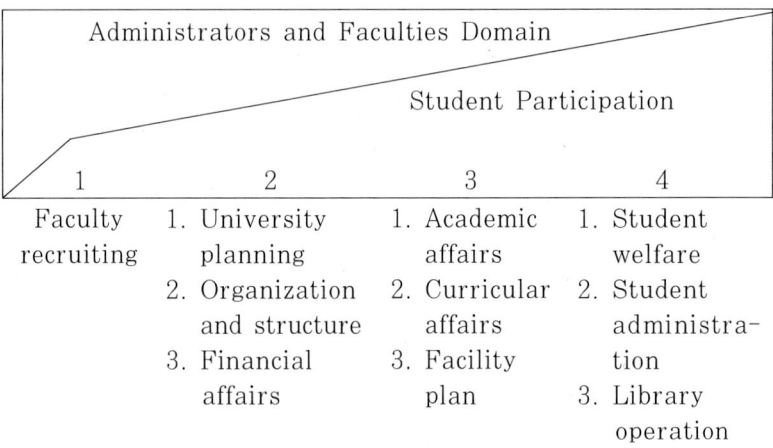

| Administrators and Faculties Domain | | | |
|---|---|---|---|
| | | Student Participation | |
| 1 | 2 | 3 | 4 |
| Faculty recruiting | 1. University planning | 1. Academic affairs | 1. Student welfare |
| | 2. Organization and structure | 2. Curricular affairs | 2. Student administra- tion |
| | 3. Financial affairs | 3. Facility plan | 3. Library operation |

The Extent to which Student Participation Allowed

# 제6장 교수정년보장제와 그 개선대안*

## 1. 서 론

정년보장제란 (1) 교수에게 교수(teaching)와 연구의 자유와 외부활동, 봉사활동의 자유를 보장해 주고, 능력 있는 사람에게 매력적인 전문직이 되도록 하여 충분한 정도로 경제적 안정을 도모해 주려는 목적11)으로 수습기간을 성공적으로 마친 직원에게 정년까지 영구적 신분을 보장해 주는 제도를 말한다. 그래서 정년보장제가 도입된 이유와 목적은 직원의 신분을 보장해 주려는 것이지, 이 제도를 통하여 직무수행을 잘하게 하려는 것이 아니라는 점을 알아야 한다. 교수정년보장제를 통하여 교수로 하여금 더 잘 가르치고 더 연구를 많이 하게 하려는 데 이용하려 한다면 출발점부터가 잘못되고 목적이 전도된 것이다. 교수의 신분보장을 고려하지 않고 들볶는 데 목적을 두려면 처음부터 기간임용제나 재임용제를 채택할 것이지 정년보장제를 고려할 필요가 없다.

---

  * 論文集 제19권 제1호, 충남대학교 인문과학연구소, 1992. 8.
11) Richard P. Chait and Andrew T. Ford, *Beyond Traditional Tenure*(San Francisco: Jossey-Bass Publishers, 1982), p.2.

정년보장을 받았다고 해서 무조건 의무적으로 정년을 보장해 주는 것으로 오해해서는 안 된다. 무능력(incompetency)이나 비도덕성 등의 원인이 발생하면 정년보장을 받은 교수라도 절차를 밟아서 해고할 수 있는 것이다. 정년보장이란 (1) 대학이 정한 기준에 명시된 정당한 이유 없이, 또 (2) 학문적 필수절차(academic due process)를 준수하지 않고는 해고할 수 없다는 의미를 가질 뿐이다.12) 또 정년보장을 해주기 전에 수습기간을 두고 관찰·평가하여 통과되었을 때에만 전임교수로 정년까지 계속 임용한다는 의미이지 처음부터 임용과 동시에 정년보장을 해준다는 것은 아니다. 그래서 수습기간의 업적평가가 중요한 것이다. 교수로서의 자질이 없다고 판단되면 수습기간 중에 탈락시키거나 정년보장을 해주지 말아야지 정년보장을 해준 다음을 걱정해서는 이미 때는 늦은 것이다. 일단 정년보장을 받은 교수의 업적과 직무수행에 대하여는 교수의 양심과 양식에 맡겨야 한다. 여기서는 미국을 중심으로 하여 정년보장제의 배경, 개요, 대안과 수정안, 사례를 제시하고 기타 다른 나라의 교수임용제를 살펴보고 건전한 정년보장제를 위한 시사점을 찾고자 한다.

## 2. 정년보장제의 배경

정년보장법이 처음으로 통과된 것은 1886년 미국 매사추세츠 주인데 당시 (1) 교수를 부당한 해고로부터 보호하고, (2) 학교가 정치적 또는 비교육적 이해관계에 의하여 지배되지 않게 하고, (3) 바람직하지 못한 교수를 해고하는 절차를 공식화하기 위하여 제정되었다고 한다. 그래서 이때부터

---

12) Rita J. Wolotkiewicy, *College Administrator's Handbook*(Boston: Allyn and Bacon, Inc., 1980), p.114.

미국의 대부분의 공·사립 고등교육 기관에서 정년보장제를 채택하게 되었다.13) 그러므로 미국에서는 교수의 신분을 보장해 줄 사람은 보장해 주고, 그 대신 탈락시켜야 할 사람은 공식적으로 탈락시킬 수 있도록 제도화하기 위해서 정년보장제가 시작되었다고 할 수 있다.

미국의 경우와는 반대로 한국의 대학에서는 전통적으로 교수가 되었든 전임강사가 되었든 일단 전임강사 이상의 직위에 임용되면 특별한 이유가 없는 한 정년이 보장되어 왔다. 시간강사 이외에 전임으로 채용됨과 동시에 정년을 보장받았던 것이다. 극단적으로는 무능교수, 연구하지 않는 교수까지 채용과 함께 자동적으로 정년이 보장되는 실정이었다. 그러다가 제5공화국에 이르러서 교수 재임용제가 도입되었다. 1971년 8월 17일과 1972년 1월 18일에 국·공립대 총·학장회의를 열고, 이어서 당시 문교부 교육정책심의회 소위원회를 구성, 연구하여 교육법개정공포(법률 제2773호, 1975. 7. 23.), 교육공무원법개정공포(법률 제2774호, 1975. 7. 23.), 사립학교법개정공포(법률 제2775호, 1975. 7. 23.)에 의하여 우리나라 대학교원의 기한부임용제가 실시되기에 이르렀다. 그래서 (1) 교수 및 부교수는 6~10년, (2) 조교수 및 전임강사는 2~3년, (3) 조교는 1년의 기간을 정하여 임용하게 되었다. 1976년 2월 국·공립대학 총 교원 4,260명 중 4.97%에 해당하는 212명과 사립대학 총 교원 수 5,511명 중 1.8%인 104명이 재임용에서 탈락되고 그리고 국·공립 교수 460명과 사립대학 교수 144명이 사표형식으로 현직에서 물러났다.14) 교수재임용제가 정치적 목적에 이용되었다는 사실은 누구도 부인하지 못하고 있다.

그러다가 정치적 상황이 바뀌고 민주화의 바람에 의하여 1987년 9월 25일 당시 문교부는 조교수와 전임강사를 계약제로 하고 교수와 부교수는 정년보장제를 시행할 것이라 발표하고, 드디어 교육공무원임용령중개정령(대

---

13) Edward L. Dejnorka and David E. Kapel, *Amercan Educator's Encudopedia* (Westport: Green Press, 1982), p.521.
14) 당시 문교부, 文教 40年史. 서울: 당시 문교부, 1988, p.417.

통령령 제13,448호, 91. 8. 8.)에 의하여 (1) 정·부교수의 신규임용과, (2) 부교수의 임기임용(6~10년)과 정년보장임용 여부가 대학의 자율에 맡겨지고, (3) 조교수와 전임강사, 조교는 각각 4년, 2년, 1년의 기간을 정하여 임용하고 정교수는 정년보장을 하게 되었다.

미국이 기간임용에서 정년보장제로 바뀐 반면 우리나라에서는 반대로 자동정년보장제에서 재임용제로, 다시 부분정년보장제로 바뀌어가는 경향이다.

그러나 미국에서도 정년보장제로 인하여 여러 가지 어려움이 발생하여 이에 대한 대안으로 (1) 기간계약제를 채택하거나 정년보장제를 수정·변경하여 (2) 정년무보장임용제(non-tenure-track), (3) 수습기간의 연장, (4) '승진 아니면 퇴직(up or out)'의 규칙의 유보, (5) 정년보장 교원의 정수(비율)제(tenure quotas), (6) 정년보장교수에 대한 정기적 평가를 병행하는 경우도 많이 생겨났다. 그러므로 미국은 기간임용제에서 정년보장제, 다시 이의 대안이나 변경에 의한 보완의 과정을 거치는 것을 알 수 있다.

어쨌든 정년보장제도는 앞으로 계속될 것이며 이것이 교수의 질이나, 교육과정의 성격, 전문직에 대한 매력, 대학운영의 융통성과 재정의 유동성 등에 중대한 영향을 줄 것임에 틀림없다.

정년보장제를 대부분 채택하고 있는 대학에서는 대개 7년을 시험적으로 임용해 보고 성공적일 경우 정년을 보장하는 경향이다. 4년제 대학(college)에서는 대개 3~7년, 평균 5년 반의 수습기간을 거치고, 4년제 종합대학교(universities)는 6년의 수습기간을 거친 후 수습기간 만료 1년 전에 심사하여 승진으로 정년을 보장해 주든가(up) 아니면(or) 탈락하여 학교를 떠나든가(out) 하는 제도를 쓰고 있다.

대부분의 교수들은 이 정년보장제를 경제적, 심리적 안정과 안정된 교수·연구에 필수적인 것으로 보고 있으나, 이를 반대하는 사람들은 개인을 기관에 묶어두는 것이 아니라 기관을 개인에 묶어 매는 일방적 약속이라고 비난한다. 즉 정년보장교수는 마음대로 대학을 떠날 수 있으나 대학은 교수를 떠나게 할 수 없다는 것이다.15)

미국이 전통적인 정년보장제를 바꾸어야 한다는 변화의 세력이 강력히 등장하는 반면 한국에서는 여전히 현상유지 세력이 있어 변화와 현상유지의 세력이 공존하고 있다.

변화요구의 요인으로는 (1) 대학동요로 정년보장제를 재검토해야 한다는 것과, (2) 교수협의회(faculty unionism)에 의하여 과도한 방어·보호적이었다는 지적과, (3) 현상고착적이고 성장정체(steady state, no growth)의 비난, (4) 교육과정의 비융통성(curricular inflexibility), (5) 교수들의 비이동성(faculty immobility), (6) 교수연령의 편포 노령화(faculty age distribution), (7) 소수민족이나 불리한 사람들에 대한 차등조치(affirmative action)의 곤란을 들 수 있는데 이러한 세력과 요인에 의하여 전통적인 정년보장제도 수정되어야 한다는 것이다.

그러나 (1) 대부분의 대학이 정년보장제를 채택하고 있어 이로부터 이탈하기 어렵고(prevalence of tenure), (2) 강력한 저항력을 갖고 있으며(resilience of tenure), (3) 연공제가 공공연히 인정되고(legality of seniority), (4) 교수협의회의 강력한 지원을 받고 있어(support of unions) 쉽사리 정년보장제를 완전히 파기하기는 어려운 실정이다.

그래서 정년보장제의 장점을 최대한 살리고 약점을 보완하려는 노력들이 일어나고 있다.

## 3. 정년보장제의 개요

정년보장제를 많이 채택하고 있는 미국(미국 대학의 약 85%가 정년보장

---

15) Chait and Ford, *Ibid*, p.3.

제 채택)의 관련문헌과 구체적인 사례를 검토한 결과를 토대로 정년보장제의 개요를 설명하고자 한다.

## 1) 수습기간

대체적으로 전임강사(instructor)와 조교수의 직급을 수습기간으로 하여 기간계약제로 임용하고 성공적으로 직무수행을 할 경우 재계약이나 승진에 의하여 조교수까지 이르게 된다. 수습기간은 학교에 따라 다르나 대개 7년 이내이다. 예를 들면 조교수로 신규임용되는 경우 1차 1년, 그 다음 2차 2년, 3차 3년 계약임용 후 6년차에 정년보장 여부를 심사받는다. 수습기간 만료 1년 전에 엄격한 평가와 심사에 의하여 (1) 정년보장교수와 (2) 수습기간연장에 의하여 잠정적으로 남는 교수(1년 연장), (3) 계약된 수습기간만 마치고 떠나야 할 교수의 세 갈래로 나누어지게 된다.

## 2) 정년보장 직급

대개 부교수와 교수로 승진되면 정년보장을 받는 경향이다. 물론 승진에서 탈락되면 자동으로 정년보장에서도 탈락되는 경우가 많다. 즉 전임강사에서 조교수로 승진하지 못하거나, 조교수에서 부교수로, 부교수에서 교수로 승진 못하면 자동으로 정년보장도 못 받는 것으로 보아야 한다. 승진심사가 정년보장심사와 비슷하거나 승진심사가 우선이기 때문이다. 부교수로 승진하여 정년보장을 받은 후 교수로 승진 못할 경우 부교수로 계속 정년까지 남아 있을 수 있는지 정확히 문헌에서 확인하지는 못하였으나 하와이 대학의 경우 승진이 거부되면 정년보장도 안 되고 승진과 정년보장을 분리하여 평가하지 않는 것으로 보아 교수 승진 신청을 해서 거부되면 정년보장에서 탈락되는 것으로 보아야 할 것이다. 그러나 본인이 부교수에서 교수 승진 자체를 신청도 안 하는 부교수를 정년보장에서 강제로 제외시키는지는 확인하지 못하였다.

다른 인정받는 대학에서 근무하다가 부교수와 교수 직급에 신규로 임용되는 경우도 대개 3년 이내의 수습기간을 두는 경우가 많다. 타 대학에서 부교수, 교수로 재직했었다 하더라도 본교에서 직무수행을 직접 확인하지 못했을 뿐만 아니라 본교에서 기대하는 수준이 전임대학과 다르거나 높을 수 있기 때문이다.

### 3) 정년보장 심사

정년보장 심사 시 평가의 기준은 대개 (1) 교수(teaching), (2) 학문적 연구와 창의적 활동, (3) 교내외에서의 봉사와 기여도를 보고 여기서 뛰어난 업적의 증거를 보일 때 정년보장을 하게 된다. 물론 질적 평가와 계량적 평가, 상대평가와 절대기준평가를 병행하거나 한쪽만을 적용하는 경우도 있다. 또 구체적인 표준과 증거까지 명시하는 대학도 있다. 정년보장받은 경우에 대하여도 정기적으로 평가하는 정년보장제의 수정안도 적용하는 대학도 있다.

교수평가의 영역과 기준, 표준, 증거를 요약 제시하면 다음 〈표 6-1〉과 같다.

심사절차는 대개 본인의 신청에 의하여 학과인사(심사)위원회의 심사를 거쳐 학과장 추천에 의하여(해당 대학 정년보장위원회를 통과하여) 학장을 거쳐 정년·승진심사위원회, 총장을 거쳐 이사회의 임명을 받는 것이 보통이나 대학에 따라 더 추가될 수도 있고 생략된 곳도 있다. 미국은 학과단위 행정이고 전공분야에 대하여는 학과가 중요하기 때문에 학과수준에서의 심사가 중요할 것으로 본다.

<표 6-1> 교수평가의 접근

| 평가영역 | 기　준 | 표　준 | 증　거 |
|---|---|---|---|
| I. 교수<br>　(수업) | 1. 학생의 학<br>　습 성취도<br>2. 코스 자료 | ●75%의 학생이 학습 목<br>　표의 90% 이상 성취<br>● 명료하고, 적절하고 최<br>　신의 자료; 행동목표 | ●科의 사전·사후평가<br><br>●科 위원회에 제출<br>　되고 검토된 자료;<br>　학생의 평정 |
| | 3.　학생들의<br>　만족도 | ●80%의 학생이 최고<br>　수준이라고 평정 | ● 학생평정 |
| II. 연구 | 1. 출판 | ●학술지에 게재된 구<br>　체적 논문 수·질의<br>　우수성 | ●교수의 자기 보고<br><br>●6명의 외부 심사자<br>　의 증언; 다른 논<br>　문에 의하여 인용<br>　된 정도, 교수의 자<br>　기보고; 기록 |

## 4) 정년보장교수의 정수(비율)

원칙은 정년보장심사에 통과되면 모두가 정년보장을 받아야 하나 재정문제, 교수 연령의 문제, 교수의 질 문제 등으로 인하여 정년보장교수의 정수(비율)를 정하여 관리하는 정년보장제의 일종의 수정안이 적용되는 경우가 많다. 미국은 전국적으로 볼 때 전임교원의 약 59%가 정년보장을 받고 있다.[16]

또 정년보장교원의 정수(비율)를 정하는 대신 직급별로 정수나 비율을 정하여 어떤 균형을 유지하려는 대학도 있다. 예를 들면 미국 Colgate 대학의 경우 1969년 1월에 처음 정수(quota)제를 적용했는데 55%를 넘지 않게 하려고 하여 그 결과 52%가 정년보장을 받고 직급별로 교수 33%, 부

---

16) Chait and Ford, *Ibid*, p.3.

교수 22%, 조교수 25%, 전임강사 20%로 정하여 실제로는 각각 31%, 22%, 25%, 22%의 구성비율을 이루었었다. 그러나 이렇게 비율을 정했는데도 1971년 가을에는 55%의 정수를 넘어 60.8%가 되고 그 다음 5년 동안에는 3명 퇴임에 8명의 정년보장 해당자가 생기는 현상이 벌어져 한때 65%까지 올라갔다가 55~65% 수준에서 관리하고 있다고 한다. 정년보장 정수제는 장·단점이 있는 것으로 일종의 정년보장제에 대한 수정안이므로 다음에서 이를 다룰 때 좀 더 자세히 언급하기로 한다.

## 4. 정년보장제에 대한 대안과 수정안

정년보장제가 교수에게 경제적·심리적·안정감을 주고, 교수·연구에의 안정감과 학문의 자유를 보장해 주는 장점을 갖고 있지만 잘못되면 학문적 성장이 정체되기 쉽고 상위 직급과 상위 연령층이 늘어나고 동시에 대학의 재정적 부담이 늘어나는 등 부정적 측면과 문제점을 가지고 있는 것도 또한 부인하기 어렵다. 그래서 앞에서 이미 간단히 언급된 것처럼 최근에는 전통적 의미의 순수한 정년보장제보다는 이에 대한 대안으로 아예 (1) 기간임용제를 채택하거나, 수정안 또는 보완안으로 (2) 정년무보장임용제의 병행, (3) 수습기간의 연장, (4) 승진 아니면 퇴직의 규칙 유보, (5) 정년보장교원의 정수제 병행, (6) 정년보장교원에 대한 정기적 평가제를 적용하는 대학들이 늘어나고 있다. 여기서는 이에 대하여 간단히 설명하기로 한다.

### 1) 기간임용제

1716년 하버드 대학에서 강사(tutor)는 3년 이상 임용하지 않도록 한 이후 다양한 계약제를 활용해왔다.

기간계약제를 채택하면 우수한 사람은 오히려 정년보장을 요구하지 않고, 대신 정년보장을 요구하는 사람은 우수하지 못하다는 문제를 해결할 수 있다. 그리고 직무수행의 유인가가 되고 정기적으로 책무성을 요구할 수 있는 기회를 가질 수 있게 된다.

미국 Hampshire College는 1958년 기간임용제를 도입하면서 그 이유로 (1) 자유교양교육의 활성화, (2) 학생과 교수(teaching)에 대한 깊은 관심, (3) 혁신과 변화의 보장을 들었다. 그래서 1980년까지 지속했는데 1차에는 경력에 따라 3~5년 사이에서 기간을 정하여 임용하고 2차에는 3년, 5년, 7년으로 구분하여 재임용하였다. 5명으로 구성하는 교수재임용 및 승진 심사위원회(College Committee of Faculty Reappointments and Promotions: FRAP)는 (1) 전문적인 능력, (2) 교사·학자로서의 장래성, (3) 대학과 사회에의 가치는 세 측면에서 평가하여 비밀투표에 의하여 재임용하였는데 1970~1975년 사이에 해당자 75명 중 67명(89%)이 재임용받고 있다. 그리고 태스크 포스(task-force)를 정하여 최종평가한 결과 교수의 질이 낮아졌다는 결론을 내렸다.17) 여기서 우리는 기간임용제를 해도 형식적인 재임용을 하거나 우수한 교수를 유인하지 못하면 무의미해진다는 사실을 알 수 있다. 제도도 중요하지만 운영의 묘도 이에 못지않게 중요하다.

1966년에 설립하여 1971년부터 학생을 뽑기 시작한 미국의 신설대학 Evergreen State College는 교수에 직급을 두지 않고 모두 그냥 Faculty member로 임용하고 우수한 수업을 보호·자극·지원·보상해 주려는 목적으로 3년 기간임용제를 채택하고 있다.

평가는 (1) 본인평가와 학장의 평가, (2) 모든 동료의 평가, (3) 작품평가와 본인이 다른 동료에 대하여 평가했던 자료, (4) 직원의 평가, (5) 다른 직원에 대하여 본인이 평가했던 것, (6) 학생에 의한 평가, (7) 본인이

---

17) Chait and Ford, *Ibid*, p.20.

학생에 대하여 평가했던 것, (8) 코스 운영 자료, (9) 학생과 가졌던 개인
적 약속 자료, (10) 기타 과거의 활동에 관한 자료를 중심으로 하고, 결정
에 이의가 있을 때는 소원을 내어 본인이 지명한 2명과 대학이 지명한 2명
이 제3자의 입장에서 재심위원이 되어 재심하게 되어 있다. 1971~1979년
에 해당자 250명 중 9명[4%]이 재임용에서 탈락되었다. 이 대학은 능력
있는 새 교수를 찾기보다는 현직원의 개인적 성장을 도모했다는 결론을 내
리고 있다.

University of Texas at Permian Basin은 1973년에 학생을 뽑기
시작한 신설대학으로서 7년 기간보장제를 채택하고 있다. 조교수는 6년 임
용 후 또는 부교수로 2년 임용 후부터 매 7년마다 완벽한 자기평가로 7년
씩 기간보장을 하는 방법을 쓰고 있는데 1980년 당시 62명 중 28명이 7
년 기간보장을 받고 있었다. 이는 자기평가에 초점을 두어 처벌적으로 기간
보장제를 이용하기보다는 자기성장 촉구목적이고 건설적으로 활용하려는 의
도에서 출발되었다고 볼 수 있다.

〈표 6-2〉 University of Texas at Permin Basin 기간보장심사기준과 절차

Ⅰ. 기초적 기준
  1. 교수 효과성      2. 학생지도        3. 연구와 기타 학술 활동
  4. 대학에서의 위원  5. 기강유지에의 기여도  6. 지도력의 효과성 정도
     회 활동
  7. 신입교수에의 조직 8. 지역사회에의 봉사  9. 자문활동
Ⅱ. 일반적 심사절차
  1. 해당교수와 심사위원회의 면접－심사기준에 성공적이라는 증거를
     제시하고 질문에 답하기 위하여
  2. 각 심사위원의 해당교수 제출 서류 심사
  3. 위원회의 서류 심사에 대한 토론
  4. 필요시 각 심사위원은 필요한 관련자 면접
  5. 다음 중 하나에 대하여 전반적 평정

---

   A. 연구 초점
     (1) 위의 기초적 기준 1과 2항          50점
     (2) 기초적 기준 3항               20점
     (3) 기초적 기준 4~9항           <u>30점</u>
        재임용에 필요한 점수        65점
   B. 연구 이외의 선택
     (1) 기초적 기준 1과 2항          60점
     (2) 기초적 기준 4~9항          <u>40점</u>
        재임용에 필요한 점수        65점
6. 기간임용심사위원회와 학장은 따로따로 총장에게 추천서를 제출
   한다.

---

자료: 1980. 7. 8. 당시 총장 V. R. Carkozier에게 제출된 심사위원회의 메모.

이 대학의 심사기준과 절차는 〈표 6-2〉와 같다.

정년보장제를 채택하지 않고 기간계약제 또는 기간임용제를 대안으로 채택한 결과 어떤 결과에 영향을 가져왔는지에 대하여 궁금할 것이다. 이에 대한 앞에서 언급한 계약제 채택의 3개 대학으로부터 나온 연구결과를 보면 7가지로 요약된다.[18]

첫째, 계약제로 인해서 교수를 의의 있을 정도로 떠나게(turn over) 하지 못하고 있다. 다시 말하면 계약제를 적용해도 탈락되는 교수가 별로 없다는 의미가 된다.

둘째, 기간계약과 혁신과는 긍정적이든 부정적이든 별로 관계성이 없다. 즉 계약제를 통해서 혁신을 일으키려는 시도는 어렵다고 볼 수 있다.

셋째, 기간계약제와 교수의 사기, 교수의 직무수행 사이에는 긍정적이든 부정적이든 별로 인과관계성이 없다. 그래서 기간계약제를 해서 교수의 사기가 떨어졌다고 할 수도 없고, 기간계약제를 통해서 교수의 직무수행을 높이려는 시도는 옳지 않다.

넷째, 기간계약제를 채택한 대학에서 학문의 자유가 보장되었다. 이것은 우리가 흔히 기대하기 쉬운 결과와는 정반대의 결과이다.

다섯째, 교수성장계획을 기대한 기간계약제가 대부분의 대학에서 먹혀들기 어렵다.

---

18) Chait and Ford, *Ibid*, pp.41~66.

여섯째, 기간계약제가 교수충원 노력에 나쁘게 영향을 둔다는 어떤 증거도 시사되지 않고 있다. 기간계약제를 해도 유능한 교수를 유치하는 데 어려움이 없다고 표현할 수 있다.

일곱째, 교수계약제가 필요한 경비절약을 촉진할 수 있다.


## 2) 정년보장제와 정년무보장제의 병행

종래의 기간계약제에서는 어떤 교수도 정년보장을 받을 수 없고, 또 종래의 전통적인 정년보장제에서는 어떤 교수도 기간임명을 받고 무한히 근무할 수 없었다. 즉 두 제도는 상호배타적이고 상호독립적인 제도였다. 그런데 이 두 제도를 한 대학 내에 모두 포함시켜 병행시키려고 수정한 하나의 수정안이 정년보장 트랙과 정년무보장 트랙을 나란히 놓는 방법이다. 그래서 교수를 세 범주로 분류하는 것이다. 하나는 완전히 정년보장을 보장받은 교수들이고(tenured), 두 번째는 정년보장해당(가능)교수들로 수습기간을 성공적으로 마치고 심사에 통과하면 정년보장을 받을 가능성이 있는 교수들이고(tenure eligible), 셋째는 정년보장불가능교수(tenure ineligible)들로 정년무보장 트랙에 있는 교수들인데 이들은 처음부터 정년보장을 신청이나 요구할 수조차도 없도록 계약되어 있는 교원들이다. 물론 우연히 또는 다행히 정년보장 트랙으로 바꾸어서 해당(가능)(eligible)교원이 되었다가 정년보장을 받을 수는 있으나 이는 극히 어렵다. 이 제도는 우리나라의 시간강사제도와 같은 것으로 생각하면 좋다.

하버드 대학에서 교수는 정년보장임용을 하고 시간강사(tutor)는 전임의 가능성이 없는 기간계약을 하여 2중 트랙을 채택했던 것이 좋은 예이다. 정년무보장 트랙은 임시, 특별코스의 필요성으로 임용하는 경우가 많다.

이외에 Webster College, Coe College도 2중 트랙제를 채택하고 있다. 그리고 새로운 정년보장제를 채택하는 많은 대학에서 이 2중 제도를 많이 쓰고 있다.

정년무보장 트랙 제도 몇 가지 이점을 갖고 있다. 첫째, 많은 융통성을 갖고 있다. 전통적인 정년보장교수가 많은 학과나 대학에는 정년무보장교수의 자리에 교수를 충원하는 방안으로 정년보장제를 보안할 수 있을 것이다.

둘째, 교수단체로부터의 압력으로부터 자유로울 수 있고 대학은 여러 면에서 융통성을 가질 수 있다.

셋째, 임시로 특별한 필요성에 따라 정년무보장 교원을 채용함으로써 프로그램을 풍부하게 할 수 있다. 그러나 이를 악용하면 우리나라 많은 사립대에서 정년무보장의 시간강사를 많이 채용하고 있는 것과 같은 결과를 가져온다.

넷째, 재정적인 측면에서, 교육과정의 측면에서 많은 융통성과 신축성을 가질 수 있다.

다섯째, 명료성과 확실성을 보장할 수 있다. 기간임용은 재임용의 불안, 정년보장제에서도 재임용의 불안이 있으나 정년무보장제는 한시적이므로 모든 것이 분명하다.

물론 이 제도도 보완해야 할 점을 많이 가지고 있다. 우리나라 시간강사 제도를 보완해야 할 것을 생각하면 좋을 것이다.


### 3) 수습기간의 연장과 '승진 아니면 퇴직'의 규칙 유보

이는 수습기간을 몇 년으로 확정하지 않고 몇 년 이내로 하여 수습기간을 연장하는 방법이다. 예를 들면 1776년 하버드 대학은 시간강사(tutor)를 3년 수습기간으로 하여 임용했었는데 1944년 후부터는 같은 직급에서 8년까지 근무할 수 있게 수습기간을 연장한 것이다. 충분한 시간을 두고 평가할 수 있고 또 그동안 정년보장교원의 정수, 연령분포 등을 조정할 수 있는 장점이 있다. 무능력한 교원이 정년을 보장받는 경우와 노벨상 수상 가능자가 정년보장에서 탈락되는 경우를 막아 보자는 것이다.

예를 들면 University of Texas at Permin Basin은 고정된 기간임

용에서 수습기간을 다음과 같이 연장하였다.

'승진 아니면 퇴직'규칙은 심사에 통과하면 승진하고 정년보장을 받게 되고, 심사에 통과하지 못하면 그 대학을 떠나야 하는 정년보장제의 규칙을 말한다. 그런데 이 규칙의 유보는 심사 후 (1) 정년보장 결정과, (2) 정년보장을 거절하고 마지막 해로 계약하는 두 결정의 중간에 (3) 정년보장의 자격이 있는 정년가능(tenurable)으로 결정한 후 정수가 있는 경우 자리가 비기나(tenure slot), 재정이 가능할 경우 우선 정년보장하게 하는 제도를 말한다. 이런 경우 이에 해당하는 교수는 이 대학을 떠나지 않고 실질적 정년보장 임명을 받기 위해 안심하고 기다릴 수가 있다.

이 제도를 채택하고 있는 대학은 Union College, Hartwick College와 Albion College 등이 있다. 이 제도는 정년보장교원의 정수(비율)로 묶여 있어 유능한 교수를 당장 정년보장을 해주지 못하는 경우 이들을 묶어 두었다 보장해 줄 수 있는 장점이 있다. 수습기간연장제는 일정 기간만 교수를 묶어 둘 수 있는 데 비하여 이 '승진 아니면 퇴직'규칙의 유보제, 즉 정년보장 유보제는 무한정 묶어 둘 수 있다는 차이점이 있다.

<표 6-3> 수습 기간 연장에서

| 직 급 | 계약 기간 | 해당직급 근무가능 연수 |
|---|---|---|
| 전임강사 | 1, 2년 | 보통 3년, 최대 5년 |
| 조교수 | 4년까지 | 최대 7년 |
| 제한된 정년보장 부교수 | 5년까지 | 최대 5년 |

## 4) 정년보장교원 정수(쿼터)제

전통적인 정년보장제는 일정한 수습기간을 성공적으로 마치고 심사에 통과하면 모두 정년을 보장해 주는 것이 원칙이었다. 이렇게 되면 정년보장교원이 많아져 교수가 노령화되고 또 재정을 감당하기 어렵게 된다. 1명의 정년보장교수의 봉급으로 2명의 수습교원을 채용할 수 있는 경우도 있기 때문에 재정과 정년보장제와는 밀접한 관계가 있다.

Colgate 대학은 1969년에 정년보장교원의 정수(쿼터)를 55%로 정해 놓는데도 1971년에는 60.8%, 그 후 65%가 되어 정수의 비율 자체를 55~65%로 고치기도 하였다. City University of New York은 1973년에 90%가 정년보장돼 각 단과대학에 65%가 되도록 하라고 권고한 일도 있다. 미국 전국규준이 50~60%의 정년보장교원인 데 비하여 New Jersey State College는 81%까지 올라간 적이 있고 주 전체 주립대가 79학년도에 74%가 되었다.

전통적인 정년보장제를 수정하여 쿼터제를 채택하고 있는 대학이 있는데 여기에도 장·단점이 있는 것은 사실이다.

장점으로는 (1) 정수로 단순하게 관리할 수 있다는 단순성(simplicity)이 있고, (2) 정수로 묶어 놓음으로써 떠나는 사람이 있게 하여 새로운 교원을 충원함으로써 유동성을 가져올 수 있고, (3) 정수제를 둠으로써 정년보장을 남발하지 않고 정수를 아껴서 유능한 교수를 확보하려고 하기 때문에 선별력(selectivity)이 높아지고, (4) 대학의 명성이 높아지고, (5) 성별, 인종 등에서 다양성(diversity)을 보장할 수 있고, (6) 재정적 경제성을 가져올 수 있다는 점을 들 수 있다.

그러나 (1) 정수에 묶여 유능한 교수가 정년보장을 못 받는 경우가 생겨 불공평하고(inequity), (2) 능력주의에 어긋나고(deemphasis of merit), (3) 낮은 직급의 교원만 수시로 이동하게 되고, (4) 대학 관리자와 교수단체 사이에 갈등과 논쟁이 끊이지 않게 되고, (5) 상위직급에서 정년보장의 정수를 다 차지하고 나면 인사관리의 폭이 줄어들어 자승자박의 결과(self-imposed constraint)를 가져오고, (6) 정수에 여유가 있을 때 정수에 무관하거나 상위직을 채용하게 되는 단점을 갖고 있다.

그렇다고 정수를 안 두면 Glassboro State College(Pennsylvania)는 한때 정년보장교원이 90%까지 올라가고 California State College는 95%까지 올라간 적이 있다.

### 5) 정년보장교원에 대한 정기적 평가

전통적인 정년보장제에서는 한 번 정년보장을 받고 나면 더 이상 평가하는 일도 없고 특별한 무능이나 부도덕이 아니면 면직되는 일도 없이 그야말로 정년까지 신분이 보장되었다. 이렇게 되면 정년보장받기 전까지 열심히 연구하던 교수도 정년보장 후에는 게을러져서 정체되거나 후퇴하는 교수도 생기게 되었다. 이러한 정년보장제의 단점을 방지하기 위하여 이미 정년보장을 받은 교수에 대하여도 주기적인 평가를 하여 교수의 성장을 촉구하고, 현저한 무능자는 대학을 떠나게 하는 정년보장교수의 평가제라는 수정안을 채택하는 대학들이 생겨났다.

예를 들면 Coe College는 정년보장 여부의 결정 1년 전에 향후 10년간의 전문적 성장·발전계획서를 제출하게 하고, 면직 사유에 해당하는 무능의 목록을 제시하지 않고 있다. St. Lawrence University는 4년마다 학과장과 학장이 정년보장교수를 평가하고, 면직되는 경우 이의도 제기할 수 없게 하고 있다.

이러한 정년보장교수에 대한 평가는 계속적인 교수성장의 계기를 마련해 준다는 장점이 있는 반면 정년보장제의 근본 의도와 목적을 해치거나 무의미하게 한다는 비난을 받을 가능성이 있다.

## 5. 정년보장제 적용의 구체적 사례

여기서는 미국 몇 개 대학의 구체적인 정년보장제의 적용 사례를 각 대학의 규정과 교수편람(faculty handbook)을 조사하여 중요한 부분만 간단히 요약하여 제시하고자 한다.

## 1) University of Hawaii[19]

이 대학은 정년보장이라는 용어를 교수가 대학에 영구히 또는 계속적으로 봉사할 수 있는 권리라고 정의해 놓고, 수습기간을 정상적으로 5년으로 해놓고 최고 7년까지 연장할 수 있도록 하고 있다. 4년차에 결정의 결과를 예고하는데 수습기간 중 승진이 거부되면 자동적으로 정년보장도 거부된 것으로 간주하여 승진과 정년보장을 분리하여 따로 평가하지 않는다.

전년도에 만족하게 평가받았을 경우 수습기간 마지막 해에 정년보장 신청을 하여 심사결과 (1) 거부되면 마지막 해로 근무하고 나서 떠나게 되고, (2) 정년보장 통고를 안 하면 1년 더 연장하여 근무할 수 있고, (3) 정년보장을 받는 세 가지 결정이 있을 수 있다.

심사는 학과인사위원회의 심사를 거쳐 학과장 추천을 받아 학과장 정년·승진심사위원회를 거치게 된다.


## 2) University of Michigan[20]

학장과 집행위원회를 거쳐 총장의 추천에 의하여 이사회만이 정년보장을 부여할 수 있고, 총장은 조교수 이하와 정년보장이 아닌 교수들만을 임명할 수 있는데 조교수는 1차 1년, 2차 2년, 3차 3년의 기간으로 임명한다.


## 3) Temple University[21]

신규 조교수는 1차 1년, 2차 2년, 3차 3년의 기간을 정하여 재임용하고,

---

19) University of Hawaii, *1987~1989 Agreement*.
20) University of Michigan, *Faculty Handbook*, Instructional Staff, 1978.
21) Temple University, *Faculty Guide*, 1988.

인정받는 대학에서 3년 이상의 전임경력이 있는 조교수는 1차 1년, 2차 3
년의 기간 재임용 후 마지막 해에 심사하여 (1) 정년보장받거나, (2) 계약
말소로 끝나거나, (3) 마지막 1년 계약으로 끝나는 세 길이 있다.

　평가기준은 (1) 교수(teaching), (2) 학문적 연구와 창의적 활동 (3)
교내·외 봉사의 셋이고, 평가자는 행정가, 교수, 학생으로 되어 있고, 절차
는 (1) 학과수준 심의, (2) 학과장, (3) 해당대학 정년보장위원회, (4) 학
장, (5) 학장회의, (6) 총장, (7) 이사회의 7단계를 거치게 되어 있다.


## 4) Ohio State University[22]

　수습기간은 전임강사 조교수 모두 합쳐 7년으로 하고 부교수와 교수는 승
진과 동시에 정년보장이 된다. 단 타교로부터 경험 있는 기성 부교수를 신
규로 채용하는 경우는 3년의 수습기간을 둔다.

　정년보장과 승진의 평가는 (1) 교수(teaching), (2) 연구 또는 창의활동,
(3) 교내·외 봉사에 의하여 실시하고, 정년보장을 해제할 수 있는 길은 (1) 공
식적 사임과, (2) 정년퇴직, (3) 무능과 비행이라고 명백히 규정해 놓고 있다.


## 5) Havard Arts & Science[23]

　3~5년의 시간강사 또는 전임강사 이후 조교수의 최대 수습기간은 8년이
고 12개월 전에 계약말소 통지를 하게 되어 있다. 부교수는 3~5년의 기간
임용이고 교수는 자동정년보장인 것으로 간주된다. 정년보장은 학과장 추천
에 의한다고만 되어 있다.

---

22) Ohio State University, *Faculty Handbook*.
23) Havard Arts and Science, *Appintment Handbook*.

## 6) Eastern Kentucky University[24]

5년의 계속적인 수습기간을 마치고 조교수 직급을 획득하면 정년보장되는 것으로 되어 있는데 5년의 수습기간 말에 전임 이상으로 승진하지 못하면 자동으로 정년보장도 안 되고 다만 1년 남은 해를 마지막으로 계약할 수는 있어 1년간 근무하면서 떠날 준비는 할 수 있다.

심사는 (1) 학과장, (2) 학장, (3) 교무부총장을 거쳐 (4) 총장 추천에 의하면, (5) 이사회에 의하여 임명되는 절차를 거쳐서 이루어진다.

## 7) University of South Alabama[25]

전임강사는 6년, 조교수는 4년, 부교수는 3년, 교수 2년 기간임용 후 정년보장을 해주는 것으로 단순하게 표현되어 있다.

## 8) University of Southern California[26]

전임강사와 조교수는 연임가능성하에 매년 교무부총장이 임명하고, 부교수와 교수는 총장이 임명하고, 부교수와 교수는 정년보장을 받는다. 각 단과대학과 대학교 전체의 두 곳에 각각 임명·승진·정년보장자문위원회를 두어 (1) 교수(teaching), (2) 학문적 연구와 전문적 활동, 출판의 두 영역에서의 우수성과 창의성에 의하여 평가한다. 특히 수습기간 중 뛰어난 자는 첫해 말에 정년보장에 추천될 수 있도록 하고 있는 점이 특이하다.

24) Eastern Kentucky University, *Faculty & Staff Handbook*.
25) University of South Alabama, *Faculty Handbook*.
26) University of Southern California, *Faculty Handbook*, 1987.

〈표 6-4〉 미국대학의 정년보장제 적용 사례

| | U. of Hawaii | U. of Michigan | Temple U. | Ohio State | Havar darts & science | Eastem Kentuc ky | South Alaba ma | Southem Califomia | 대 만 |
|---|---|---|---|---|---|---|---|---|---|
| 가. 수습 기간 | 5년 | 6년 | | 7년 | | 5년 | | | 어느 직급이 나 1년 시보 |
| 전 강 | | | | 7년 | | | 6년 | 매 년 | 1년 재임용 |
| 조교수 | | 1차 1년 | (신규) | 7년 | 3~5년 | | 4년(신) | 매 년 | 2년마다 재임용 |
| | | 2차 2년 | 1차 1년 | | | | | | |
| | | 3차 3년 | 2차 2년 | | | | | | |
| | | | 3차 3년 | | | | | | |
| | | | (경력) | | | | | | |
| | | | 1차 1년 | | | | | 전 강 | |
| | | | 2차 3년 | | | | | | |
| 부교수 | | | 3년(신) | | 3~5년 | | 3년(신) | (신규)매년 | 부교수 |
| 교 수 | | | 3년(신) | | | | 2년(신) | (신규) 1~3년 | 교 수 |
| 다. 평가 (심사) 기준 | | | | | | | | | |
| 1. 교수 | | ○ | | ○ | | | | ○ | |
| 2. 연구· 창작 | | ○ | | ○ | | | | ○ | |
| 3. 교내외 봉사 | | ○ | | ○ | | | | | |
| 라. 평가자 (심사자) | 1. 학과 인사위 ↓ 2. 학과장 ↓ 3. 학장 ↓ 4. 정년 승진 심사위 | 1. 학과 수준심의 ↓ 2. 집행위 ↓ | 1. 학과 수준 심의 ↓ 2. 학과장 ↓ 3. 단대 정년 보장 ↓ | | | 1. 학과장 추천 ↓ 2. 학장 3. 교무부 총장 ↓ | | 1. 단대 인사위 ↓ 2. 본부 | |

| | U. of Hawaii | U. of Michigan | Temple U. | Ohio State | Havardarts & science | Eastem Kentucky | South Alabama | Southem Califomia | 대 만 |
|---|---|---|---|---|---|---|---|---|---|
| | | 3. 총장<br>↓<br>4. 이사회 | 4. 학장<br>↓<br>5. 학장<br>회의<br>↓<br>6. 총장<br>↓<br>7. 이사회 | | | 4. 총장<br>↓<br>5. 이사회 | | 인사위 | |

## 9) 구체적 사례의 종합

이들 8개 대학의 사례를 요약하면 〈표 6-4〉와 같다.

이들 8개 대학의 사례를 종합·요약해 보면 대개 (1) 수습기간은 6년, (2) 정년보장 직급은 부교수와 교수, (3) 평가기준은 교수, 연구, 교내·외 봉사, (4) 심사절차는 학과 → 학장 → 정년보장심사위나 인사위(학장회 의) → 총장 → 이사회라는 것을 알 수 있다. 정년보장교원의 정수나 비율은 나타나 있지 않다.

# 6. 기타 다른 나라의 교수임용제도

자료확보가 가능했던 영국, 호주, 대만, 일본, 독일의 교수임용제를 간단 히 소개하기로 한다.

## 1) 영국의 교수임용

영국의 교수는 정교수(professor), 부교수(reader, senior lec-turer), 강사(lecturer)의 세 직급으로 나누어지는데 1988~1989학년도 현재 총 전임교수 48,057명 중 정교수는 약 9%인 4,551명이고, 부교수는 20%인 9,589명인 것으로 나타나 있다.27)

영국이 대학에서는 학과단위의 행정으로 기울어지고 있기 때문에 교수의 신규채용도 학과로부터 출발한다. 학과에 공석이 생기거나 교육과 연구를 강화하기 위하여 교수가 더 필요하다고 판단되면 학과인사위원회를 구성하여 채용할 교수의 직무명세서를 작성하고 직급과 급료 등을 결정하여 공개채용의 절차를 밟는다.

채용공고 시에는 직위, 직급, 직무 등이 명시되고 정년보장 여부, 임용계약기간, 급여액 등이 제시된다. 지원마감으로 지원자가 결정되면 학과장은 서류심사와 면접을 실시하여 교수회의를 개최하여 최종 임용예정자를 결정한다.

1970년대까지는 사실상 정년보장의 형태로 이루어졌으나 1980년대부터 대학 재정지원의 대폭 삭감으로 교수감원이 도는 결과를 가져와 일부 정교수(chair professor)를 제외한 신규 교수의 정년보장을 안 해 주고 일정 기간의 기간임용 후 평가를 받아 재임용계약을 체결하는 계약제 임용으로 바뀌게 되었다.28)

승진은 하급강사에서 상급강사로, 다시 부교수로 이루어지고 정교수는 대학과장으로 그 수가 제한되어 있으며 전국에서 신규로 공채하는 형식을 취한다. 승진 시에는 수업지도능력, 연구능력, 행정능력에 의하여 종합적인

---

27) J. Burnett, *The University of United Kingdom*, In Commonwealth Yearbook 1991, Vol.1. A-B(London: The Association of Commonwealth Universitieds, 1991), p.349.

28) 이화국, "영국대학의 교수공채와 엄격한 평가제도", **대학교육**, 92. 3, (서울: 한국대학교육협의회) 1992, p.39.

평가에 의하는데 연구능력이 특별히 탁월할 때는 senior lecturer와 같은
직급인 reader도 되기도 한다. 승진과 관련된 주요 규약은 다음과 같다.

① 승급과 승진은 적법하게 구성된 승진위원회에 의하여 이루어져야 하는데
   승진위원회는 학과장의 보고서, 자신이 작성한 이력서, 학과장 추천서 등
   을 참고한다.
② 모든 교수가 승급과 승진에 필요한 기준과 자신의 위치, 승진을 위한 정보
   의 출처를 알 수 있도록 해야 한다.
③ 하급강사에서 상급강사로의 승진은 개인적 능력에 따르며 비경쟁적이고 하급
   강사의 최고 호봉에 이르러 승진하는 것이 원칙이나 그 이전에도 가능하다.
④ 최고 호봉에 도달한 모든 하급강사는 승진심사를 받을 수 있으며 최고 호
   봉에 도달하지 못한 하급강사가 승진하기 위해서는 추천을 받거나 본인이
   신청해야 한다.
⑤ 하급강사가 승진하기 위해서는 수업계획과 지도, 학습평가, 연구능력, 해
   당되는 경우 행정능력이 상급강사에 버금간다는 인정을 받아야 한다.
⑥ 최고 호봉에 도달한 하급강사가 승진에서 제외되었을 때는 미비사항을 문
   서로 통보해 줘야 한다.
⑦ 부교수 승진은 경쟁에 의하여 부교수 승진자수는 매년 대학평의회(counil
   or court)가 결정된다.
⑧ 부교수 승진 시에는 a. 수업계획, 실시, 평가능력, b. 연구수행능력, c.
   학과와 기타 업무에 관한 관리 및 행정능력을 체계적으로 평가한다.
⑨ 부교수 승진 심사에서 탈락될 때에는 그 이유가 승진 정원 때문이었는지
   아니면 어떤 부문에서 부족했기 때문이었는지 알려줘야 한다.
⑩ 부교수 승진 심사에 불만이 있을 경우 소청절차를 밟을 수 있다.

영국에서 교수 개인에 대한 평가는 3년간의 시보기간에 이루어지는데 특
히 4, 7학기째에 수업지도, 연구, 학과에 대한 의무 등에 관하여 공식적인
평가를 받아 후보자의 약 90%가 정년보장을 받는다. 시보기간에는 대학교
가 해임 3개월 전에 본인에게 통보하여 해임할 수 있지만 일단 정년보장을

받게 되면 현저한 이유가 없는 한 해임하기 어렵고 65세까지 정년보장을 받게 된다. 60세 이상이 되면 본인이 퇴직을 희망할 경우 3개월 전에만 사직서를 제출하면 가능하게 된다.


## 2) 호주의 교수임용

호주에서는 최고의결기관인 대학교 평의회(University Council or Senate)가 주의회가 정해준 범위 내에서 대학운영의 기본정책을 수립하고 교무위원회(Academic Board)와 학부(faculties)에 책임을 위임한다. 이 중 교무위원회가 교원임용을 대학평의회에 추천한다. 교원채용도 교무위원회가 정한 대학 정책의 일반 계획에 의한다.

신규 교수채용의 필요성은 학과에서 개설하는 코스에 관한 학과 교수회의의 심의에 의해 학교에서 결정되어 학부로 전달되고 학부에서는 소속학과의 요구평가로 우선순위로 결정된다.

특히 호주 대학은 교수를 전국·국제적으로 공채하는 것으로 유명하다.

호주 대학교수의 직급은 영국과 비슷하게 tutor, lecturor, senior lecturor, professor로 되어 있는데 정교수만을 교수라 부른다. 정교수는(professor)의 요구 자격은 대개 ① 고등교육 기관에서의 성공적인 수업지도 경력과 관련 산업체에서 선임 자격으로 근무한 경험이 있는 자, ② 대학원의 학위 소지자, ③ 전문적 능력이 뛰어난 자, ④ 연구실적이 우수한 자, ⑤ 통솔력이 있고 학술적 지도 능력이 있는 자, ⑥ 뛰어난 행정적 지도 능력이 있는 자로 되어 있다.

전임강사(lecturer)의 자격 요건은 ① 관련분야의 Ph. D. 소지자로, ② 대학의 수업과 대학원생의 연구를 지도할 수 있는 자로 제시되는 경우가 많다.29)

신규채용 시 모든 지원자는 ① 개인 신상명세서, ② 성적·졸업증명서,

③ 연구실적 목록, ④ 연구관심 분야, ⑤ 자신을 잘 아는 3명의 참고인 (professional referees)을 제시하게 된다.

지원서가 마감되면 학부수준에 임시 선발위원회가 구성되어 위원회가 제시했던 선발 기준과 비교·평가하여 추가 심사자 또는 면접 심사자를 선발하여 압축 심사에 들어간다. 전화면접 또는 직접면접(학과장은 반드시 직접 요구, 세미나, 강의도 요구)을 하는데 면접내용은 ① 지원자의 배경, ② 연구관심사, ③ 지원이유, ④ 교육철학, ⑤ 장래의 계획들이 중심이 된다.

임용후보자가 정해지면 임용계약을 하게 되는데 ① 임용날짜, ② 직급, ③ 급료수준, ④ 시보기간, ⑤ 임용기간, ⑥ 정년보장 여부와 연구비, ⑦ 이사비용, ⑧ 주택이나 주택용자금, ⑨ 연구휴가·병가·장기근속휴가 등 후생복지 사항도 명시된다.

호주의 경우 현재 교원의 약 40% 정도가 정년보장을 받고 있는데 앞으로 70%까지 올리기로 되어 있고 시보 기간은 5년으로 되어 있는데 호주대학교직원협의회 연합회는 1∼3년으로 줄여달라고 요구를 하고 있는 상태이다. 일단 정년보장을 받은 교수를 해임시키기는 대단히 어려운데 최근에 교수의 해임을 용이하게 하는 법을 제정하라는 압력이 증대되고 있다고 한다.


## 3) 대만의 교수임용[30]

대만의 대학교사의 직급은 교수, 부교수, 전임강사, 조교로 되어 있어 우리나라의 조교수 직급이 없는 대신 조교를 포함시키고 있다. 신규채용은 단과대학 내 학부(系)의 부장 또는 대학원(연구소)의 소장이 학장과 상의하여 교사평심위원회에 추천한 후 총(학)장에 제청하여 교수·부교수·전임강

---

29) 이종승 외, **대학교수의 임용제도에 관한 연구**, 한국대학교육협의회, 1990. p.86.
30) 崔榮杓, "대만의 대학교수임용제와 질관리", **대학교육**, 91. 7, (서울: 한국대학교육협의회) 1991, pp.52∼56.

사·조교 중 해당 직급에 초빙한다. 신규임용 1년 이내에 교육부 학술심의 위원회의 재심을 거치게 되어 있다. 신규임용 기간은 1년으로 하고 있는데 이 1년이 일종의 시보, 수습기간이다. 그리고 공개 채용의 형식이다.

'교사자격심사규정'에 의하여 승진심사를 하게 되는데 전임강사는 (1) 대학원 석사학위를 취득하고 성적우수자, (2) 조교경력 4년 이상자로 근무성적이 우수하고 전문저작이 있는 자, (3) 고급중학 교사경력 5년 이상자로 전공학과의 깊은 연구가 있고 전문저작물을 소유한 자, (4) 학사학위 소지자로 연구경력을 갖거나 전문직업을 6년 이상 갖고 근무성적이 우수하고 전문저작이 있는 자라야 한다.

부교수는 (1) 박사학위 소지자로 우수한 성적과 전문저작물을 가진 자, (2) 전임강사 경력 3년 이상자로 근무성적이 우수하고 전문저작물이 있는 자, (3) 석사학위 소지자로 연구경력 또는 전문직업 경력 4년 이상자로 근무성적이 우수하고 전문저작물이 있는 자로 하고 있다.

교수는 (1) 부교수 경력 3년 이상자로 근무성적이 우수하고 주요 저작물을 가진 자, (2) 박사학위 소지자로 연구기관의 연구경력 또는 전문직종 경력 4년 이상자로 창작·발명으로 학술상 주요 공헌을 한 자로 교육부 학술심의위원회의 심의를 받는다.

조교 4년, 전임강사 4년 부교수 3년으로 승진이 가능해지는데 부교수급 이상은 박사학위가 없으면 거의 불가능하고, 승진에서 연구·저작물이 중시된다고 한다.

대만은 재임용제를 적용하고 있는데 1년의 시보, 다시 1년의 재임용, 그 후 매 2년마다 재임용을 하는데 임용을 해지할 때는 반드시 교육부의 승인을 받아야 한다.

최근 진보적인 대학에서는 정년보장제를 도입해야 한다는 주장이 설득력 있게 제기되고 있다.

## 4) 일본의 교수임용[31]

일본 대학교원은 교수, 조교수, 조수의 3직급으로 되어 있고 강사를 둘 수 있게 되었다. 그런데 조교수는 교수의 직무를 돕고, 조수는 교수와 조교수의 직무를 돕는다고 규정하여 교수를 중심으로 한 강좌제를 강력히 시사하고 있다. 강사는 교수 및 조교수에 준하는 직무에 종사한다고 규정하고 있다.

대학교원의 자격으로 조수는 (1) 학사의 칭호를 가진 자 및 그에 준하는 능력이 있다고 인정된 자이다.

조교수는 (1) 교수가 될 자격이 있는 자, (2) 대학의 조교수 또는 전임강사 경력이 있는 자, (3) 대학에서 3년 이상 조수 혹은 이에 준하는 경력이 있고 교육·연구능력이 있다고 인정된 자, (4) 수사(석사)학위 소지자 또는 구대학령에 의한 대학의 대학원에 3년 이상 재학한 자로서 교육·연구상 능력이 있다고 인정된 자, (5) 연구소, 시험소, 조사소 등에서 5년 이상 재직하고 연구상 업적이 있다고 인정된 자로 규정되어 있다.

교수는 (1) 박사학위 소지자, (2) 이에 준하는 연구업적이 인정된 자, (3) 대학에서 교수경력이 있는 자, (4) 대학에서 조교수의 경력이 있고 교육·연구상 업적이 있다고 인정되는 자, (5) 고등학교 및 전문학교와 이와 동등한 학교에서 5년 이상 교수경력이 있고 교육·연구상 업적이 있는 자, (6) 예능·체육 등에 관하여 특수기능 내지 교육경력이 있는 자로 하고 있다. 박사학위보다 연구·저작업적이 자격에서 강조된다는 것은 잘 알려진 사실이다.

신규채용은 앞에서 열거한 자격을 갖춘 자를 공개 채용하는데 최종결정은 최고의사결정기구인 대학평의회가 한다. 채용절차는 (1) 채용절차 수행 부서의 결정(인사위원회 또는 관련위원회), (2) 채용계획 승인(정기교수회), (3) 학과장은 공고와 선발방법 등에 관하여 학장에게 제출, (4) 학과 교원

---

31) 南萬順, "일본의 대학교원 임용제도" **대학교육**, 91. 9. (서울: 한국대학교육협의회) 1991, pp.53~63.

들이 지원 서류를 검토한 후 찬·반 투표, (5) 학과 추천자에 대한 교수회 투표, 평의회나 이사회의 인준, (6) 최종 임명의 순서가 된다.

승진은 앞에서 제시한 자격에 의하여 이루어지는데 교수, 조교수의 정수가 엄격하여 빈 자리가 없으면 어렵게 된다. 교원의 정년은 대개 60~65세로 대학에 따라 다르고 재임용제도에 대하여는 자세히 고찰하지 못하여 알 수 없고 다만 외국인 교수는 5년 이내 정도로 기간을 정하여 임용하는 대학도 있다.

## 5) 독일의 교수임용[32)]

독일 교수는 종신제 공무원신분의 교수와 계약기간제 공무원신분의 교수로 엄격하게 구별된다. 우리가 여기서 논의하는 정년보장제와 기간임용제가 엄격히 구분되어 병행되고 있는 좋은 예이다. 교수는 보수 등급에 의하여 C4급(경우에 따라 C3급도 정교수로 임명)이 종신제 교수이고 C2급이 계약제 교수가 된다.

교수가 되려면 대학을 졸업하여 박사학위를 갖고, 3년 계약제 공무원신분의 학술조교의 신분으로 교수를 도와주는 3년간의 조교의 경력을 갖고, 교수자격청구논문이 통과된 후 교수 밑에서 교수의 수업을 쌓으며 주당 4시간의 강의를 담당하고 공개 강의에 통과하여 사강사자격을 갖추고 5~6년 경력을 갖춘 자 중에서 종신 정교수를 초빙한다. 정교수는 학과가 신설되는 경우와 증원되는 경우, 정년퇴직으로 자리가 비는 경우만 가능하다. 계약제 교수와 종신제 교수는 모두 대학의 추천에 의하여 당시 문교부에서 임명하고 있으며 계약제는 6년을 넘을 수 없고 계약제에서 종신제로 넘어갈 수 없고 완전히 신규 종신제 교수 임용절차를 밟아야 한다.

종신제 교수 자리가 비면 단과대학 운영위원회의 검토를 거쳐 충원할 필요가 있다고 판단되면 대학평의회의 결정에 의하여 단과대학 교수초빙위원

---

32) 정영수, "독일대학의 교수양성과 임용제도" **대학교육**, 92. 1, (서울: 한국대학교육 협의회) 1992, pp.37~43.

회에서 공고를 내고 3명의 후보자를 추천하여 단과대학 확대운영위원회를 거쳐 대학평의회가 당시 문교부에 보내어 1명을 임명하는 절차를 거친다.

일단 종신교수의 임명을 받은 독일 교수의 신분보장은 완벽하다고 할 수 있다. 특별한 사유가 없는 한 본인의 의사에 반하여 전출되거나 퇴직당하지 않는다. 그리고 교수임용에서도 독일의 엄격한 徒弟式이 적용되는 것을 알 수 있다.

# 7. 바람직한 정년보장제를 위한 제안

어떤 인사제도를 채택하더라도 우수한 교수를 유치하고 또 신분보장을 해주면서도 개인과 대학이 계속 성장·발전할 수 있도록 하지 않으면 안 된다. 첫째, 어떤 제도를 채택하든 엄격한 평가·심사를 할 수 있느냐 없느냐가 성패 여부를 좌우한다는 점을 강조하지 않을 수 없다. 계약제든 정년보장제든 엄격한 교수평가를 하여 적격자를 선별해 내는 일이 가장 중요하다.

둘째, 본래의 목적·의도에서 변질되고 악용되지 말고 순수하며 공정하고 공평해야 한다고 본다.

셋째, 어떤 제도나 장·단점을 가지고 있으므로 장점을 살리고 단점을 보완하는 방향으로 제도가 마련되고 운영되어야 한다.

넷째, 어떤 제도를 채택하든 우수한 교수에게는 아무런 문제가 되지 않고 항상 우수하지 못한 교수에게 문제가 되므로 우수한 교수에 대한 상응하는 보상과 보수가 따라야 한다. 인사제도가 교수에게 어렵고 까다로울수록 높은 정도의 정신적·물질적 보상과 보수가 따라 높은 평판과 명성을 유지할 수 있도록 되어야 한다.

다섯째, 교수 인사제도도 다른 여러 제도나 상황, 조건에 맞아야 하며 무엇보다도 바람직한 대학풍토와 분위기, 대학문화 속에서 함께 고려되어야 한다.

# 참고문헌

南萬順, "일본의 대학교원 임용제도" **大學敎育**, 91. 9, 서울: 한국대학교육협의회, 1991. 당시 문교부, **文敎 40年史**, 서울: 당시 문교부, 1988.

이종승 외, **대학교수의 임용제도에 관한 연구**, 한국대학교육협의회, 1990.

이화국, "영국대학의 교수공채와 엄격한 평가제도" **대학교육**, 92. 3, 서울: 한국대학교육협의회, 1992.

정영수, "독일대학의 교수양성과 임용제도" **대학교육**, 92. 1. 서울: 한국대학교육협의회, 1992.

崔榮杓, "대만의 대학교수임용제와 질관리" **대학교육**, 91. 7, 서울: 한국대학교육협의회, 1991.

Burnett, J., *The University of United Kingdom*, In Commonwealth Yearbook 1991, Vol.1. A-B(London: The Association of Commonwealth Universities, 1991).

Chait, Richard P. and Ford Andrew T., *Beyond Traditional Tenure*, San Francisco: Jossey-Bass Publishers, 1982.

Dejnorka, Edward L. and Kapel, David E., *America Educator's Encyclopedia*, Westport: Green Press, 1982.

Eastern Kentucky University, *Faculty & Staff Handbook*.

Havard Arts and Science, *Appintment Handbook*.

Ohio State University, *Faculty Handbook*.

Temple University, *Faculty Guide*, 1988.

University of Hawaii, *1987~1989 Agreement*.

University of Michigan, *Faculty Handbook*, Instructional Staff, 1978.

University of South Alabama, *Faculty Handbook*.

University of Southern California, *Faculty Handbook*, 1987.

Woltkiewicy, Rita J., *College Administrator's Handbook*, Boston: Allyn and Bacon, Inc., 1980.

# 제7장 대학행정의 기초적 이해*

## 1. 서  론

각 기관과 조직은 역사적 뿌리를 가지고 있다. 그 뿌리와 변천과정을 이해하면 오늘의 현실을 파악하고 미래를 전망하는 데에 도움을 준다. 대학은 아주 오랜 역사를 갖고 있다. 이 뿌리로부터 오늘의 대학교육행정을 이해하려는 접근은 올바른 대학교육행정의 기초가 될 것이다.

또 각 조직은 그 조직의 독특한 특성을 갖고 있다는 것을 알아야 한다. 대학은 군대나 경찰, 정부조직이나 기업조직, 병원조직이나 공장조직과는 분명히 다르다. 조직이 다르고 또 조직 나름의 독특한 특성을 갖고 있다면 마땅히 그 조직의 행정도 달라지고 독특해야 한다. 대학교육행정은 분명히 군대행정이나 경찰행정, 정부의 일반행정, 기업행정, 보건·병원행정과는 달라야 하며, 같은 학교라도 초·중등교육행정과도 구별되어야 한다. 그런데 흔히 대학조직의 특성자체를 이해하지 못하고 행정하는 경우가 있고 또 그럼으로써 대학조직 목표에 맞는 행정을 하지 못하는 경우가 많다. 항상 호흡하면서도

---

* 한국대학교육협의회 대학직원의 직무능력 개발을 위한 워크숍, 1992. 10. 27. 대전유성관광호텔 강의.

공기와 산소를 의식하지 못하듯이 항상 대학 안에서 일을 하면서도 대학조직
의 특성을 인식하지 못하는 경우가 많다. 자신이 행정하고 있는 조직의 특성
을 이해하는 일은 행정의 기초와 방향을 바로잡는 데 도움이 될 것이다.

우리는 변화의 세기를 맞고 있다. 각 기관과 조직은 살아남기 위해서 몸
부림치고 있다. 생존(survive)이 최고의 가치가 되는 시대에 살고 있다.
기업체도, 어떤 기관도, 심지어는 국가도 변화에 적응하지 못하면 살아남기
힘들게 되고 있다. 마치 제 몸을 추스르지 못해 공룡이 지구상에서 사라지
듯이 거대한 소련이 붕괴되고, 동독이 흡수 통일되고, 동구 여러 나라들도
갈라져서 각각 독립국가가 되었다. 이것은 또 분권화의 경향이기도 하다.
대학도 이러한 거대조류를 거역할 수 없다. 그래서 많은 나라에서 대학교육
행정도 새로운 조류를 타고 있다. 이러한 경향을 이해하면 대학교육행정의
방향과 행정하고 있는 그 자체에 도움이 될 것으로 본다.

그래서 여기서는 (1) 대학의 역사적 발전을 개관해 보고, (2) 대학조직
의 특성을 찾아보고, (3) 대학의 기본구조와 의사결정 모형을 파악하여 대
학교육행정의 기초를 이해하고 나서, (4) 대학교육행정의 발전방향을 찾아
보고자 한다.

## 2. 대학의 역사적 발전

우리나라에서 고등교육 기관으로 태학(소수림왕 2년, 372년), 경당(초-
고등교육, 私學), 국학(682년), 국자감(992년), 성균관(1398년) 등이 있
었으나 어떻게 운영되었는지에 대하여 자세히 연구되어 알려진 것이 없다.
다만 정부에 필요한 인재 양성이 주목적이 되고, 관학의 경우는 정부의 통
제하에 있고, 사학은 보다 많은 자율권이 주어졌을 것으로 보인다. 오히려

우리와 먼 서양의 대학의 역사적 발전에 대하여는 잘 정리되어 있는 경우가 많다. 그래서 여기서도 서양에서의 대학발전의 극히 핵심을 살펴보면서 관리・운영의 뿌리와 현대대학교육행정에의 시사점을 찾아보기로 한다.

서양의 고대대학은 고대 희랍의 플라톤의 아카데미를 들 수 있는데, 이는 학생중심의 공동체로서 국정에 참여할 인재 양성이 목적이었다. 형식적으로는 종교적 결사체로 법인의 성격을 갖고 있어 운영의 자율과 학문의 자유가 완전히 보장되었다. 이후의 대학과 오늘날의 대학의 자율과 자치, 학문의 자유의 기원이 여기서 온 것으로 보고 있다.

중세의 대학은 학생과 교수의 조합에 의하여 이루어졌으며 'Studium Generale(스튜디움 게네랄레)'라는 이름을 가졌다고 한다. 학생의 자격에 제한이 없고 외국으로부터도 모여들었기 때문에 'Generale'라고 하였다 한다. 대학이 학생과 교수의 조합조직으로 되어 있어 고도의 자치권을 갖고 있으며, 국가나 교회로부터 치외법권적 인정과 면역・면세의 특권까지 누렸기 때문에 대학은 '나라 안의 나라'라고 할 정도였다. 이태리의 살레르노대(의학)와 볼로니아대(법학), 프랑스의 파리대(신학, 철학)가 이 시대의 대표적인 대학이며 후에 근세 옥스퍼드와 케임브리지, 하이델베르크 대학의 모델이 되었다. 여기서 중요한 것은 국가나 교회의 간섭으로부터 자율과 자유, 자치권을 행사하였다는 점이다.

중세 이후의 대학은 융통성이 없고 보수적 성향을 띠어 '窓 없는 城'으로 표현되었다. 중세 이후의 대학은 시골마을에 비유되고 관리운영방식은 국왕이 하나의 왕국을 통치하는 식이었다. 이때도 역시 대학은 고도의 자율을 누렸으며, 교육목적은 귀족적 지도집단 양성으로 귀족적 관료와 고상한 신사를 가르는 것이었다. 대표적인 대학은 영국의 옥스퍼드와 케임브리지라고 할 수 있다.

근세의 대학은 촌락으로 비유된 중세 이후의 대학으로부터 읍으로 승격된 소수가 지배하는 산업 타운으로서 봉건 영주가 장원을 다스리는 관리・운영방식을 취하게 된다. 또 대학이 하나의 유기체로 비유되기도 했는데 장원과 같은 각 부분들이 일원적 목적을 가지고 일원적 지도력 아래 유기적인 밀접한 관계를 맺고 있는 것으로 비유되기도 한다. 이 당시의 교육목적은 종교 지도자와 관료집단을 양성하는 것이었으며 대표적인 대학은 베를린대와 콜롬비아대를 들 수 있다. 이때까지도 대학의 자율에는 큰 위협이 없었다.

현대의 대학은 읍에서 거대도시로 변모한 다기능 종합대학으로 일반대중을 위한 봉사기능을 갖는 Multiverse로 나타난다. 능력집단(meritocrat)과 기술관료집단(technocrat)과 애드호크래트(adhocrat)의 양성을 교육목적으로 삼아 수상이 연합공화국을 통치하는 관리·운영방식을 취하게 되었다. 각 단과대학, 학과들이 어느 정도 독립된 운영방식을 취하고, 또 학생집단, 교수회, 교수평의회, 직원노조, 대학행정당국, 대학의회, 이사회, 동창회 등 각 관련집단들이 관할권을 가지고 공존하고자 하기 때문에 연합국에 비유된다. 대표적인 대학으로 하버드대와 UC버클리대를 들 수 있다.

이들 서구대학의 발전과정을 요약하면 〈표 7-1〉과 같다.

〈표 7-1〉 서구대학의 발전과 관리 운영방식의 변화

| 시  대 | 교육목적 | 관리·운영방식 | 대표적 대학 |
|--------|----------|----------------|-------------|
| 고대 대학 | 국정참여 인재 양성 | 학생조합<br>법인성격 종교적<br>결사체<br>정치로부터 독립<br>운영의 자율, 학문의<br>자유 | 플라톤의 아카데미 |
| 중세 대학 | 인재 양성·학문<br>(의·법·신·철학) | 학생조합, 교수조합<br>치외법권적 지위<br>확보·면역·면세<br>'나라 안의 나라' | 스튜디움 게네랄레<br>(자격제한 없음)<br>이태리 살레르<br>노·볼로<br>프랑스 파리대 |
| 중세 이후대 | 귀족적 지도집단<br>(귀족적 관료, 고상<br>한 신사) | 창 없는 성(보수성)<br>학문하는 수도원, 촌락.<br>국왕이 왕국 통치방식 | 옥스퍼드대<br>케임브리지대 |

| 시 대 | 교육목적 | 관리·운영방식 | 대표적 대학 |
|---|---|---|---|
| 근세 대학 | 종교집단과 관료 집단 양성 | 읍으로 승격, 소수 지배의 산업 타운 밀접한 관계를 갖는 유기체 영주가 장원 관장하는 방식 | 베를린대 콜롬비아대 |
| 현대 대학 | 일반대중을 위한 봉사기관, 능력 집단·기술관료, 애드호크래트 양성 | 거대도시로 변모 수상이 연합국 통치 방식 Universe-Multiverse (학생·교수·직원·대학 당국, 이사회, 동창회 등 다양한 집단공존) | 하버드대 UC 버클리대 |

서구대학의 역사적 발전과정을 살펴볼 때 대학의 권리·운영방식에 있어서 고도의 자질과 자율과 자치, 학문의 자유를 누려왔다는 것을 알 수 있다. 학생조합(universe)과 교수조합(college)에 의하여 운영되기 시작하여 절대왕권과 교회로부터도 치외법권적 특권을 누리는 전통을 지켜왔다. 오늘날의 대학들이 자율과 자치, 자유를 지키려는 노력은 이러한 뿌리와 전통에서 나온 것이라는 역사적 사실을 이해해야 한다.

우리나라의 대학도 근세 이전까지 어느 정도의 자율과 자치권을 누려왔는지는 상세히 알 수 없으나 (1) 우리나라에서도 서구인에 의하여 대학이 설립되기 시작하여 이러한 서구적 역사와 전통을 따르고자 했을 것이며, (2) 우리 손으로 설립된 대학들도 위와 같은 서구대학의 역사와 전통을 추구할 것이라는 점을 이해해야 한다. 우리나라 헌법 22조에서 "모든 국민은 학문과 예술의 자유를 가진다."고 하여 헌법에서 학문의 자유를 국민의 기본적 자유권으로 보장하고 있다. 그래서 우리의 머릿속에는 대학이라고 하면 자율과 자치, 자유를 연상하게 된다.

## 3. 대학조직의 특성

대학의 역사적 발전과정을 이해함으로써 오늘날 대학교육행정이 어떻게 되어야 하느냐를 설정할 수 있지만, 다른 한편으로는 대학조직을 다른 조직들과 구별해 봄으로써 다른 조직과 구별되는 독특한 행정을 해야 한다는 사실을 알 수 있다. 대학조직은 다음 몇 가지 점에서 특성을 갖는다.[33]

첫째, 목표의 모호성(goal ambiguity)을 들 수 있다. 군대나 경찰·수용소는 질서유지가 목표이고, 회사나 기업체는 이윤을 남기는 것이 목표가 된다. 생산공장은 생산량과 질(불량률, 반품률)을 가지고 목표달성을 확인할 수 있지만 대학교의 목표는 학생교육이라고 하지만 명확하지 않고, 불분명하며 모호하다. 그래서 목표달성도를 확인하고 평가하기도 어렵다. 조직은 목표가 있기 때문에 존재하는 것인데 목표가 불분명하다는 것은 목표지향 경영과 행정에 있어서는 문제가 아닐 수 없다. 그래서 추상적인 대학교육의 목표를 구체적으로 진술해야 한다고는 하지만 아직도 모호한 것이 대학교육의 목표이다. 고등교육법 제28조에 있는 우리나라 대학교육의 목적인 "대학은 인격을 도야하고, 국가와 인류사회의 발전에 필요한 학술의 심오한 이론과 그 응용방법을 교수·연구하며, 국가와 인류사회에 공헌함을 목적으로 한다."는 구절만 보아도 극히 추상적이고 모호한 것을 알 수 있다. 또 대학교육이 실제로 이 목표와는 상관없이 이루어지고 있다는 사실도 알 수 있다.

둘째, 기술도 다양하고 불확실하다. 목표는 기술의 힘을 얻어 달성된다. 목표를 달성시킬 수 있는 기술이 없으면 설정된 목표는 무의미하게 된다. 똑같은 과목이라도 교수에 따라 가르치는 방법과 기술이 다양하고 어떤 기술이 최선의 것인지 확인하기도 어렵다. 동일한 목표를 이렇게 다양하고 불확실한 기술을 동원하여 달성하려는 조직은 대학 이외에는 없을 것이다.

---

33) 주삼환 역, **교육행정학 개론**(서울: 박영사, 1986)의 제3장 학교조직의 특성 참고.

셋째, 유동적인 참여가 특성의 하나이다. 대학은 인간을 교육하는 기관으로서 인간을 다루는(people-processing) 인간봉사조직이다. 다양한 요구와 욕구를 가진 고객을 위해서 봉사해야 하고, 또 이들의 참여를 유도해 내야 한다. 흔히 이들 고객의 참여를 부정적으로 보는데 오히려 학생과 학부모의 참여를 적극 유도해 내야 한다. 부담을 줄 때만 참여의 필요성을 언급하는 것은 잘못이다. 또 이들 고객들이 일정 기간만 대학에 머무르고 유동하고 있다는 점이 특징이다. 4년간만 조직구성원이 되고 그 후는 떠난다는 점이다. 사람이 이렇게 계속 유동하고 있는 조직도 드물다.

Cohen과 March[34]는 위의 세 특징을 들어 학교를 '조직은 되어 있으나 무질서(organized anarchy)'라는 말로 묶어서 표현하였다. 대학이 이런 특성을 가짐으로써 행정의 성공여부도 모호해지고 어렵게 된다.

넷째, 한 조직 안에 전문직적 특성과 관료제가 공존하고 있다. 대학의 역사에서 살펴본 것처럼 대학은 가르치고 연구하는 일이 주 기능이기 때문에 전문직에 의하여 운영되는 전통을 갖고 있다. 그런데 다른 모든 조직들처럼 계층도 있고, 분업도 있으며, 규정과 절차가 명세화되어 있는 등 관료적 특성도 동시에 갖고 있다. 다만 다른 조직에 비하여 관료적 성격이 약할 뿐이다. 대학의 주 기능인 가르치고 연구하는 일은 주로 전문직에 의하여 이루어지는 데 비하여 이를 지원하는 행정적인 일은 관료적 성격을 갖는다. 전문주의와 관료제는 완전히 다른 성격을 갖기 때문에 때로는 이들 사이에 갈등이 야기될 수 있다.

다섯째, 이완조직(loosely coupled organization)[35]으로 표현되기도 한다. 대학 내의 각 부서와 하위조직은 서로 연결되기는 하지만 각각 정체성을 갖고 또 물리적, 논리적인 독립성을 갖고 있어 이완조직이라고 하는 것이다. 이런 이완조직에서는 (1) 환경변화에 당면하여 생존하기 위해서는 한 조직에서 근본

34) Michael D. Cohen and James G. March, *Leadership and Ambiguity* (Now York: McGraw-hill), 1974.
35) Karl E. Weick, "Educational Organizations as Loosely Coupled System," Administrative Science Quarterly, 21(March 1976), pp.1~19.

적으로 이질적인 요소들이 공존하는 것을 허용하고, (2) 광범한 환경변화에 대한 민감성을 허용하고, (3) 지역적인 적응을 허용하고, (4) 기발한 해결책의 개발과 유지를 고무하고, (5) 다른 부분에 영향을 주지 않는 범위 내에서 체제의 한 부분이 분리되는 것을 용납하고 (6) 그 체제 내의 활동자에게 보다 많은 자유재량과 자기결정권을 제공해 주고, (7) 비교적 부분 간의 조정을 위하여 소액의 경비를 요구한다. 아마 대학의 이런 특성을 이해하지 못한 행정가는 행정에서 실패하기 쉬울 것이다. 아마도 효율적 · 효과적이고 합리적 · 합법적인 획일적 관료행정을 강력하게 펼칠 가능성이 높기 때문이다.

여섯째, 환경에의 취약성(environmental vulnerability)도 하나의 특성이다. 고대 · 중세의 대학들은 외부와 절연한 상태에서 하나의 독립된 왕국을 형성하다시피 했지만 오늘날의 대학은 환경의 영향을 쉽게 받는다. 특히 최근에 사회에 대한 책무성의 요구로 환경에 대처하지 않으면 안 된다. 특히 국 · 공립대학은 사회에 대한 책무성 요구가 강하게 작용하고, 사립대학은 경쟁 속에서 살아남아야 하며 고객을 유치하지 못하면 생존에 위협을 받게 된다.

이러한 대학조직의 특성을 전통적인 일반조직의 특성과 비교하여 요약표를 만들면 〈표 7-2〉와 같다.

〈표 7-2〉 학문조직과 보다 전통적인 조직의 특성 비교[36]

|  | 학문조직(대학조직) | 전통적 관료조직(정부기관, 기업체) |
|---|---|---|
| 1. 목표 | 모호, 논쟁적, 무일관성 | 보다 분명한 목표, 적은 불일치 |
| 2. 기술 | 불분명, 비일상적, 종합적 | 보다 분명, 일상적, 부분화 |
| 3. 고객에 대한 봉사 | 고객에 대한 봉사 | 물질유통, 상업적 |
| 4. 직원조직 | 압도적인 전문직 | 압도적인 비전문직 |
| 5. 연결관계 | 이완조직 | 경직된 조직 |
| 6. 환경과의 관계 | 매우 취약 | 덜 취약 |
| 7. 요약된 이미지 | 조직화된 무질서 | 관료제 |

이러한 대학조직의 특성으로부터 대학교육행정에 시사받을 수 있는 점을 생각해 봐야 할 것이다. 우선 행정의 다양성을 생각해야 할 것이다. 획일적인 행정으로는 성공하기 어렵다. 또 전문성을 고려해야 할 것이다. 각각 다른 욕구를 가진 고객에 봉사하고 전문직에 의하여 행정이 이루어지는 점을 감안하면 더욱 분명해진다. 모호한 목표와 불분명한 다양한 기술을 갖고 환경에 대응을 해야 하므로 자율성과 창의성이 행정에 절실히 요구될 것이라고 미루어 짐작할 수 있다. 또 엉성하게 조직된 속에서 각 부분이 각자의 행정을 해 나가야 하므로 자율성과 함께 어느 정도의 독립성이 요구될 것이다.

## 4. 대학의 기본구조와 의사결정 모형

대학은 근본적으로 가르치고, 연구하고, 봉사하기 위하여 존재한다. 이 일을 하기 위한 체제를 편의 상 교수체제(instructional system)라고 한다. 대학운영을 위한 최고의사결정체제(governing system)가 있어야 한다. 그리고 최고의사결정을 구체화시키고 교수체제를 지원하는 체제(supporting system)가 있어야 한다. 그래서 대학은 수평적인 기능에 의하여 (1) 최고의사결정체제 (2) 교수체제, (3) 행정지원체제로 되어 있다.

최고의사결정체제는 이사회(Board of Trustees, Board of Regents)인데 여기에 대학평의회 · 교수평의회(University Senate, Faculty Senate, Academic Senate) 등이 참여하게 되는 경향이다. 또 학생문제심의회(Uni-

---

36) J. Victor Baldridge, David V. Curtis, George P. Ecker, and Gary L. Riley "Alternative Models of Governance in Higher Education in Marvin W. Peterson ed., ASHE Reader on Organization and Governance in Higher Education, Third ed.(Lexington, Mas.: ASHE, 1986), pp.11~27을 기초로 필자가 추가 수정함.

versity Council on Student Affairs)를 두는 경우도 있는데, 분명한 것은 참여적·공유적 권위(sharing authority)의 경향이라는 사실이다.

교수체제(instructional system)는 주로 학과수준의 전문교수로 이루어지는데 교수와 학생이 중심이 된다. 대학발전의 역사에서 본 것처럼 교수조합과 학생조합이 중심이었던 것은 주로 교수·연구가 중심이었기 때문이다.

행정지원체제(administrative supporting system)는 전문 행정가와 행정직원에 의하여 지원되는 조직이다. 여기서 행정가는 행정단위를 책임지고 있는 사람을 말한다. 그래서 최소한 학과장으로부터 학장·원장과 총장, 기타 단위기관장을 말한다. 행정직원의 일은 행정가에 의하여 결정이 이루어지고 또 행정가에 의하여 의사소통이 이루어진다는 점을 이해해야 한다. 행정직원에 의하여 최종결정이 이루어질 수 없고 또 기관을 통하지 않고 직원끼리 직접 의사소통을 할 수 없다는 것이다.

대화의 기본구조를 수직적인 측면에서 보면 4층의 중층구조로 볼 수 있다. (1) 총장수준, (2) 부총장·처장수준, (3) 단과대학수준, (4) 학과수준의 넷으로 본다. 물론 총장 위에 이사회와 학과수준 밑에 개인 교수를 생각해 볼 수 있으나 행정의 수준으로는 4층으로 보게 된다.

대학의 수평적·수직적 기본구조를 그림으로 요약하면 〈그림 7-1〉과 같다.

여기서 몇 가지 중요한 사실을 발견할 수 있다. 교수체제도 고도로 전문화·분권화되어 있어 주로 학과수준에서 이루어지는 데 비하여 행정지원체제는 우리나라에서는 고도로 중앙집권화되어 있고 계층이 많아 교수체제를 제대로 지원해 주기 어렵게 되어 있다는 점이다. 대학의 주 기능인 교수·연구는 학과수준에서 이루어지는데 최고의사결정은 총장 위에 있는 이사회에, 행정은 총장수준에 집중되어 있다는 점이 큰 문제이다.

그래서 최근에 영·미 등 선진국에서는 행정이 학과수준으로 내려와 학과단위 행정을 하고 있는 것이다. 인사·재정 등 모든 것을 학과에 맡긴다. 그래서 학과장의 행정능력을 기르기 위한 프로그램이 개발되고 있다. 교육행정은 더 이상 원격조정(remote control)은 성공할 수 없다는 판단이다.

총·부총장 수준의 중앙에서는 기본방향과 방침만 정하고, 합리적 배분만
하고, 교수와 행정은 모두 학과에서 이루어지게 하는 것이다.

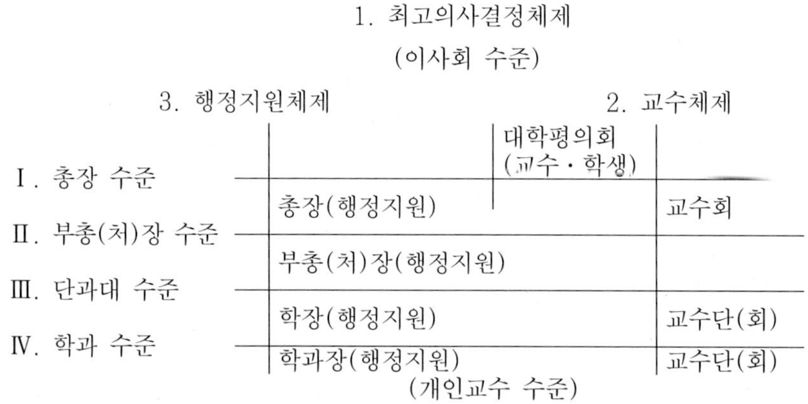

1. 최고의사결정체제
(이사회 수준)

3. 행정지원체제                    2. 교수체제

| | | 대학평의회<br>(교수·학생) | |
|---|---|---|---|
| Ⅰ. 총장 수준 | | | |
| | 총장(행정지원) | | 교수회 |
| Ⅱ. 부총(처)장 수준 | | | |
| | 부총(처)장(행정지원) | | |
| Ⅲ. 단과대 수준 | | | |
| | 학장(행정지원) | | 교수단(회) |
| Ⅳ. 학과 수준 | | | |
| | 학과장(행정지원) | | 교수단(회) |

(개인교수 수준)

〈그림 7-1〉 대학의 기본구조[37]


우리는 여기서 최고의사결정이 참여적·공유적 경향이라는 것과 행정이
분권적, 독립적, 자율적·책임적 경향이라는 사실을 알 수 있다.

대학에서의 최고의사결정의 모형은 (1) 학문적 관료제, (2) 대학공동체,
(3) 정치체제로서의 대학의 셋으로 나누어 볼 수 있다. 첫째 대학도 권위계
층과 분업, 규정과 절차, 몰인정성, 경력의 보장 등 관료적 특성을 갖고 관
료적으로 결정되는 측면이 있다. 우리나라에서 최근 민주화의 물결 이전에
대학이 관료적으로 운영되고 결정이 이루어지는 경우가 많았다.

둘째는 학문공동체적 동료적 모형이 있다. 우리가 대학의 역사적 발전에
서 본 것처럼 가르치는 일은 교수들의 전문가적 합의(consensus)에 의하
여 결정되었다. 전문직에서는 앞에서 말한 관료제에 의해서나 뒤에 말할 정
치적 모형에 의해서보다는 전문가들의 전문적 논의에서 도출되는 합의에 의

---

37) 주삼환 외, "대학에서의 의사결정 합리화 방안 연구", 한국대학교육협의회, 1988,
    p.88을 약간 변형시킴.

하여 결정이 이루어진다.

셋째는 정치적 모형이다. 각 이해집단 간의 압력과 투쟁(struggle)에 의하여 힘이 센 집단에서 유리한 결정이 이루어지는 형식이다. 분파적이고 때로는 몇 개의 집단이 연합을 이루기도 하고 타협과 협상에 의하여 결정이 이루어지기도 한다. 최근 우리나라에서 민주화 바람 이후의 현상들이 이러한 정치적 모형에 가깝다. 그러나 교육기간이 전적으로 정치적 모형에 의존하여 결정이 이루어진다는 것을 바람직하다고는 할 수 없다. 이해집단 간의 투쟁과 타협·협상에 의하여 결정되다 보면 교육적 본질에서 어긋나고 고객에 대한 봉사를 제대로 할 수 없게 되기 때문이다.

관료제에서 지도자는 영웅적 이미지를 갖고, 기술적 문제해결력만 있으면 되고, 과학적 관리에 바탕을 두고, 지도자에 대한 기대는 매우 높다.

동료적 모형에서 지도자는 동등한 전문가 중의 하나로 여겨지며, 대인간 역동성의 기술이 있어야 하며 합의에 의한 관리를 하고 지도자에 대한 기대는 중간 정도이다.

정치적 모형에서의 지도자는 정치가의 이미지를 갖고 정치적 전략과 대인간 역동성, 분파관리 기술과 능력이 있어야 하며, 관리는 전략적 의사결정에 근거하고, 지도자에 대한 기대도 중간 정도이다.

이 세 모형의 핵심을 요약하면 〈표 7-3〉과 같다.

〈표 7-3〉 의사결정과 정책결정의 세 모형

| | 관료제 모형 | 동료적 모형 | 정치적 모형 |
|---|---|---|---|
| 1. 구조의 전제 | 계층적 관료제 | 동료적 공동체 | 분파적이고 복합적인 전문적 연합체 |
| 2. 사 회 | 동일성: 공식체제의 결정 | 동일성: 동료합의에 의한 통합 | 다양성: 다양한 가치를 가진 이질 이익집단의 결합 |
| 3. 기본적 이론 기초 | 웨버의 관료제, 공식체제의 고전연구 | 전문직주의 문헌, 조직에의 인간관계 접근 | 갈등분석, 이익집단이론, 공동체, 권력문헌 |
| 4. 의사결정 과정의 관점 | 합리적 의사결정: 표준화된 운영절차 | 공동의사결정: 합의, 공동사회 참여 | 협상, 타협, 정치적 영향, 정치적 브로커, 외부영향 |

|  | 관료제 모형 | 동료적 모형 | 정치적 모형 |
|---|---|---|---|
| 5. 의사결정 과정 | 문제의 정의 → 대안 탐색 → 대안의 평가 → 계산 → 선택 → 실천 | 관료제와 같으나 과정에 전문가 동료의 참여 강조 | 사회적 상황으로부터 이슈가 발생 → 갈등 → 입법화 과정 → 정책실천 → 피드백 |
| 6. 지도자의 이미지 | 영웅 | 동등자 중의 1인자 | 정치가 |
| 7. 지도기술 | 기술적 문제해결 능력 | 대인간의 역동성 | 정치적 전략, 대인간 역동성 분파관리 |
| 8. 관 리 | 과학적 관리 | 합의에 의한 관리 | 전략적 의사결정 |
| 9. 지도자에 대한 기대 | 매우 높음: 영웅지도자가 문제를 해결하고 또 지도자가 그렇게 노력한다고 사람들은 믿는다 | 중간: 지도자는 전문가들 사이에서 합의를 도출해 낸다 | 중간: 지도자는 정치적 행동을 다스리지만 다른 집단의 대응노력에 의하여 제약을 받는다 |

서구에서는 고대·중세·19세기 대학에서 동료적 모형에 의하여 운영되다가 1900~1930년대에는 관료적 모형으로 기울어졌다가, 1930~1950년대에 다시 동료적 모형의 경향을 띠다가, 1970년대에 정치적 모형이 나타난 것으로 생각된다. 그러나 우리나라 대학에서는 지배적인 관료제 모형으로부터 최근에 정치적 모형을 어느 정도 수용해야 할 시대적 상황을 맞게 되었음을 알 수 있다.

또 하나 생각할 수 있는 점은 최고의사결정은 정치적 모형이 많이 적용될 수 있는 데 비하여 가르치고 연구하는 학과수준에서도 교육적으로 결정이 이루어져야 하므로 동료적 모형이 적용돼야 한다는 것이다. 교수·연구 분야까지 관료적, 정치적으로 결정이 이루어져서는 교육목표를 효과적으로 달성하기 어렵다. 그리고 행정지원체제의 많은 부분은 관료제와 동료적 모형(특히 분과위원회 등에서는)이 적용되지 않을 수 없을 것이다. 다른 조직과 달리 대학에서는 행정도 관료적으로만 이루어질 수 없음을 강조하지 않을 수 없다.

그러면 앞에서 언급된 대학의 기본구조와 의사결정 모형을 결합시켜 보면 〈그림 7-2〉와 같이 될 것이다.

이제 대학에서 이러한 관료적 모형과 동료적 모형, 정치적 모형을 어떻게 조화시켜 나가느냐가 문제이고, 또 교육행정지도자의 중요한 과제이다. 예를 들면, 다음 〈그림 7-3〉과 같이 비율을 설정할 수도 있을 것이다.

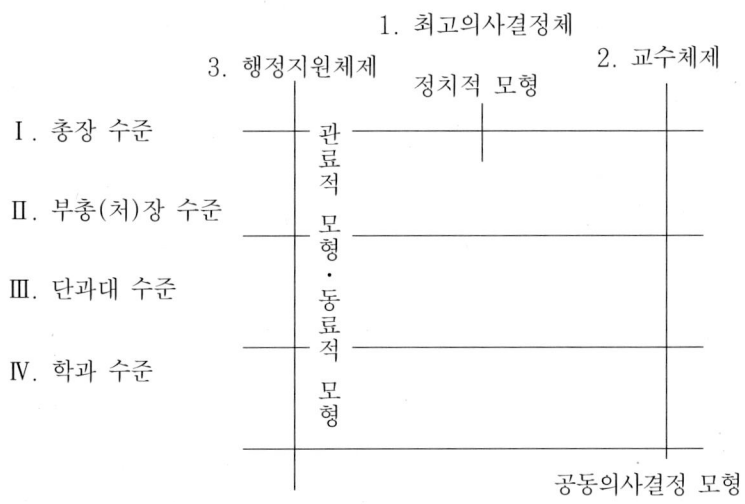

〈그림 7-2〉 대학의 기본구조와 의사결정 모형

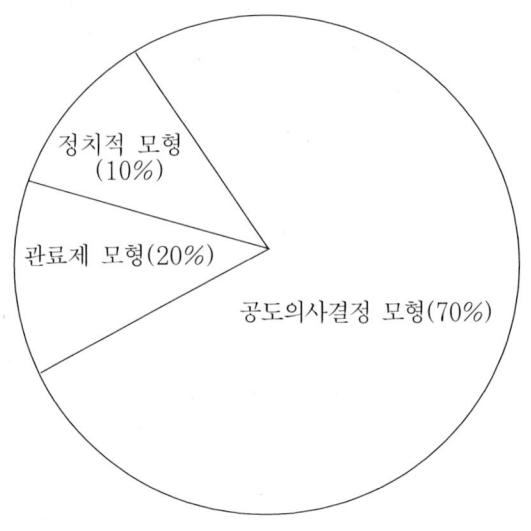

〈그림 7-3〉 대학에서의 의사결정 모형의 가상적인 비율의 예시

## 5. 대학행정의 발전방향

앞에서 살펴본 대학의 역사적 발전, 대학조직의 특성, 대학의 기본구조와 의사결정 모형과 최근의 상황과 선진국 대학행정의 변화 등에 기초하여 대학행정의 방향을 (1) 자율화와 자유경쟁, (2) 참여행정, (3) 분권화, (4) 전문화, (5) 창의와 과학화로 설정하여 간략히 설명하고자 한다.

첫째, 대학행정의 자율화와 자유경쟁의 방향이다. 대학은 그 역사적 기원으로 보나 조직의 특성으로 보나 자율화하지 않을 수 없다. 일정한 범위 내에서의 자율화를 보장해 주고 동시에 책임과 책무성을 요구해야 한다. 그동안 국·사립을 불문하고 지나치게 통제하고 관리한 결과 대학이 발전하지 못하고 현상유지에 급급했는지 모른다. 능력 있는 대학이 성장·발전하려도 국가의 통제 때문에 국제경쟁력을 갖출 수 없었다. 후발대학과 부실대학은 국가가 맡아서 모든 일을 관리해 주는 격이 되어 국가의 통제와 관리를 즐기고 있었다. 도저히 자생력조차도 기를 엄두도 내지 않고 있었다. 대학도 이제 자유시장체제를 도입하지 않을 수 없다. 양질의 교육 서비스를 제공하는 대학은 고액의 등록금을 받고 또 더욱 흥하고 발전하게 된다. 부실대학은 낮은 등록금으로도 학생을 모집하기도 어렵게 되고 또 졸업해도 취직도 안 되게 된다. 자율능력이 있는 사람에게는 자율이 좋지만 능력이 없는 자에게는 보호자가 그립게 된다. 대학에도 부익부빈익빈이 적용되어 흥하는 학교도 생기고 망하는 학교도 생기지 않을 수 없다.

이러한 자율과 자유시장체제에 알맞은 행정을 준비해야 할 것이다. 작은 대학도 살아남고 큰 대학도 발전하려면 독특성과 특색을 갖추는 특성화 작업이 기초를 닦아야 할 것이다.

둘째, 참여행정을 추구하지 않을 수 없다. 학생과 교수, 행정직원의 참여에 의한 행정을 선심행정으로 착각해서는 안 된다. 참여에 의하여 올바른 결정을 할 수 있다는 확신을 갖고 출발해야 한다. 각계각층의 참여에 의한 행정은 좋은 결정을 할 수 있는 가능성을 높여 준다. 또 여러 집단과 이해 관계가 있는 결정은 특히 이들 집단의 의견을 듣는 것이 좋다. 결정의 영향을 받는 것은 바로 이들 이해당사자이기 때문이다. 또 하나의 다른 측면은 대부분의 대학교육 목표는 이들 참여집단의 협조를 얻어서 이들의 공동 노력에 의하여 달성되기 때문에 행정에서 이들을 제외시킬 경우는 성공적인 행정이 되기 어렵다는 점이다.

참여는 민주행정의 요체이다. 올바른 행정을 하기 위해서 참여를 적극적으로 유도해야 할 것이다. 참여행정을 한다고 필요 없는 일에 필요 없는 사람까지 참여시키는 참여를 위한 형식적인 참여는 오히려 시간적 낭비이고 정력적 소비라는 점을 주의해야 한다.

셋째, 행정이 분권화 방향으로 가야 한다. 대학의 주 기능이 이루어지는 가까운 곳에 행정이 따라붙어 줘야 한다. 교수·연구가 학과수준, 교수 개인수준에 주로 이루어진다면 행정지원체제가 이 수준에 집중되어야 한다. 이것은 결국 행정의 분권화, 즉 학과단위행정을 해야 한다는 논리이다. 이미 선진국에서는 학과단위행정을 하고 있고 학과단위에서 동료적 모형에 의한 의사결정을 하고 있다. 중앙에서는 지침만 정하고 합리적 배분을 하고 확인만 하면 되는 것이다.

소련이 붕괴되고 동구 여러 나라들이 갈라지는 것은 거대조직으로 통제능력을 잃고 갈라진 것이다. 거대기업도 도막내어 책임경영제로 성공을 거두고 있다. 거대조직인 Megaversity와 Multiversity가 살 수 있는 길도 학과단위, 계열단위, 기관단위로 도막내어 책임행정으로 가는 길이라고 본다. 권한의 분산은 동시에 책임의 분산을 의미한다. 중앙에서 틀어쥐고 성가심을 당하고 얻어맞는 것보다는 오히려 일 자체를 잘 아는 현장책임자에게 맡기는 방향이 옳을 것이다.

넷째, 행정이 전문화 방향으로 가지 않을 수 없다. 대학이 원래 전문조직일 뿐만 아니라 현대행정의 경향이 전문화라는 것은 누구나 부인하지 못한다. 교육행정가도 전문적 교육을 받고 전문적으로 양성되어야 한다. 총장도 학장도 행정가로서 전문교육과 훈련을 받아야 한다. 학자와 행정가를 같은 사람으로 봐 줄 사람은 여기에 아무도 없다. 학자가 총장으로서 성공했다면 그가 진정한 학자가 아니었거나 아니면 양쪽 능력을 다 갖춘 특별한 사람일 것이다.

행정직원도 특정분야에 교육과 훈련을 받은 사람이어야 할 것이다. 시설, 회계, 건축, 조경, 교무, 학생, 기획, 인사, 서무 등 모든 분야가 고도로 전문화되고 그 분야에서 제1인자가 될 수 있어야 대학행정의 질은 높아질 수 있다. 대학행정직원이 자주 자리바꿈 하는 것은 이런 면에서 옳지 않다. 승진도 전문성과 전문화 정도에 의해서 결정되어야 한다. 행정직원의 전문화 수준이 높아져야 전문조직에서 살아남을 수 있고 또 권위도 설 수 있다. 교수의 권위에 버금갈 수 있는 정도의 고도의 전문화가 이루어져야 교수와 대등해지고 또 양질의 행정 서비스를 제공해 주어 대학교육 목표도 용이하게 달성할 수 있게 된다. 이렇게 돼야 행정직원이 대학에 근무하는 보람도 가질 수 있다.

교수로서 부총장·처장, 부학장 자리를 맡을 수 있지만 행정직원으로서도 성장하여 부총장·처장, 부학장 자리에 오를 수 있는 길과 자리를 터놔야 한다. 마치 정무차관과 사무차관의 두 자리를 동시에 두는 제도와 비슷하다.

다섯째, 행정의 과학화가 당면과제이다. 특히 전산화에 의하여 행정이 고도로 단순화, 고속화되어 능률을 기하고 있다. 전산화에 의하여 많은 행정 인력이 줄어들게 되었다. 큰 은행, 큰 기관에 가봐도 직원 몇 명이 안 된다. 행정직원을 늘리는 방안도 생각할지 모르나 이보다 먼저 어차피 가야 할 길이라면 행정의 과학화를 생각하는 것이 유리할 것이다. 어느 날 갑자기 행정직원의 감축 조치가 일어날지도 모른다. 그런 날에 미리 대비해야 할지도 모른다.

# 참고문헌

주삼환 역, **교육행정학개론**, 서울: 박영사, 1986.

주삼환 외, **대학에서의 의사결정 합리화 방안 연구**, 한국대학교육협의회, 1988.

Baldridge, J. Victor, David V. Curtis, George P. Ecker, and Gary L. Riley, "Alternative Models of Governance in Higher Education", 3rd ed., Lexington, Mas.: ASHE 1986.

Cohen, Michael D. and March, James G. *Leadership and Ambiguity*, New York: McGraw-Hill, 1974.

Weick, Karl E. "Educational Organizations as Loosely Coupled Systems," *Administrative Science Quarterly* 21, March 1976.

# 제8장 대학 학사의 자율과 질적 운영

## 1. 생존을 위한 자율과 질

모든 분야에서 어렵다는 소리가 들린다. 기업, 금융 등에서 나타난 어려움이 교육, 문화, 예술 등 모든 분야에서 나타나고 있다. 대학도 예외는 아니어서 모든 면에서 어려워지고 있다. 경제가 어려워져 교육이 어려워지는 것같이 보이지만 사실은 그 이전 산업시대에 경제와 기업이 교육을 무시하고 경시하여 교육에 투자하지 않은 결과, 교육이 제대로 경제와 기업 분야를 뒷받침해 주지 못했기 때문에 지금 기업과 경제가 어려워지기 시작했는지도 모른다. 모두가 체제적으로 얽혀 있어 체제적으로 어려워지기 때문에 이 어려움을 극복하는 것도 체제적 접근을 해야 한다.

지금 모든 분야에서 구조개혁을 외쳐댄다. 왜, 어떻게 구조개혁을 해야하나? 구조에서부터 구조적으로 문제가 있기 때문에 구조부터 바꿔야 한다는 생각이다. 그러나 구조만 바꿔놔도 정신과 의식, 마음, 문화가 바뀌지 않으면 구조개혁은 의미를 잃게 된다. 그래서 후자가 먼저 바뀌면 좋겠지만 그것이 어렵다면 최소한 전자와 후자가 동시에 바뀌는 것이 바람직하다. 산업사회 구조와 사상을 지식정보사회에 알맞은 구조와 사상으로 개혁하는 일이 근본적이라고 본다. 그 다음은 국내게임 구조와 사상을 국제게임 구조와 사상으로 개혁하는 일이 중요하다고 본다. 우리는 WTO 체제가 되면서 어려워졌다. 우리는 지식정보사회 구조와 국제구조로 바꾸는 이 두 가지 개혁에서 실패했기 때문에 지금 시련을 겪고 있다고 본다.

대학도 산업사회의 양적 구조와 사상을 지식정보사회의 질적 구조와 사상으로 바꿔야 한다. 통제에 의한 정형화, 획일화의 구조와 사상으로부터 자율에 의한 다양화, 개성화의 구조와 사상으로 바뀌어야 한다. 교내, 국내 구조와 사상으로부터 국제 구조와 사상으로 바꿔야 한다.

기업들이 부도를 내고 사멸하듯이 대학도 망하게 될 수 있다. 농산물 개방에 이은 금융 개방에서 우리는 침몰했는데 교육문화 개방으로 더 어려움을 겪게 될지도 모른다. 이제 대학도 생존을 위해 몸부림을 쳐야 한다. 단지 생명을 유지하는 생존이 아니라 질적 생존을 위한 몸부림을 쳐야 한다. 단지 생명을 유지하는 생존이 아니라 질적 생존을 위한 몸부림을 쳐야 하는 것이다. 국가의 통제 때문에 각 대학이 생존에 위협을 받게 된다면 국가는 대학의 생존에 책임을 져야 한다. 이제 대학은 생존을 위해서도 자치와 자율을 하지 않을 수 없다. 학생들만 모아놓고 명맥만 유지하는 대학의 삶은 생존이라고 할 수 없다. 질적인 삶을 살아야 하고 또 질적으로 우수하고 독특성을 갖는 대학만이 생존할 수 있다.

여기서의 생존은 자신이 살기 위한 것이지 남을 거꾸러뜨리기 위한 것은 아니다. 그래서 거꾸러뜨리기 위한 경쟁보다는 살기 위한 협동을 해야 하는 것이다. 생존을 위해서 이웃 대학, 국내 대학은 물론 국외 대학과도 협동해야 한다. 정부가 각 대학을 경쟁 상황으로 몰고 가는 것은 잘못이라고 본다.

과거의 대학의 자율화는 국가의 통제로부터 벗어나기 위한 주장같이 보였을지 모르나 지금의 자율화는 생존을 위한 자율화 주장이라는 것을 알아야 한다. 과거의 대학의 질 관리는 사치로운 구호같이 들렸을지 모르나 현 시점에서의 질적 고도화는 대학의 생존을 위한 것이다. 이제 대학 학사의 자율적 운영과 질적 관리는 대학 스스로의 생존을 위한 것일 뿐만 아니라 국가의 생존을 위한 것이라는 절박한 사실을 알아야 한다. 이러한 절박성을 갖고 대학의 학사문제를 다뤄야 한다.

대학과 학문은 원래 자유, 자치, 자율로 상징된다. 아마 과거에 우리나라에서도 그랬으리라고 본다. 어쩌다가 우리는 이 고귀한 자유와 자치, 자율을 지키지 못하고 자꾸 정부와 관료의 통제를 불러들이고 또 통제에 길들여져 오게 되었는지 모르겠다. 자유와 자치, 자율은 저절로 주어지는 것은 아니다. 자유의 역사는 투쟁의 역사라고 해도 과언이 아니다. 그리고 자유를 누리기 위해서는 자신에 대하여 엄격해야 한다. 각 대학은 자유와 자율을 지키기 위하여 자신에 대하여 엄격해야 한다. 자율을 하지 못할 대학을 위해서, 그리고 최소한의 질을 보장하기 위해서 우리 스스로 최소한의 기준을 정하지 않을 수 없다. 최소한의 기준선 이상을 넘는 범위 내에서 각 대학에서 최대한의 자율을 보장하는 방향으로 가야 할 것이다.

대학에서 학사(學事)라고 하면 학생을 선발하여 교육하고 평가하여 졸업시키기까지의 전 과정이 다 포함된다고 할 수 있다. 또 교수의 교수, 연구 활동의 많은 부분이 학사에 포함된다고 할 수 있다. 이 모든 문제를 여기서 다 다룰 수 없으므로 여기서는 이슈가 될 만한 것으로 각 대학의 목표, 학생의 입학, 전과·편입, 졸업 등 학적관계, 교육과정, 교수학습, 연구, 교수의 인사·능력개발, 학사행정지원, 대학평가를 중심으로 관심 있는 부분의 일부를 다루고자 한다. 학생의 입학, 열린 교육체제와 관련된 부분은 학사문제라 하더라도 다른 부분으로 돌리고 여기서는 다루지 않기로 한다(그림 8-1 참조). 그리고 4년제 대학 이외에 전문대학이나 대학원 부분을 다루지 못했다.

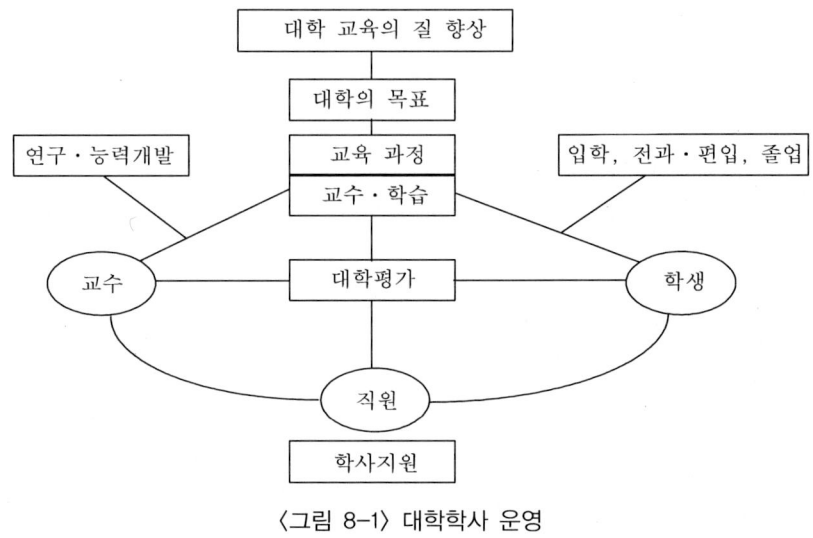

〈그림 8-1〉 대학학사 운영

## 2. 대학 학사운영 개선에 관한 논의

　대학의 학사운영에 관하여는 어떻게 하는 것이 최선인지 아직 합의된 것
이 없다. 여기 제시되는 것도 논의를 위한 하나의 의견과 주장에 불과하다
고 봐야 할 것이다. 그리고 각 대학의 사정과 상황에 따라 입장이 달라질
수도 있다.

### 1) 각 대학의 정체성을 위한 목표설정

이제 대학도 기업체의 상표처럼 특성 있고 개성 있는 대학만이 살아남을

수 있다. 그래서 각 대학은 자신의 정체성을 확립하기 위해서 노력해야 한다. 교육개혁에서 대학의 다양화와 특성화의 방향을 제시한 것은 잘한 일이라고 본다. 그러나 대학의 특성화는 교육부가 강요하기보다는 각 대학이 생존을 위해서 선택해야 할 일이다.

대학의 특성화를 건학이념이나 설립목적, 대학 교육목표에 뚜렷이 밝히고, 대학의 모든 역량을 이 목표 달성에 집중해야 한다. 이 대학의 특성화와 대학목표, 정체성에 따라 학사 계획과 운영이 달라지게 된다. 그래서 학사운영도 특성화되어야 한다.

대학원중심대학, 연구중심대학, 학부중심대학, 교양중심대학, 전문기술취업중심대학, 인문중심대학, 여성교육중심대학, 고전적인 대학, 이론중심대학 등 누구나 정체성을 인정할 수 있는 대학으로 키우기 위한 학사운영이 되어야 한다.

이제 소수정예주의 대학도 있어야 하고 졸업장을 주기 위한 대학도 있어야 할지 모른다. 비싼 등록금을 받고 비싼 교육을 시키는 대학도 있고, 싸구려 등록금을 받고 싸구려 교육을 시키는 대학도 나타나게 될 것이다. 같은 대학 안에서도 질의 우수성을 요구하는 학과와 학점에 의하여 졸업시키는 학과가 동시에 병존하지 않으면 안 될 것이다.

질 높은 학생 확보에 어려움이 먼저 닥쳐왔던 전문대학 쪽에서 특색 있는 전문대학은 특색 없는 4년제 보통의 대학보다 학생 확보에 문제가 없었던 것을 생각해 보면 좋을 것이다. 투자를 많이 했던 원인도 있었겠지만 늦게 출발한 포항공대가 우뚝 설 수 있었던 것은 정체성 확립 때문이라고 본다.

대학의 특성화를 위해서도 학사운영에 최대한의 자율성 보장과 피나는 질 관리 노력이 수반되어야 한다.

특성화되어 있지 않았던 대학을 이제야 늦게 목표를 세워 특성화시키려면 내부 갈등과 진통이 있을 것으로 예상된다. 구조개혁에 따른 진통이다. 이를 극복하기 위한 전략이 수립되어야 할 것이다.

## 2) 유연하면서도 엄격한 학적 관리

자율의 범위 내에서는 학사운영도 유연해야 하지만 최소한의 기준은 엄격하게 지켜져야 한다.

고등교육법과 그 시행령에 의하면 대학의 수업연한은 4년 내지 6년으로 하고 1년 이내에서 단축(조기졸업)할 수 있고, 석사와 박사 과정은 각각 2년 이상으로 하는데 6개월 이내에서, 그리고 석·박사 통합과정에서도 4년 이상인데 1년 이내에서 단축할 수 있게 되어 있다. 최소한의 수업연한은 정해졌으나 재학연한, 졸업연한은 제한되어 있지 않다. 각 대학의 학칙으로 정할 수 있을 것이다. 열린 교육 체제, 평생 교육 체제를 권장하는 입장에서 졸업연한이 열려져 있는 셈이다. 이렇게 되면 입학정원, 졸업정원, 재적생의 개념도 많이 개방되어야 할 것이다. 등록하면 학생이 되고 등록하지 않으면 자동으로 휴학생이 되는 셈이다. 재학, 재적연한이 길어지면 그만큼 교육과정 적용에도 유연성이 있어야 할 것이다. 전일제 학생만을 생각하고 재학연한을 엄격하게 규정해 놓았던 과거에도 성적불량, 성행불량 등 징계처분에 의한 제적자의 재입학에 대해서는 대체로 부정적인 견해도 많았었다(95년도 충남대 조사에서는 50.4%가 재입학에 반대이고 45.8%가 찬성 쪽이었다).

편입학, 학사 편입학의 기회는 확대되어야 할 것이다. 학사편입, 특히 같은 대학 졸업생의 학사편입의 기회는 확대되어야 한다는 의견이 많다. 편입의 기회가 확대되면 될수록 학생 이동과 휴학생도 늘어가고, 심지어는 편입시험 준비생까지 늘어나 부실 대학, 비인기 전공학과의 생존에 위협을 받게된다. 그러나 학생의 입장, 시장원리의 입장에서는 학생의 흐름을 인위적으로 막아놓을 수는 없다.

동일 대학 내에서의 전과에 대해서는 편입학보다 더 자유스러워야 한다는 입장이 많다. 그러나 최근에 복수전공, 다전공, 부전공 기회의 확대로 전과의 요구를 많이 상쇄시킬 수 있게 되었다. 현재 모집 단위별 정원의

20/100 범위 안에서 전과가 가능하다.

학생 이동에 따른 부정 개입의 소지, 학적 관리 업무의 복잡성에 대한 대처도 있어야 한다.

편입학, 전과의 요구를 충족시켜 주면서도 비인기 학과의 최소한의 학문이라도 유지될 수 있도록 하는 방안도 강구해야 할 것이다. 기초학문의 중요성, 인기의 변화 상황도 고려해야 하기 때문이다.


### 3) 교육과정 운영의 특성화

고등교육법과 동시행령에 의하여 교육과정 운영에 많은 자율성이 주어졌다. 이제는 자율보다 질 관리의 문제를 더 우려하게 될 지도 모른다.

우선 한 학년도를 30주 이상으로만 최소기준을 정하고 2~4학기로 하여 학점당 이수 시간을 매 학기 15시간 이상으로 정했을 뿐 졸업에 필요한 학점도 각 대학의 학칙에 맡기고 있다. 15시간 1학점만 지키면 1년에 3학기, 4학기제도 운영할 수 있다. 현재는 2학기제에 2~4개의 계절제를 운영하는 형식이 많은 편이다.

과거의 교육법에 의하여 현재 140~160학점을 적용하는 대학이 많으나 120학점으로 낮추자는 논의도 있다. 지금까지는 법으로 규제해 놓은 최저기준이 최대기준이 되어버리는 경향이 있었는데 이제는 최저기준 자체가 없어졌으니 앞으로 어떤 방향으로 갈지 주목된다.

더구나 최소전공인정학점제의 제시로 졸업학점의 1/6~1/4학점만 이수하면 전공으로 인정하여 복수전공, 다전공을 할 수 있게 되어 있다. 과연 몇 학점을 이수하고, 몇 시간을 공부해야 대학에서 무엇을 전공했다고 할 수 있느냐가 중요한 문제이다. 140학점을 졸업학점으로 한다면 1/6이면 24학점으로 3학점짜리 8개 과목에 해당되고, 114이면 35학점으로 3학점짜리 12개 과목 이수가 전공이 된다. 이에 대해 전공의 부실화를 우려하는 시각도 있다. 또 인기 없는 전공에서는 현재의 교수 인력이 남아돌아갈 수도 있고, 인기 있는 전공과목에서는 교수 인력이 모자라고 과밀학급이 될 우려도 있다.

또 전공교육과정과 교양교육과정의 학점 수나 비율이 각 대학의 자율에 맡겨지면서 교양교육의 부실을 우려하는 경향이 있고, 심지어는 형식적으로 교양으로 분류해 놓고 전공기초를 가르치는 경우도 많았다. 고등교육 인구가 늘어나 고등교육의 대중화, 보편화의 방향으로 가게 되면 교양교육이 강조되어야 한다.

복수전공, 다전공을 대학에서 해봐도 사회와 그 직업 시장에서 그것을 전공으로 인정할 것이냐, 또 복수전공자, 다전공자를 사회가 선호할 것이냐에도 문제가 있다. 어쨌든 교육과정 운영의 자율화로 대학의 정체성을 확립할 수도 있고 질 관리의 차별화가 나타날 수 있게 되어 있다. 학부제, 유사학과 통합의 유도로 중복 설강 등 교육과정 운영의 비효율성은 많이 줄어들 가능성은 높아졌다.

필수과목과 선택과목의 수와 비율도 각 대학에 맡겨져 있는데 필수 과목의 수를 최소화하려는 경향이 있는 것은 다행이다. 필수의 수를 줄이되 그 대신 엄격하게 질 관리하고 그만큼 철저하게 운영할 필요는 있을 것이다. 국내·외 다른 대학에서 취득한 학점을 졸업학점의 1/4의 범위 안에서 당해 대학 학점으로 인정받을 수 있게 한 것은 모두 교육과정의 유연성을 의미하나 학생들이 실지로 얼마나 활용할 수 있도록 각 대학이 보장해 주느냐가 문제이다.

중요한 것은 교육과정을 시대 변화, 현실에 맞게, 학생들의 요구에 부응하여 개정하고 구성하느냐에 있다. 대학에는 표준화된 전공별 교육과정, 교양교육과정, 교과별 교육과정도 없으므로 각 학부, 학과 교수가 생존을 위해 교육과정 개발과, 코스 개발에 노력해야 할 것이다.

## 4) 교수·학습, 연구의 질 향상

학교와 대학의 모든 교육 활동 중에서 가장 중요한 것은 교수 학습과 연구라고 할 수 있다. 모든 교육 활동의 결과는 교수 학습과 연구로 나타나야 한다.

우선 대학의 정체성에 따라 연구와 교수를 어떻게 조화시키느냐에 대하여 생각해 보아야 할 것이다. 연구중심대학에서는 연구에 비중을 둬야 할 것이고 교수중심대학에서는 교수에 비중을 많이 둬야 할 것이다.

많은 교수들이 연구방법에 관한 훈련은 받았으나 교수방법에 관한 훈련은 체계적으로 받지 못하여 초·중·고등학교 교사의 교수방법만도 못하다는 지적이 있다. 그래서 대부분의 교수는 배운 대로 가르치거나 대학생을 박사 지도하듯 가르친다는 것이다. 교수요원 양성과 연구 훈련 프로그램을 개발할 필요가 있다. 그리고 교수 신규 채용 방법과 능력개발 연수에 대한 고려가 요구된다. 연구를 교수와 어떻게 긴밀하게 연결시키느냐도 중요한 문제가 된다. 연구 따로 교수 따로이면 연구도 교수도 효과를 거두기 어렵게 된다.

우선 충분한 교수 수와 조교수의 확보가 주요 과제가 된다. 교수 1인당 25.7명(4년제 97년)이라면 교수학습의 질을 의심하지 않을 수 없다. 교수들은 교수 수 확보보다도 조교의 확보를 더 절실하게 원하고 있다. 특히 이공계에서는 조교의 도움이 없으면 연구에까지 심각한 지장을 받게 된다는 것이다.

고등교육법 시행령에서는 전임교원의 교수시간을 매주 9시간을 원칙으로 하고 있다. 이는 질 높은 수업을 하기에는 많은 시간이다. 시간 수도 시간 수이지만 문제는 과목 수에 있다. 3학점짜리 3과목을 연구하면서 가르치기는 심히 어려울 것이다. 더구나 대학원 과목 하나 정도가 끼게 되면 제대로 가르치기는 어렵게 된다.

대학생들이 대학에서 배운 것을 직업 현장에서 곧바로 써먹을 수 없다는 것이 학생들과 산업계의 오랜 불만이다. 그래서 신입사원 1인당 1년에 1천만 원 이상을 들여 3, 5년 실습과 연수를 시켜야 한다는 것이다(김정한, 1992). 산업체에서 대학 교육을 처음부터 새로 시키는 셈이다. 대학에서 보다 실질적으로 가르쳐야 할 필요가 있다. 그렇다고 대학 졸업자가 도덕적·윤리적으로 우수하다는 보장도 없다. 그렇다면 대학에서는 무엇을 가르친 것인가? 수업 내용과 질에 있어서 산업적 가치와 도덕적·정신적 가치(김정한, 1992), 이들 간의 조화 등에 관하여 심각하게 생각해 볼 필요가 있다. 또 각 대학의 정체성과도 관련지어서 생각해 봐야 할 것이다.

한때 한국 대학생의 학습량이 선진국에 비하여 턱없이 적다고 하여(황정규 외 1988) 뉴스의 초점이 된 적이 있다. 1강좌당 투입하는 시간 수도 적고, 전공서적 독서량도, 1강좌당 리포트 수도 모두 적다는 것이다. 그리고 도서관을 독서실로 이용한다고 한탄한다. 지금도 이런 상황은 바뀌지 않았거나 오히려 더 나빠졌을지도 모른다. 학생의 학습량이 적다는 것은 학생들이 공부를 안 한다는 증명도 되지만 교수들이 학생들을 가르치지 못하거나 교수도 공부를 않는다는 추측도 가능해진다. 또 대학에 들어오지 말아야 할 대학생 수가 늘어난 것도 하나의 원인일 것이다. 학습량, 교수량과 질에 대한 논의는 계속 되어야 할 것이다. 물론 학생들을 가혹할 정도로 공부를 시키는 대학과 교수도 있다고 한다. 이것이 대학의 정체성으로 확립되면 좋을 것이다.

다양한 교수방법을 개발해 나가고 확대해 나가야 할 필요가 있다. 전통적인 강의법 외에 다양한 교수방법을 소개하고 이를 확대 보급하기 위한 교수연수를 지속적으로 할 필요가 있다. 교수방법에 따라 다양한 크기의 수업집단을 만들 수 있어야 한다. 대형집단, 중집단, 소집단의 학급규모에 따라 지원체제가 달라지고, 수업의 강도가 달라지게 할 수도 있다. 그리고 수업의 강도를 수업방법에 따라 코드(학수)번호를 1000단위에서 8000단위까지 다르게 코드화하여 나타내는 방법도 생각할 수 있다.

강의계획서와 성적평가, 강의평가에 대한 논의도 많다. 강의계획서는 학생들과의 약속이므로 코스 기술서에 나타난 것을 더 구체적으로 제시하고 계획서대로 실천하고 이를 바탕으로 교수와 학생에 대하여 공동으로 강의 (코스)평가를 할 필요가 있다. 강의평가의 효과성에 대하여 찬반 논란이 있을 수 있으나 현시점에서 없는 것보다는 있는 게 낫다고 본다.

학생들의 성적평가도 자꾸 인플레되다 보니 최근에는 상대평가를 하거나 절대평가와 상대평가를 절충해야 한다는 주장도 많이 나오고 있다. 엄격한 성적평가도 대학과 학과, 교수의 정체성과 전통으로 확립할 수도 있는 것이다.

최근 대학에서의 교수매체, 시설이 초·중고등학교의 것보다 떨어진다는 평이 있다. 초·중고등학교에서는 멀티미디어 시설 등 교실환경 개선에 많은 투자를 한 미디어센터 등의 지원도 미흡한 경우가 많다. 이제 교수학습의 질 향상을 위해서 이런 지원에 투자해야 한다. 도서관 지원과 연계시켜도 좋을 것이다.

연구는 이제 양보다 질에 달려 있다고 본다. 연구를 위한 연구, 연구 실적을 채우기 위한 연구는 의미가 없다고 본다. 억지로 하는 연구가 아니라 좋아서 하는 연구를 어떻게 하도록 지원하느냐에 관심을 두어야 할 것이다. 이제 연구도 생존을 걸고 하는 연구가 되어야 하고, 발명과 특허로 연결되는 연구가 되어야겠다. 그리고 앞에서 이미 말한 것처럼 교수학습과 연결되고 학생지도와 직접 연결되는 연구가 되도록 해야 할 것이다. 포항공대에서는 학부생들도 연구 프로젝트에 참여시키고 있다.


## 5) 교수 인사와 능력개발

신규교수를 채용해서 능력을 발휘하여 교수·연구를 하고 계속 성장하도록 도와주는 일도 일부 중요한 학사라고 볼 수 있다.

이제 대학도 생존을 위해서 우수교수를 확보하지 않으면 안 된다. 같이 공존해서 살기 위해서도 나보다 나은 우수교수를 확보해야 하고 또 나 자신도 소속 대학과 학과의 생산성을 저하시키고 동료교수에게 누를 끼치지 않기 위해서라도 열심히 노력하지 않을 수 없게 되어 있다.

우리 사회가 합리성만으로 살아가기 어려운 점이 있으나 부분적으로 신규 채용에서부터 계약제, 연봉제, 교수평가제를 시도해 볼 필요는 있다고 본다. 그러나 기존의 약속이나 질서를 깨고 무리하게 일시에 법조문 하나를 바꿔 새로운 제도로 바꾸는 것은 조심해야 한다고 본다. 대학이 냄비 끓듯이 금 방 끓었다 금방 식는 식의 냄비행정을 하는 것은 옳지 않다. 채용한 교수가 기대에 못 미칠 때는 직에서 물러날 수 있게 되어야 한다.

그러나 중요한 것은 교수를 쫓아내기보다는 교수로 하여금 계속 성장할 수 있도록 능력개발의 기회를 주는 일이다. 앞에서 이미 언급된 것처럼 새로운 교 수 방법과 기술에 대하여 연수를 하고, 새로운 학문적 지식을 충전할 수 있도 록 제도와 기회를 마련해야 한다. 그리고 교수 개인적으로 자신의 능력개발을 위해서 부단히 노력해야 한다.

잘 가르치는 교수와 연구를 잘하는 교수를 구별해야 할지 모른다. 그것이 교수와 연구 양쪽에 그저 그런 교수보다 나을지 모른다.


## 6) 학사행정의 정보화

학생이 입학하여 졸업하기까지, 교수가 채용되어 퇴임하기까지의 모든 과 정과 활동이 전산화되어야 할 것은 물론이고 교수와 학습, 연구, 연수를 위 해서 정보화되도록 해야 한다.

그래서 학사행정 담당 직원도 전문화되어야 한다. 이를 위해서 학사행정 담당 직원의 능력개발을 위한 프로그램이 제공되어야 한다.

특히 학사운영의 자율과 질 향상을 위해서, 대학의 정체성 확립으로 개성 있는 대학이 되기 위해서는 모방이 아닌 독창성이 요구된다. 능력 있는 직 원의 양질의 지원 서비스와 독창적인 학사행정 서비스가 요구된다.

## 7) 대학에서의 평가

　대학 교육에도 많은 평가가 따라야 한다. 학생 성적평가, 강의(코스)평가, 이를 포함한 교수 업적평가, 그리고 대학평가 등이 있다. 그리고 학사운영의 질 관리를 위해서도 계획과 실천이 있으면 반드시 평가가 있어야 한다. 이러한 모든 평가는 엄격하고 공정해야 한다. 그리고 평가는 결과에 승복할 수 있어야 효과가 있다. 운동경기의 심판, 법원의 판결을 생각하면 좋을 것이다.

　대학 교수와 대학을 평가할 수 있는 사람은 많지 않다고 본다. 자신과 동료가 가장 잘 평가할 수 있다고 본다. 교수 업적평가도 본인 자신과 같은 전공 동료교수가 가장 잘 평가할 수 있을 것이다. 그래서 자기평가, 동료 상호평가를 하지 않을 수 없다.

　대학을 누가 평가할 수 있는가? 교육부가 대학을 평가할 수 있다고 보는가? 구체적으로 교육부의 누가 대학과, 대학의 개혁을 평가할 수 있는가? 대학은 어쩔 수 없이 대학인들이 평가할 수밖에 없다. 그래서 대학인들이 모여 질 관리를 위해서 자율적으로 평가할 수 없는 것이다. 이것이 우리나라에서는 한국대학교육협의회의 자율평가체제인 것이다. 대학인들의 자율평가체제 중에서도 대학 자체의 자체평가가 가장 중요한 부분이다. 외부평가는 오히려 대학발전을 위한 하나의 참고자료, 권고안 정도가 되어야 한다.

　신문사가 대학을 평가할 수 있는 능력이 있다고 보는가? 신문사가 하는 것은 엄격한 의미에서 평가라기보다는 몇 가지 지표에 의한 평정(rating)에 해당하는 것이다. 이런 신문사가 하는 일로 대학이 너무 가볍게 행동하는 것은 대학답지 못한 것이다. 미국 대학들은 신문의 평정에 그렇게 개의치 않는다.

　교육부의 각종 평가에 대하여 대학이 너무 가볍게 행동하는 것도 경계해야 한다. 평가라는 이름을 빌려 교육부가 돈을 직접 나눠주고, 대학이 그것 몇 푼 받으려고 과도 반응하는 데에는 문제가 있다. 영국의 경우는 교육 고용성이 직접 대학에 자금을 나누어주면 대학이 통제를 받게 된다고 하여 고등교육재정지원위원회(Higher Education Funding Council England) 같은 별도의 자금배분

기구를 두어 그 일을 하게 하고 있다는 것을 참고해야 할 것이다. 최근에 교육부가 많은 부분에서 대학의 자유와 자치, 자율을 위해서 노력해 왔는데 초·중등교육에서의 교육청 평가와 각종 대학평가에 의한 통제는 전자의 방향과 역행하고 있다.


# 3. 자율과 질적 운영에 의한 개성 있는 대학

이제 차차 대학에 많은 자율이 주어지고 있다. 자율을 잘 활용하여 질적 학사관리를 해야 할 것이다. 그래서 각 대학은 특색 있는, 개성 있는 대학으로 태어나야 할 것이다. 개성 있는 대학만이 살아남을 수 있고 또 그런 대학이 프라이드도 가질 수 있다.

아직도 대학에 가고자 하는 많은 고등교육 수요가 있지만 지금 대학은 포화상태라고 본다. 대학을 나온 사람과 안 나온 사람이 별로 구별되지도 않게 되었다. 대학은 나와도 지도자가 되기는 고사하고 취직도 못 하는 경우가 늘어난다. 기필코 대학에 가야할 필요를 못 느끼게 될지도 모른다.

기업이 하루에 몇 십, 몇 백 개씩 부도를 내고 망하듯이 이제 쓰러지는 대학이 나오기 시작할 수 있다. 이럴 때 특색 있는 대학만이 살아남을 수 있다. 특색 있는 대학을 가꾸기 위한 질적 학사운영이 요구된다.

지식정보사회에서는 대학의 역할이 더 중시될 것으로 본다. 지식의 창출과 효율적인 지식의 경영을 어떻게 하느냐에 따라 우리의 미래를 또 다시 어렵게 할 수도 있고 반대로 밝게 할 수도 있을 것이다. 엄격한 학사의 질 통제로 우리의 앞날을 밝게 열어가야겠다. 지식정보사회, 국제화 사회에 맞게 구조개혁을 하는 동시에 엄격한 학사 질 관리 문화를 형성해야겠다.

(한국교육행정학회, 1998. 12. 19. 연차학술발표회 발표논문
교육행정학연구 17권 1호)

# 참고문헌

강격석(1997), 대학교에서의 질 평가에 대한 새로운 관심, 대학교육 통권 87
    호, 한국대학교육협의회.

권균(1995), 대학 학사운영 자율화의 전제, 대학교육 통권 77호, 한국대학교육
    협의회.

교육부(1997), 대학이 변하고 있다.

김정한(1992), 수업의 질 향상을 위한 과제, 대학교육 통권 59호, 한국대학교
    육협의회.

김병학(1997), 강원대학교 비전 2010, 대학 교육 97, 7/8. 한국대학교육협의회.

박성래(1987), 대학 학사운영의 합리화, 대학교육 통권 30호, 한국대학교육협
    의회.

박종렬(1993), 대학 학사관리제도의 발전과제, 대학교육 통권 62호, 한국대학
    교육협의회.

배종대(1997), 고대 비전 2005, 대학교육 1997. 11/12, 한국대학교육협의회.

송인섭(1986), 대학에서의 교수·학습방법의 문제점과 개선안, 대학교육 통권
    23호, 한국대학교육협의회.

안문석(1993), 새로운 학사행정 지원체제, 대학교육 통권 62호, 한국대학교육
    협의회.

윤정일(1998), 새 정부의 대학 정책 방향과 과제, 대학교육 통권 92호, 한국대
    학교육협의회.

이현청(1995), 국민적 교육개혁의 필요성, 대학교육 통권 77호, 한국대학교육
    협의회.

진위교(1992), 대학 교수방법과 수업혁신 방략, 대학교육 통권 57호, 한국대학
    교육협의회.

충남대학교(1995), 학사발전연구

충남대학교(1994), 충남대학교 대학발전을 위한 개선 과제
황정규 외(1988), 대학의 교수·학습체제 분석과 학습량 적정화 방안 연구, 한
　　국대학교육협의회.
한국대학교육협의회, 대학발전 10개년 계획(1992~2001).
한인규(1989), 대학에서의 교수·학습체제의 문제점과 개선책, 대학교육 통권
　　37호, 한국대학교육협의회.

# 제9장 대학운영의 자율화 방안*

## 요 약

　고등교육시장의 개방, 지식기반사회의 도래 등 대학의 둘러싼 환경이 변화하고 있다. 이런 환경 속에서 대학이 경쟁력을 가지기 위해서는 대학의 자율을 필요로 한다. 대학이 자율을 가지고 있을 때 (1) 교육행정의 적합성이 향상되고, (2) 교육조직의 자생력과 교육력이 증진될 수 있고, (3) 조직구성원의 만족요인이 강화되고, (4) 교육 및 교육행정의 개방화와 민주화가 촉진되어 대학은 경쟁력을 가질 수 있는 것이다. 그러나 한국의 대학들은 학생선발권의 부재, 학생정원결정권의 부재, 조직구성권의 부재, 대학 내 인사의 자율 부재, 대학재정권 부재, 학칙 제정권의 부재, 전문조직인 국립대에 집단결정 기구 부재, 대학에 대한 새로운 통제(대학평가) 등 자율보다는 오히려 통제를 받고 있다.

　이 글에서는 대학자율의 당위성을 중세대학의 기원, 우리나라의 헌법 등을 토대로 찾아보고 이를 토대로 대학의 지배구조의 측면과 대학운영의 측면에서 자율화방안을 제시하였다. 대학의 자율화를 위해서 대학의 지배구조

*교육연구논총 제26권 제1호, 2006. 2. 충남대학교교육발전연구소.

(거버넌스)측면에서는 교육인적자원부 관할에서 벗어난 완전한 대학자치, 사립대학의 사립화와 국립대학의 자율대학화와 법인화, 교육인적자원부의 대학의결기구 설치, 총장협의회와 대학보조금위원회 같은 중간기구 구성, 대학위원회와 대학평의회 등의 설치가 필요하고, 대학운영의 측면에서는 학칙 제정의 자율, 인사의 자율, 재정의 자율, 학생 정원과 선발의 자율, 대학의 경쟁력 강화와 구조개혁의 자율이 필요하다고 하였다.

# 1. 서 론

대학이라고 하면 "교수와 학생이 학문의 자유로운 분위기 속에서 진리를 탐구하는"(김철수, 1986) 최고의 교육기관인 동시에 최고의 연구기관이라는 이미지, 국가의 지도자를 길러내는 기관이란 이미지와 함께 자유, 자치, 자율을 연상하게 한다. 최고의 학문기관이고 최고의 인재를 길러내기 위해서는 자유와 자치, 자율이 보장되어야 한다고 보았기 때문에, 대학이란 말에는 자유와 자치, 자율이 항상 함께 하여 대학의 자유, 대학자치, 대학의 자율이 하나의 단어가 되다시피 하였다. 최고의 학문기관을 구속하고 통제할 사람이나 대학 이상의 기관이 없다는 의미도 된다.

자유는 "남에게 구속을 받거나 무엇에 얽매이지 않고 자기 마음대로 행동하는 일이나 그런 상태"를 말하지만 헌법을 위반하거나 남의 자유를 해치는 행위를 허용하는 자유까지는 의미하지 않는다. 그래서 자유권은 개인이나 기관이 자유로운 영역 안에서 국가권력의 간섭이나 침해를 받지 않는 것을 의미한다. 대학의 자유는 동시에 '학문의 자유'와 거의 동일시하여 대학의 자치나 대학의 자율보다는 더 넓은 뉘앙스를 풍긴다.

자치는 자유 중에서도 주로 최고의사결정의 'Governance' 측면이 강조되는 느낌을 준다. 자치란 스스로의 일을 스스로의 손으로 처리하는 것을 의미하는데 "일반적으로 공공단체가 그 구성원의 공공복리에 관한 사무를 어느 정도 국가의사로부터 독립하여 그 자신의 사무로서 스스로 처리하는 것"을 말한다. 그리고 "직업상 동업단체들의 자치는 일반적으로 자신의 사무를 국가로부터 지시를 받지 않고 처리할 수 있다는 의미"(이경운, 2000)이다. '대학자치', 즉 대학은 스스로 다스리는 것(Self-governance)을 본질로 한다. 자치를 하려면 최소한 (1) 자기를 다스리는 자치에 관한 규정이나 규칙을 제정하고(보통교육의 경우 지방교육자치를 할 수 있는 조례, 고등교육의 대학자치의 경우는 학칙) 최고의결기구(Governing body)를 자체적으로 구성할 수 있어야 하고, 다음으로 (2) 재정권과 (3) 인사권이 있어야 한다.

이에 비하여 '자율'은 주로 행위에 초점이 맞춰지는데 "자신의 의지 또는 이성에 따른 행위"를 의미하며, 자신의 행위라도 감각적 충동에 의한 행위까지 자율이라고 보기는 어렵기 때문에 자율은 '인격적 자유의 실현'이라고 할 수 있다. 자율에는 규칙이나 규율이 없는 것이 아니라 자기가 세워놓은 법칙이나 규칙, 규율, 즉 '자기규율'에 의하여 행동하고 자신의 행동에 대하여 책임을 지는 것을 의미한다. "외부의 어떤 권위나 제재의 개입 없이 자기결정에 의해서 생각하거나 행동"할 수 있을 때 자율이라고 할 수 있으며 자율은 곧 '자기결정과 자기책임'이라고 할 수 있다. 대학의 자유, 대학자치에 비하여 대학의 자율은 좁은 의미가 되어 대개 "대학'운영'의 자율"로 좁혀서 사용한다.

그러나 자유, 자치, 자율에는 항상 '책임'이 내포되어 있는 것으로 생각해야 한다. 책임이 보장될 때 더 넓은 자유와 자치, 자율이 주어지는 것이다. 우리나라 대학이 과거에 주어졌던 자율을 제대로 행사하지 못하고 책임을 다하지 못하여 자율의 폭이 줄어든 점도 있을 것이다.

이글에서는 대학의 자율화 방안을 내놓기 앞서, 대학자율의 당위성을 중세대학의 기원, 우리나라의 헌법 등을 토대로 찾아보고 현재의 우리나라 대학의 현실을 살펴보았다. 이를 토대로 대학의 지배구조의 특면과 대학운영의 측면에서 자율화방안을 제시하였다.


## 2. 대학 자율의 당위성


'대학의 자유' 또는 '대학자치', '대학운영의 자율'은 당연한 것으로 받아들여지지만 이에 대한 당위성을 (1) 중세대학의 기원, (2) 우리나라의 헌법, (3) 대학경쟁의 현실이라는 세 측면에서 찾아보고자 한다.


### 1) 대학 기원에서의 자율

우리나라 대학의 기원은 고구려의 태학(서기 372년 소수림왕 때), 국학(551년 신라), 국자감(고려), 성균관(1398년 조선)에서 찾을 수 있겠지만 이는 주로 국가에 필요한 인재를 양성하기 위하여 설립된 관치적인 고대의 대학이라 할 수 있고, 근대의 대학은 중세 유럽의 대학에서 그 기원을 찾아야 할 것이다. 그런데 유럽 최초의 살레르노대학과 볼로냐대학(1158년?)은 '학생의 대학'이었다. 국가에서 인재양성을 위하여 대학을 세우기보다는 학생들이 스스로 공부하기 위하여 공동이익의 공동체인 학생조합(guild, corporate) 학생단(Universitas)을 조직하여 교수를 초청하고 청강료를 지불하며 학문연구를 하면서 대학이 시작되었기 때문이다. 대학의 기원에서부터 대학의 자치와 자율이 바탕에 깔려 있는 것을 알 수 있다.

학생단에 이어 교수들은 교수단(Collegium)을 조직하였는데 파리대학(1200년경)에서는 교수들이 학부(Facult'e)를 중심으로 완전한 독립된 법인체(Corporation)로 발전하여 교수내용 결정, 교수면허 발급, 학위수여, 교수 임면의 권한을 행사하는 자치를 하여 '교수의 대학'이라는 이미지를 갖게 되었다.

파리대학을 모델로 하여 설립된 옥스퍼드대(1167년)와 케임브리지대학(1209년)도 길드 성격의 학문집단으로 존재하여 독자적인 재판권을 비롯하여 광범한 자치권을 가지고 있었다. 1810년에 설립된 베를린대학의 경우 교회나 국가로의 종속을 타파하고 교수의자유와 학습의 자유의 이념에 기초하여 국가로부터 독립시키려 하였다(양건, 1989). 어쨌든 이 당시 대학의 출발은 학생자치, 교수자치, 즉 대학자치에 뿌리를 두고 있다.

이 당시 대학자치의 가장 중요한 하나는 대학의 특권으로서 대학의 재판권이 군주나 황제, 교황으로부터 인가되었다는 점이다. 이러한 중세대학의 특권은 19세기말까지 이어졌는데 그 외에 학문의 자유, 정치적 자유, 여행의 자유, 교수와 학생의 병역, 총장 선출권, 학위 수여권, 면세특권, 파업권 등의 특권과 자치가 주어져서 이것이 오늘날 대학의 자유, 자치, 자율의 근원을 이루었다고 볼 수 있다. 이 당시 대학생은 곧 '자유인'이었다. 자유인을 길러내고 자유인으로서 연구하기 위해서도 대학은 고도의 자유를 향유해야만 했던 것이다. 이런 전통에서 지금도 대학 학부에서 자유교육(liberal education)이 강조되고 있는 것이다.

유럽의 대학이 교수단 중심의 자치이었던데 비하여 미국의 대학들은 학외인사 비전문가(lay)로 구성된 이사회 중심의 자치라는 점에서 좀 다르다(이형행, 1989). 대학의 최고의사결정기구로 공·사립을 막론하고 각 대학마다 독자적인 이사회(Board of trustees, 또는 Board of regents)를 두고 여기서 자산이나 자금의 소유권을 가지며 예산·임명 및 규모의 확장뿐만 아니라 교육정책에 있어서도 최종적인 권위로서 활동하고 있다(김철수, 1986). 영국의 대학들은 모두 국립이라고 할 수 있는데도 이런 전통에서 최고의결기구로 대학위원회(University Council, 스코틀랜드 등 일부 대학에서는 Court라고 함)를 두는데 위원의 대부분은 대학 외부 비전문가(Lay members)로 구성하고 있다. 그리고 최고 학사기구로는 주로 전문가 교수 요원으로 구성하고 일부 학생 대표가 참여하는 대학평의회(University senate)를 둔다. 이렇게 최고의결기구로 대학위원회와 대학평의회의 두 기구에 의하여 대학이 운영되는데 이렇게 두 기구를 둔다고 하여 이원최고구조 (Two-tier governing structure)라고 한다.

영국의 대학은 최소한 다섯 영역에서 자율권을 갖는데 (1) 대학 인사를 임명하고 근무조건을 독자적으로 결정할 수 있고, (2) 학생을 스스로 선발할 수 있는 자유를 갖고, (3) 독자적으로 학생을 위한 교육과정과 측정방법을 결정할 수 있고, (4) 스스로 연구 과제를 선택할 수 있고, (5) 대학 스스로 적합하다고 생각하는 교수·연구영역과 기타 지출영역에 학교예산을 우선 배정할 수 있는 자유를 가진다(박진규, 1990). 그리고 국가의 보조금도 교육부로부터 직접 받게 되면 관료의 관치를 받게 된다고 하여 반민반관 완충기구인 고등교육재정보조금위원회(Higher Education Funding Council, UGC에서 UFC를 거쳐 HEFC로 이름이 바뀜)에서 여러 변인을 고려한 공식(formula)에 의하여 배정하고 있다. 영국에서는 국가의 돈을 대학에 배정하더라도 이렇게 대학의 자율권을 배려하여 배정하는 것이다. 그리고 대학운영의 중요사항의 결정도 교육부의 관할이라기보다는 우리나라의 한국대학교육협의회와 비슷한 대학의 자율기구인 영국부총장협의회(Committee of Vice-Chancellor and Principals of the Universities: CVCP, 사실은 실질적인 총장임)에 의하여 이루어지고 있다.

어쨌든 대학은 출생 당시부터 자유와 자치, 자율을 전제로 하였음을 알 수 있다. 당시 절대 왕권과 절대종교의 시대적 상황에서도 대학에 많은 자율이 주어졌던 것을 미루어 짐작할 수 있다.

## 2) 헌법상의 대학의 자율

우리나라 헌법 제31조 제4항 "교육의 자주성·전문성·정치적 중립성 및 대학의 자율성은 법률이 정하는 바에 의하여 보장된다."에서 우리나라 교육자치와 대학자치의 길을 터놓고 있다. 여기서 '교육의 자주성·전문성'은 초·중등교육과 대학교육에도 공통으로 해당되지만 '정치적 중립성'은 대학에는 해당되지 않는 것으로 보아 '교육의 자주성·전문성·정치적 중립성'은 주로 초·중등교육을 위한 '교육자치'를 보장하기 위한 것이고 이와 별도로 '대학의 자율성'을 헌법에 강조하여 명시한 것은 특별히 '대학자치'를 보장하기 위한 것으로 보아야 한다. 즉 우리나라 교육은 초·중등교육을 위한 '지방교육자치'와 대학을 위한 '대학자치'의 둘로 나누어 헌법과 하위법률로서 보장하려고 한 것으로 볼 수 있다.

여기서 또 주의를 기울여야 할 것은 "자율성은 법률이 정하는 바에 의하여 보장된다."는 구절이다. 대학의 자율성은 "법률이 정하는 바에 의하여 보장된다."는 것이지 "법률이 정하는 바에 의하여 제한된다."가 아니라는 점이다. 다시 말하면 고등교육법, 사립학교법 등 하위법률이 대학의 자율성을 보장하기 위하여 존재하는 것인데 현실적으로는 '자율성을 제한하기 위한 것'이 되고 있다는 점이다. 헌법에서는 대학의 자율성을 보장하려는데 비해 하위법률로 대학의 자율성을 제한하고 있다고 볼 수 있다. 하위법률 이외에 소위 '지도·감독', '권장사항'이란 이름 아래 우리나라 대학들은 헌법에서 보장하려는 '대학의 자율성'을 침해받고 있는 것이다. 헌법재판소는 이미 94학년도 서울대학교 입시요강을 다룬 헌법소원사건에서 "--- 대학의 자율은 대학시설관리·운영뿐만 아니라 학사관리 등 전반적인 것이라야 하므로 연구와 교육의 내용, 그 방법과 대상, 교육과정의 편성, 학생의 선발, 학생의 전형도 자율의 범위에 속해야 하고 따라서 입학시험제도도 자주적으로 마련할 수 있어야 한다."(이경운, 2000)고 판시한 바 있다.

또 헌법 제22조 제1항 "모든 국민은 학문과 예술의 자유를 가진다."는 대학이나 교수, 학생에게만 특별히 주어진 자유가 아니라 대한민국 전 국민이 누릴 수 있는 자유이다. 특히 대학에서는 창의적 교육과 연구를 생명으로 하기 때문에 학문의 자유와 대학의 자유가 보장되어야 한다는 것이다. 그러나 이에 대한 대학 관련 하위법률에서 특별히 적극적으로 보장하거나 특별히 제한하기 위한 조치가 많지 않은 현실이다.


### 3) 대학의 자율과 대학발전

최근에 우리가 강조하고 있는 대학의 경쟁력을 위해서도 대학의 자율을 필요로 한다. 자기의지와 자기결정, 자기책임이 있을 때 개인이나 기관은 경쟁력을 가질 수 있다. 타율과 구속, 통제로는 경쟁의 게임을 하기 어렵다는 것을 인정하지 않을 수 없을 것이다. 자율이 있을 때 (1) 교육행정의 적합성이 향상되고, (2) 교육조직의 자생력과 교육력이 증진될 수 있고, (3) 조직구성원의 만족요인이 강화되고, (4) 교육 및 교육행정의 개방화와 민주화가 촉진되어(허병기, 1993) 대학은 경쟁력을 가질 수 있는 것이다.

세계화와 지방화·분권화(Glocal)와 대응하기 위해서도 대학의 자율화는 반드시 실현되어야 한다. 교육개방의 압력도 그 중 하나의 현상이다. 지식정보사회에서 학문과 교육, 연구, 지식에는 국경이 없다. 이제는 참여와 개별화가 보편화되고 있다. 대의민주제에 만족하지 못하고 전원이 참여하는 참여민주주의를 요구하고, 공산주의, 사회주의에서도 민영화가 보편화되며, NGO와 시민단체의 영향이 크게 작용하는 것을 보면 알 수 있을 것이다.

대학도 관료제와 중앙통제로는 더 이상 대학역할을 제대로 하지 못할 것이다. 태국(Kirtikara, 2003; Chareonwongsak, 2003), 오스트레일리아(Loxton, 2003), 인도네시아(Brodjonegoro, 2003), 베트남(Chinh, 2003), 싱가포르, 중국, 말레이시아 등 많은 나라의 대학들이 국·공립대학을 민영화 내지 자율대학(Autonomous University)으로 전환하고 있다. 중국 대부분의 공립대학도  대학 수입의 50% 이상을 자체 조달하고 있고, 말레이시아 공립대학도 자율대학을 만들기 위해 법인화 대학으로 바꾸고(Jimmy, 2000), 일본이 국립대학을 특수법인화 했다는 것은 자율화의 경향으로 널리 알려진 사실이다. 태국도 공립대학을 자율대학(Autonomous University)으로 전환하고 있다(Thai Ministry of University, 2000). 러시아, 동유럽에서도 대학에 더 많은 자율을 주기 위해 노력하고 있다(Bain, 2002). 미국에서는 심지어 초·중고등학교에서까지 공립학교를 자율을 주는 헌장학교(Chartered school)로 전환하기도 하고, 또 주정부가 불실 공립학교를 회수하여 민영화를 시키고 있는 실정이다. 대학도 이런 사회, 경제, 정치, 문회의 환경변화에 긍정적, 적극적으로 대응하지 않으면 안 된다. 영국에서도 현재의 학교를 매수하여 사립학교로 개조하는 '학교운영회사'들이 최근 들어 급격히 불어나고 그 학교의 수가 수백 개에 이른다(최봉섭, 2005).

그 동안 우리나라에서 대학의 자율화를 수없이 부르짖어졌던 것은 우리나라 대학이 그 만큼 자율성을 갖지 못했다는 반증이고, 우리나라 대학이 국제경쟁력을 갖지 못했던 원인의 하나가 우리나라 대학이 타율에 길들여져 있고 관치와 통제에 너무 익숙해져 있었기 때문이라고 할 수 있다. 미국이나 유럽의 고등교육 문헌에서는 자율(Autonomy)이란 말 자체를 찾아보기 어렵다. 자율은 이미 주어진 것이기 때문이다.

후발 미국의 하버드대학이 명문 옥스퍼드대와 케임브리지대학을 제치고 세계 제1의 대학이 될 수 있었던 것도 사립에 의한 자율성 때문이라고 영국 사람들은 인정하고 있다. 그리고 영국의 대학들이 한때 국고보조가 떨어져 어려움에 처했을 때 대학구성원들이 생존을 위해서 발 벗고 기업체로 연구비를 찾아 나선 결과 산학협동에 의하여 살아남을 수 있었던 예가 있다.

독일도 최근에 21세기의 세계적 경쟁에서 이기기 위한 대학개혁을 위해 국가의 감독을 줄이고 대신 대학에 가능한 한 많은 자율을 부여할 계획이라고 한다. 대학의 관료주의를 철폐하고 대학에 더 많은 자율을 부여한다는 것이다. 앞으로 독일은 규정된 일반 기본의무만 국가가 수행하고 대학재정, 대학조직, 전공과목 선정, 연구 및 교수활동과 같은 문제 등을 자체적으로 결정할 수 있도록 할 것이라고 한다. 연구와 교수활동의 결과에 대해서는 대학자체의 정기적, 개관적 평가에 맡긴다. 대학들이 세계화 경쟁에서 살아남기 위해서는 교육과 연구의 질적 향상과 학업조건의 개선 및 학생지도 등을 위한 자체적인 노력이 필요하다고 본 것이다(이상경, 1997). 그런데 최근에 우리나라에서는 대학을 국가가 나서서 평가한다고 가칭 '고등교육평가원'까지 설립한다는 것도 독일의 예에 비추어볼 때 거꾸로 가는 정책이라는 것을 알 수 있다. 대학평가도 각 대학이나 대학자율협의체에서 해야 한다.

대학 경쟁력은 대학의 자율성을 보장하는 데에서만 기대할 수 있다(허종렬, 2000). 대학의 자율은 국제경쟁력 확보를 위해 절대불가결한 것이다. 자율은 대학의 생존이고 생명이라 할 수 있다.


## 3. 한국의 대학 자율의 현실

대학의 자율은 (1) 대학의 기원의 측면, (2) 우리나라 헌법에서 보장하려고 한 헌법정신의 측면, (3) 경쟁력 확보와 환경변화, 세계적 경향의 측면에서 너무나 당연한 것으로 이에 이의를 제기할 사람이 없는데 우리나라 대학의 현실은 어떠한가 살펴볼 필요가 있다.

한국의 대학자율의 현실을 알아보기 앞서 외국 대학들의 사례를 살펴 볼 필요가 있다. 외국의 대학들은 대학의 기원에서 언급되었던 중세 대학이 가졌던 대학자치의 전통을 이어오고 있다고 할 수 있다. 미국의 경우 우선 사립대학의 경우는 정부로부터 완전 자율이라고 해도 과언이 아니다. 주립대학의 경우도 주교육위원회의 기본적인 결정의 범위 내에서 자율을 향유하고 있다. 대학은 대학들이 알아서 스스로 규제하고 질 통제를 하는 형식이다. 유일한 질 통제기구가 비영리-비정부조직인 평가인정기구이다. 대학을 하나의 기관으로 평가하는 기관(종합)평가인정기구는 미국 전체를 여섯 지역으로 나누어 여섯 기구가 담당하고, 전문 학문영역과 프로그램평가는 여러 전문기구

에서 담당한다. 평가할 수 있는 권위를 부여하는 평가인정기구에 대한 인정
은 CHEA라는 곳에서 한다. 이 평가인정제도 최소한의 기준(Standard)만
정하고 있을 뿐이고 나머지는 각 대학에 맡겨져 있는 셈이다.

영국의 경우 48, 49개 University의 경우는 교육고용부의 관할이 아니
라고 할 정도로 완전 대학자율이라고 할 수 있다. 폴리테크닉의 기술계통의
대학은 비교적 많은 통제를 받는 셈이다. 앞에서 언급된 것처럼 영국의 대
학은 거의 국립이라고 할 수 있는데도 관치를 배제하기 위하여 국고보조도
HEFC라는 반민반관의 완충 기구에서 Funding Formular에 의해서 한
다. 평가에 의해서 배정 배분을 한다고 오해해서는 안 된다. 교육의 내용과
대학의 운영은 부총장협의회인 CVCP에서 자율적으로 조정한다고 보면 틀
림없다. 그런데도 영국대학들은 시장성에 둔감하고 정부에 의존한 결과 미
국의 사립대학들에게 뒤지고 있다는 비난을 받고 있다.

프랑스와 독일도 대학까지 국립이고 정부의 책임이라고 함에도 정부로부
터 자유롭다고 할 수 있다. 지방정부의 관할이고 총장협의회에서 자율적으
로 운영한다고 할 수 있다. 그래도 대학도 공적재정으로 운영되기 때문에
정부와 밀접한 관계 속에서 운영되는 것은 사실이다. 최근에 태국에서도 국
립(Public)대학을 자율대학으로 전환하고 있다. 희망하는 대학부터, 자율
대학 안에서도 희망하는 사람부터 법인체의 고용인 신분으로 전환하는 유연
성을 보이고 있다.

외국 대학의 사례에서 배울 수 있는 것은 대학운영을 대학에 맡겨놔도 망
치지 않고 오히려 생존력과 경쟁력을 기르고 발전한다는 것이다. 정부가 대
학을 발전시키려고 통제하고 간섭한다는 것은 망치지 않으면 최소한에 그친
다는 점이다. 중앙의 작은 머리로 그 많은 대학과 고도로 전문화된 조직을
다 발전시킬 수 없다는 것이다. 대학은 스스로 발전하고자 노력할 때 가능
하다.

그러나 한국에서는 국·공립대학은 말할 것도 없고 사립대학까지 자율성
을 잃은 전국 획일의 '하나의 대학'(허종렬, 2000)만이 존재한다고 할 수

있다. 모든 대학을 교육인적자원부가 똑 같이 통제하기 때문에 '하나의 대학'만이 존재하는 것이다. 국립대학과 사립대학의 구분도 거의 없고 국립대학과 사립대학 사이에 학생의 등록금 차 이외에 다른 특색이나 차이도 거의 없는 실정이다. 그러면서도 말로는 대학의 특성화가 필요하다는 것이다. 자율이 있어야 특성화가 가능한 것 아닌가? 자율을 잃은 대학의 모습의 예를 극히 일부만 제시하고자 한다.

## 1) 학생 선발권 부재

우리나라 대학에는 학생 선발권이 없다. 세계의 대학 중 자기 학생을 뽑지 못하고 정부가 배정해주는 학생을 받는 나라는 없다. 전국 획일의 생활기록부와 내신성적, 국가시험인 수능시험에 의해서만 학생을 선발한다는 것은 국가가 학생을 각 대학에 배정하는 것과 다름없다. 법률에도 없는 3불정책이란 걸 만들어 대학을 구속하는 나라도 우리나라 밖에 없을 것이다. 고교등급제와 비슷한 입학전형을 한 사립대학에 교육인적자원부가 불이익을 준다고 발표하였다. 불법을 했으면 법에 의하여 처벌을 해야지 '불이익'이란 것이 국가가 취할 조치인가 생각해볼 필요가 있다. 2005학년도 대학입시 수시1학기 모집에서 고교 간 학력격차를 점수로 환산해 문제가 된 세 대학에 대하여는 고교등급제 금지 규정을 위반했다는 이유로 올해와 내년에 20%씩 재정지원을 삭감하기로 교육인적자원부 담당 부서 과장급으로 구성된 행·재정제재심의위원회에서 결정했다는 것이다. 이런 정부의 횡포에 꼼짝달싹 못하는 대학도 세상에 우리나라 대학들 뿐일 것이다. 여기에 굴복하는 사립대학들도 문제이다.

US뉴스 앤 월드리포트가 매긴 2005년 미국 종합 대학 순위 21위인 UC버클리(캘리포니아 대학 버클리 캠퍼스)대학의 학생 선발기준을 살펴보면, 이 대학은 에세이, 고등학교 성적(내신) 그리고 캘리포니아 주 거주 여부 등 3개 항목을 가장 중시한다. 그 다음으로 인성과 자질, 각종 서클활동, SAT(Scholastic Aptitude Test) 성적, 추천서, 특별한 재능, 자원봉사 기록, 아르바이트 경력이 중요한 요소다. 반면 120위인 오클라호마대학은 학급석차, 고교 성적, SAT 점수 세 가지만 가지고 학생을 선발한다. 41위인 조지아공대가 가장 중요하게 보는 항목은 내신이다. 에세이, 특별활동, SAT점수, 자원봉사 기록, 그리고 아르바이트 경력은 그 다음 고려 사항이다. 하버드나 MIT 등 이른바 최상위권 대학의 경우 인터뷰가 가장 중요한 요소로 추가된다(프린스턴리뷰 발간 2005년 판 The best 357 colleges, 이강렬,2005).

중국의 유명 대학들도 지역할당제를 하거나 고교의 성적에 따라 인원을 배정하여 각 고등학교에 학생 추천을 요구하기도 하고 이제는 학생선발에 점점 더 자율권을 갖는다(유경희, 2004). 어떤 조직이 자신의 조직 구성원을 결정할 수 없다면 자율 조직이라고 할 수 없다. 대학 경쟁력은 우수 교수와 우수 학생의 확보에 달려 있다고 해도 과언이 아니다.


## 2) 학생 정원 결정권 부재

두 번째 국립대학은 말할 것도 없고 사립대학까지 학생의 정원도 정부가 엄격하게 통제하고 있다. 학과로 학생을 뽑던 것을 계열별로, 학부제로 뽑아야 입시 허가가 나온다. 정원을 어기면 교육인적자원부는 다음 해 학생정원을 감축하는 행정 제재를 한다. 이렇게 정부가 대학생 수까지 통제했는데도 이제는 고교 졸업생 수보다 대학 정원이 더 많아 대학들이 정원을 채우지 못하고 있는 실정이다. 2003년 11월 교육인적자원부는 '소득 2만 불 시대 도약을 위한 대학경쟁력 강화 방안'에서 우리 대학의 현 주소의 강점 및 기회요인을 제시하면서 대학교육 기회의 대폭 확대로 풍부한 인적자원 배출하였다고 자랑하며 대학 졸업자 수(4년제)가 36,180명('65)→118,584명

('85)→258,126명('03)로 늘어난 것을 내세웠었다. 이렇게 해놓고 이제는 돈을 몇 조, 몇 천억 원을 들여 대학을 통합하고 정원을 줄이기 위해 노력하고 있다. 늘려 놓은 시설과 직원을 줄이는데 또 많은 손실을 가져올 것이다. 이런 학생정원정책에 대한 정부의 정책실패에 대한 실패인정이나 사과의 말도 없다. 교원정책의 경우는 정부가 더 엄격한 통제를 한다고 하면서도 늘려 놓은 결과를 가져오고는 이제 또 교원자격을 제한한다고 하니 그 정책에 대한 국민의 신뢰를 얻을 수 있을지 의문이다.

대학 학생정원도 국가의 인력수급을 고려해야 하겠지만 대학의 수용능력과 미래 예측에 의하여 어느 정도 자율성을 가져야 한다. 교수 수 대 학생 수의 비만 유지하도록 하고 대학의 필요에 의하여 수용능력과 교육능력을 고려하여 결정할 수 있어야 한다.

## 3) 조직 구성권 부재

셋째, 대학 내 전공, 학과, 학부, 단과대학, 연구소 등 조직과 기관의 설치도 모두 교육인적자원부의 허가, 승인을 받아야 한다. 국립대학의 경우 대학 내 보직 수까지 모두 통제하고 있다. 예를 들면 단과대학에 학장만 남겨 놓고 모든 보직을 다 없애 이제 남겨진 직원은 모두 일반행정직원 뿐이다. 그러다보니 학장 유고시 행정실장이 대리해야 할 실정이 되었다. 그래서 직제 상에 없는 비공식적 선임학과장, 부학장이란 이름을 붙여 일하게 하는 예가 생겨났다. 단과대학에 교육과정과 학생지도의 부서가 없다면 단과대학 행정실을 둘 필요성 자체가 없어진다.

최근에(2005. 5. 12) 서울대, 연세대 등이 '의·치학전문대학원' 제도로의 전환을 거부한다고 하자 교육인적자원부는 의대 학사편입 불허, '의학'과 전연 관계없는 BK21 사업에서 제외, 예산상 불이익 조치, '로스쿨'을 승인 불허로 대응하였다. 교육인적자원부는 법에도 없고 논리에도 맞지 않는 초

법적 절대 권력을 대학에 행사하고 있다.

　이제 교육인적자원부는 대학 내 내부구조도 구조개혁 차원에서 지시하고 통제하고 있다. 이렇게 구체적으로 조직의 구조까지 통폐합으로 무리하게 몰고 가다 보면 살아있는 조직이 되지 못하고 굳어 있는 조직, 죽은 조직이 되고 만다.


## 4) 대학 내 인사의 자율 부재

　넷째, 대학 인사에 있어서도 대학에 자율권이 없다. 국립대학의 경우 교수의 법정정원을 정해놓고 있지만 정부가 스스로 이 정원을 지키지 못하고 별도로 임시 정한 현정원으로 교수수와 직원 수를 통제한다. 모두 교육공무원, 국가공무원으로 통제하기 때문이다. 교수의 수와 직원의 수는 사립대학에 비하여 국립대학에 훨씬 많은데 교육서비스, 행정서비스는 사립대학에 비하여 뒤지고 사립대학에 명문대학이 더 많고, 학생들은 이런 사립대학을 국립대학보다 더 선호한다. 교수의 담당 강의시수도 법으로 통제하고 있다. 근무부담을 통제하는 것이다. 사립대학에 비하여 국립대학 교수의 강의시수는 많은데 봉급은 중상위 사립대학에 비하여 월등하게 떨어진다. 국립대학은 국가가 모든 것을 엄격하게 통제하는데도 사립대학에 비하여 모든 면에서 경쟁력이 떨어진다. 인사에서 중요한 보수도 정부가 통제한다. 특히 국립대 교수의 봉급은 정부가 통제하여 사립대에 비하여 많이 뒤쳐져 있다.

　국립대학의 경우 사무국장, 과장급 직원들이 기관장인 총장의 의지와는 아무 상관없이 교육인적자원부와 다른 국립기관과 수시로 교류한다. 국립대학은 교육인적자원부와 하나의 기관인가, 교육인적자원부의 부속기관인가 아니면 하급기관인가? 국립기관 간에는 경계도 없는 것인가? 기관을 넘나드는데 기관장과 협의도 없고 요청도 없으니 교육인적자원부 장관은 모든 국립대학의 총장인가? 국립대학의 행정직원은 교육인적자원부 소속인가 아니면 대학 소속인가? 하는 의문이 생긴다.


## 5) 대학 재정권 부재

다섯째, 대학은 재정을 다루는 데에 있어서도 자율이 없다. 국립대학은 말할 것도 없고 사립대학에서도 학생 등록금 책정에 정부의 지도를 받아야한다. 수입을 마음대로 정할 수 없는 셈이다. 현재 등록금 인상률 책정은 대학자율로 되어 있으나 물가인상률 및 정부의 행정지도 등을 통하여 통제를 받고 있어 대학별로 평균화된 등록금으로 인하여 교육원가 수준도 보상받지 못하는 대학의 경우가 대부분이며 이로 인한 교수 등의 확보와 장학금 등의 지원도 미비하여 전반적인 교육의 질 저하를 초래하고 있다(장수영외, 2001)

장학금액의 비율을 얼마로 유지하라는 지도도 있었다. 국립대학의 재정은 전적으로 국가의 통제 하에 있다. 학생들에게서 받는 기성회계도 이제는 국고와 통합회계로 하여 어느 정도 융통성이 있다고는 하나 재정에 관한 한 아직도 국립대학은 자율이 없다. 앞에서 언급한 것처럼 교수와 직원 모두 공무원 봉급 기준에 의하여 국가가 통제하다 보니 사립대학과 엄청난 차이를 보이고 있다. 건물과 시설은 전적으로 정부의 몫이다.

고등교육에 배정되는 국고보조금이 얼마 되지 않는다고 하는데 그것마저도 제대로 배정되어 쓰이지 못하고 있다. 교육인적자원부의 각종 평가에 의하여 배정되고 상금처럼 배정된 돈을 단기간에 집행하다보니 계획에 의하여 효과적으로 쓰이지 못하고 있다. 국책공과대학 평가, 교육개혁평가, BK21 사업평가, NURI사업(5년간 1조 400억 원 투자)평가 등등이 얼마나 공정했고, 얼마나 성과가 있었고, 얼마나 목적을 달성하였는가? 근본적으로 교육인적자원부가 대학평가기관인가? 교육인적자원부가 대학을 평가할 능력이 있는가? 교육인적자원부가 평가에 의하여 대학에 돈을 직접 나누어준다는 발상 자체가 잘못된 행위라고 볼 수 있다.

## 6) 학칙 재정권 부재

여섯째, 자치에 필수인 규정제정권이 대학에 없다. 학칙을 승인제에서 보고제로 바꿨다고는 하지만 실제로는 승인을 받아야 한다. 사립대학까지 사립학교법으로 묶어 놓고 정관과 학칙도 승인 받아야 하는 실정이다. 그리고 문제가 있다면서 수시로 관선이사체제로 운영한다. 임시이사체제로는 대학이 경쟁력을 갖기 보다는 구성원에게 인심 쓰기로 환심을 사기에 바쁠 가능성이 있다. 사립대학이 부정을 했으면 법에 의하여 대학을 폐쇄하든가 처벌을 해야지 왜 사립대학에 교육인적자원부의 관이 개입하는가? 이사회를 스스로 구성하고 운영할 수(self-governing) 없으면 자치를 위한 법인체라고 할 수 없다고 본다.

## 7) 전문조직인 국립대에 집단결정 기구 부재

일곱째, 교육 중앙정부에도 국립대학에도 최고의사결정체제가 없다. 교육인적자원부에도 과장-국·장-차·장관의 직위만 있고 의사결정협의체가 없다. 계선관료체제는 일상적인 일을 할 때에 알맞은 조직체제이다. 그러나 대학이 하는 전문적인 일을 결정하기에는 알맞은 체제가 못된다. 대학이 군대조직이나 행정부조직이 아니라 최소한 전문조직의 성격을 갖기 때문이다. 과장이나, 국장, 장관이 문서로 결재에 의하여 확정지어 놓지도 않고 국민에게 개안적으로 말하면서도 정부의 방침이라고 한다. 그렇기 때문에 담당자가 바뀌면 정부의 방침이 바뀌는 결과가 되어 국민은 혼동을 일으키게 된다. 정부의 방침이었다면 장관이 바뀌어도 정책의 일관성이 있어야 한다. 대학과 교육자원부와의 관계에도 총장-장관이 직위 대 직위로 맞닿고 있다. 대학에도 최고의사결정체제가 없다. 있을 수 있다면 총장의 자치가 있을 뿐이다.

대학 내 단과대학이나 학부, 학과도 총장으로부터 자율성이 없기는 마찬

가지이다. 대학 안에서 작은 단위조직도 생존과 발전을 위한 자율성을 가져
야 하는데 그렇지 못하다. 일정 범위 한에서 자체 인사권과 재정권이 있어
야 한다. 다른 나라에서는 학과단위 대학행정을 하고 있는 것을 알 수 있
다. 학과자체의 수입과 기금확보를 위해서 학과에서 노력하고 또 자유스럽
게 지출도 할 수 있어야 한다.

그러면 왜 우리나라 대학이 이렇게 자율성을 잃게 된 것일까? 해방 후 우
리나라 대학들은 그런대로 대학 기원의 정신과 헌법의 정신대로 자율성이 많
이 주어졌었다고 본다. 대학들이 자율을 잘 관리하지 못하게 되면서 국가의
통제가 가해지기 시작한 것이 볼 수 있다.

그렇더라도 관료제의 중앙통제로 문제를 쉽게 해결하려고 한 데에도 원인
이 있다. 초·중등교육과 대학입시와 맞물려 대학을 통제하고 획일화를 하게
된 점도 있다. 초·중등교육을 통제하는 것이 대학까지 옮겨오고 입시를 통
제하다 보니 대학을 통제하게 된 것이다.

## 8) 대학에 대한 새로운 통제: 대학평가

우리나라에서 대학을 평가할 수 있는 기관은 한국대학교육협의회로 되어
있다. 한국대학교육협의회법(법률 제3727호, 1984. 4. 10) 제3조 기능 중
(5) 대학평가가 들어 있고, 제18조 대학평가에는 "(1) 협의회는 대학교육과
대학행정의 발전을 위하여 그에 필요한 자료를 확보하고 주기적으로 대학의
학사 및 운영전반에 관한 평가를 실시하여야 한다. (2) 제1항의 규정에 의
한 평가의 결과는 지체 없이 교육부장관에게 제출하여야 한다."에서 확인할
수 있다. 한국대학교육협의회의 대학평가는 대학 스스로가 발전하기 위하여
대학 스스로가 하는 대학의 자율평가라고 할 수 있다.

그런데 10여 년 전부터 교육부가 대학을 직접 평가하기 시작하였다. 교
육부가 대학에 차등 지원한다는 명분이었다. 교육부의 의도대로 교육개혁하

면 재정을 지원하고 그렇지 않으면 재정지원을 않는다는 것이 대학의 교육개혁평가이다. 교육부가 대학을 직접 평가하게 되면서 대학은 더욱 교육부에 종속되고 교육부의 대학 통제는 더욱 강화되기에 이르렀다. 대학은 연구의 자유를 잃게 된 것이다. 교육부가 대학에 차등지원을 하고 싶으면 대학평가의 기능과 법적권한을 가지고 있는 한국대학교육협의회에 의뢰하고 그 결과를 활용했어야 한다.

이제는 고등교육평가원을 2006년에 설립하여 본격적으로 대학을 평가한다는 것이다. 이제 대학평가를 통하여 대학을 통제하는 시대가 전개되고 대학은 고등교육평가원의 평가기준에 의하여 대학이 운영되는 현상이 벌어지게 될 위험이 있다.

## 4. 대학운영의 자율화 방안

대학의 자율화는 어느 정도까지 할 것이냐에 따라 여러 가지 다양한 정책선택이 있을 수 있다. 자율화정도에 따라 대학의 자율화를 위한 개선방안은 여러 가지가 나올 수 있다. 현행 수준에서 몇 개의 규제완화 정도를 자율화로 생각할 수도 있을 것이다. 이런 점을 고려하면 여기에 제시되는 방안은 하나의 가능성으로 제시될 뿐이다. 이 선택은 입법부와 행정부의 관심도 중요하지만 누구보다도 대학인의 의지에 달려 있다고 본다.

여기서는 (1) 대학의 지배구조(거버넌스)의 측면과 (2) 대학운영의 측면으로 나누어 묶어 보기로 한다. 우선순위, 단계적 자율화 방안이라고 할 수 있는데 앞에 것이 우선이고 뒤의 것이 차선책이 될 것이다.

## 1) 대학의 지배구조(거버넌스)측면

### (1) 교육인적자원부 관할에서 벗어난 완전한 대학자치

먼저 대학과 교육인적자원부와의 관계 정립을 해야 한다. 국립과 사립에 따라 이 관계도 다르게 정립되어야 할 것이다. 대학자치라면 교육인적자원부는 국가 교육의 방향을 정하고 대학에는 이를 권장(recommendation)하거나 정책의 방향으로 대학을 설득하여 협조를 구하는 정도의 관계를 생각할 수 있다.

정부조직법 제28조 (교육인적자원부) 제1항 "교육인적자원부장관은 인적자원개발정책의 수립·총괄·조정, 학교교육·평생교육 및 학술에 관한 사무를 관장한다"에서 대학이 '학교교육'에 포함되어 대학도 교육부의 관장 '사무'에 포함되느냐의 문제가 있다. 외국에서는 반드시 '학교(schools)'와 '대학(colleges and universities)'을 구별하여 쓰는 경향이 있어 일반적으로 학교라고 하면 대학이 포함되지 않는다. 그러나 우리나라에서는 학교 속에 대학이 포함된다. 고등교육법에 학교의 종류를 명시해 놓고 있는데 제2조 (학교의 종류) 고등교육을 실시하기 위하여 다음 각 호의 학교를 둔다고 해놓고 이에는 1. 대학, 2. 산업대학, 3. 교육대학, 4. 전문대학, 5. 방송대학·통신대학 및 방송통신대학(이하 "방송·통신대학"이라 한다), 6. 기술대학, 7. 각종학교가 포함되고 이들은 모두 고등교육법의 적용을 받는다고 되어 있다. 이들 학교는 모두 같은 법 제5조 (지도·감독) 제1항에 의하여 "교육인적자원부장관의 지도·감독을 받는다." 장관의 지도·감독을 받는 기관을 자치기관으로 보기는 어렵다. 국립은 물론 사립대학까지 교육인적자원부장관의 지도·감독을 받게 되어 있다. 이 고등교육법이 살아 있는 한 우리나라 대학의 자율은 불가능하다. 이 고등교육법이 앞에서 말한 것처럼 헌법에서 보장하려고 했던 대학의 자율을 보장하기 위한 것이 아니라 대학의 자율을 제한하기 위한 것으로 헌법 정신에 어긋난다고 보는 것이다. 교육인적자원부의 업무를 살펴보면 한 대학에서 해야 할 모든 대학사무를 모두 담당한다고 볼 수 있다. 교육인적자원부에서 이런 직무를 다 직접 담당하거나 '지도·감독'하는 한 대학의 자율은 불가능할 것이다.

대학이 자치다운 자치를 하려면 교육인적자원부의 관할, '지도·감독'에서 벗어나야 한다. 실제로 태국도 교육개혁법에 의하여 고등교육기관이 재무부의 규정에 의하여 재정 요구서를 '재무부'에 직접 제출하고 배정받는다(Thai Office of Education Reform, 2000). 대학 재정을 꼭 교육인적자원부를 거쳐서 받을 필요가 없다. 실제로 KAIST 같이 교육인적자원부 관할이 아닌 대학이 더 대학다운 대학이라는 것을 보면 우리나라 대학은 교육인적자원부의 관할에서 벗어나 자치를 할 수 있어야 한다. 벗어나지 못하면 재정만이라도 재정경제부에서 대학에 직접 배정하게 하거나 완충기구나 대학 자율기구에서 다루게 하는 것이 나을 것이다. 대학도 산업이라고 하는 상황이니 산업을 다루는 재정경제부나 기획예산처에서 대학의 재정을 직접 지원하는 것이 교육인적자원부를 거치는 것보다 더 능률적이고 효과적일 것이다.

### (2) 사립대학의 사립화와 국립대학의 자율대학화와 법인화

대학을 교육인적자원부 관할에서 제외시키는 완전한 대학자치가 불가능하다면 사립대학이라도 교육인적자원부 관할에서 제외시키고 사립학교법 자체를 폐지하고 국립대학도 점차 법인화나 자율대학으로 전환해야 대학이 자치다운 자치를 할 수 있을 것이다.

우리나라 사립대학은 진정한 의미의 사립대학이 아니라고 할 수 없다. 사립학교가 진정한 의미의 사립학교처럼 되려면 사립학교법 자체를 폐지해야 한다. 사립학교법이 사립대학의 자율성을 제한하기 때문이다. 앞에서도 언급된 것처럼 헌법 제31조 제4항 "--- 대학의 자율성은 법률이 정하는 바에 의하여 보장 된다"고 되어 있고, 이 정신을 받아 사립학교법 제1조 (목적)에 "이 법은 사립학교의 특수성에 비추어 그 자주성을 확보하고 공공성을 앙양함으로써 사립학교의 건전한 발달을 도모함을 목적으로 한다."고 되어 있지만 사립학교법의 실제 내용은 사립학교의 자율성, 자주성, 건전한 발달을 제한하기 위한 것으로 되어 있다. "사립의 대학·산업대학·전문대학·기술대학 및 이들에 준하는 각종학교(이하 "대학교육기관"이라 한다)"와 "사립학교를 설치·경영하는 학교법인은 교육인적자원부장관의 지도·감독을 받는다."고 되어 있다. 대학과 법인 모두 국립학교처럼 교육인적자원부장관의 '지도·감독'을 받게 되어 있어 사립대학은 국공립대학보다 사립학교법의 제한을 더 받게 되어 있는 셈이다.

여기서 문제는 대학은 교육기관이니까 교육인적자원부장관의 '지도·감독'을 받는다고 양보하더라도 왜 교육기관도 아닌 '학교법인'까지 교육인적자원부장관의 '지도·감독'을 받아야 하느냐는 질문이다. 법인은 민법의 적용을 받아야 한다고 보는 것이다. '학교법인'과 '학교는 그 법적 성질과 지위가 완전히 다른 별개의 존재(방희선, 2005)로 봐야한다.

모든 사립대학을 자립형사립고등학교처럼 자립하여 스스로 살아남을 수 있도록 해야 한다. 사립대 학생들도 국가에 세금을 낸 우리나라 국민들이고 대한민국의 대학교육이기 때문에 사립대학이 우리나라 교육에 기여하는 지분만큼 국립대학과 마찬가지로 국고의 지원을 받는 것은 사립대학과 사립대학생의 당연한 권리이다. 사립대학의 국고지원을 국가에 대한 구걸로 생각하게 해서는 안 된다.

국립대학도 조건을 갖춘 대학, 희망하는 대학, 사립대학과 차별성이 적은 대학부터 점차 법인화 하여 자율대학으로 전환하는 것이다. 영국의 Universities는 자치부문(autonomous sector)으로 하여 사립으로 간주하여 자치를 하게하고 기술대학(polytechnic)과 계속교육기관(further education)은 공공부문(public sector)으로 나누어(윤정일, 1988) 국가가 관리하는 형식으로 자율이 적고 보조금 지원도 다른 기구를 통하여 배정한다. 일본의 국립대학을 법인화 하는 예도 있고, 인도와 태국도 자율대학을 늘려가고 있다. 태국의 Suranaree University of Technology, Walitak University, Mae

Fah Luang University, King Mongkut's University of Technology Thonburi 등 자율대학은 대학의 행정과 경영에 관한 문제를 스스로 결정하도록 허용하여 자치(self-governance)와 완전한 자율(full autonomy)의 대학 자체의 행정구조와 예산체제를 갖는데 공립대학을 이런 자율대학으로 전환하도록 하고 있다(Thai Ministry of University Affairs, 2000). 그래서 현재 교수의 경우 이중관리체제로 운영하여 (1) 공무원 신분의 교수로 계속 남아 있을 수도 있고 (2) 본인이 원하거나 사임하여 새로 임용되면 공무원 신분이 아닌 계약에 의한 교수로 전환하지만 새로 임용된 교수는 모두 고용인(employee)이 된다(Kirtikara, 2003). 그런데 이들 계약에 의한 교수들은 은 공무원 신분이 아닌 대신 정년이 보장 안 되지만 보수가 많다고 한다.

## (3) 교육인적자원부의 대학의결기구

현 체제로 대학을 교육인적자원부 관할 하에 둔다고 하더라도 최소한 대학에 관한 국가의 의사결정체제로 '대학(고등)교육위원회'를 둘 필요가 있다. 대학에 관한 국가의 정책결정이나 의사결정을 하는 일은 고도로 전문적이어서 과장이나 국장, 장관 개인이 결정하기에는 부적절하다. 교육인적자원부의 과장-국장-차관-장관의 관료제의 결재라인으로 전문적 성질의 결정을 하기 어렵다. 대학은 관료적모형보다는 학문공동체모형(Baldridge, Curtis, Ecker and Riley, 1986)의 성격이 강하기 때문에 집단결정체제에 의한 결정을 해야 하기 때문이다. 대학교육위원회는 장관과 다수의 대학전문가(총장 포함)로 구성해야 한다.

## (4) 총장협의회와 대학보조금위원회 같은 중간기구

현재와 같이 대학을 교육인적자원부의 관할 하에 두더라도 한국대학교육협의회와 같은 총장협의회에서 대학의 학사에 관한 결정의 대부분을 자율적으로 하도록 하는 것이다. 이는 영국의 부총장협의회(CVCP)를 생각하면 좋을 것이다. CVCP는 집행위원회 외에 (1) 재정과 발전, (2) 교무사항, (3) 교직원 및 학생, (4) 국제대학교육 등을 다루는 네 개의 상임위원회가 있어서(박진규, 1990) 대학운영의 실질적인 결정을 자율협의에 의해서 한다. 미국에도 수많은 고등교육관련 단체들이 있어 이들 단체들이 협의와 협동에 의하여 대학을 세계적인 대학으로 만들어 가고 있다.

우리나라에서도 한국대학교육협의회 등 각종 협의체가 있으나 국가의 대학에 대한 통제가 많기 때문에 이들 협의체가 활성화 될 수 없는 실정이다. 대학을 자율에 맡겨둘 때 이들 협의체의 기능이 활발해질 수 있는 것이다.

대학평가도 이들 대학들의 자율기구에 의하여 해나가는 것이 바람직하다. 미국의 평가인정기구도 대학들 간의 자율기구이다. 한국대학교육협의회가 자율적으로 대학을 평가하게 되어 있는 것은 올바른 출발이라고 본다. '고등교육평가원' 같은 국가기관이나 외부기관이 대학을 평가한다는 것은 관치나 타율에 의한 것으로 바람직하지도 못하고 가능하지도 못하다. 그런데 교육인적자원부는 2005년 9월까지 입법화 예정이라고 하니 대학의 구속은 분명해지고 있다. 미국의 매스컴에서 대학의 순위를 매기는 것은 평가가 아니라 몇 가지 지표에 의하여 평정(rating)하는 것이지 대학발전을 위한 전문적 평가로 보지는 않는다. 대학정보공시제는 필요한 것으로 보며 요즈음에는 인터넷의 발달로 미국의 경우 www.schoolmatters.com 같은 웹페이지에서 초·중고등학교의 교육에 관한 사실의 모든 정보를 볼 수 있게 되어 있다.

교육인적자원부를 거쳐 대학 재정을 배정하는 것보다 재경부나 기획예산처에서 직접 대학에 재정을 배정하는 것이 바람직하지만 할 수 없이 지금과 같이 한다고 하더라도 대학보조금위원회를 두어 대학에 대한 국가보금도 총액으로 완충기구인 이 위원회에 주어 각 대학에 배정하는 것이 관치를 벗어나 대학자치를 하는데 도움이 된다고 본다. 영국의 보조금위원회는 각 대학으로부터 5년(the quennial settlment)의 발전계획을 제출 받아(정범모,1988; 박진규, 1990) 기준과 포뮬러에 의하여 총액으로 배정했던 것이다.

### (5) 대학위원회와 대학평의회

더 낮은 수준의 대학자율로 내려와 단위 대학 내 자율을 위하여 국립대학이 경우는 교육인적자원부와 총장 사이에 각 대학의 최고의결기구로 대학위원회(University Council)를 설치하는 것이 대학의 자율을 위하여 필요하다고 본다. 대학위원회는 자치에 대하여 책임질 수 있는 인사로 구성해야 무책임한 결정을 하거나 인심 쓰기 결정을 하지 않도록 방지할 수 있다.

사립대학은 이사회가 있기 때문에 중복의 여지가 있어 더 연구해야 할 것이다. 대신 학문연구와 교수와 관련된 전문적인 결정을 위하여 대학 내부에 교수, 학생, 전문가로 구성하는 대학평의회(University Senate)를 두어 학문적 자치를 할 수 있도록 할 필요가 있다.

## 2) 대학운영의 측면

### (1) 대학 안에서의 자율과 자치

대학의 기원에서 본 것처럼 대학은 교수의 자치, 학생의 자치가 보장되어야 한다. 교수와 학생의 자치가 보장될 수 있도록 학칙과 규정이 마련되고 무엇보다 그런 대학문화가 형성되어야 한다. 그리고 대학 안의 학과, 학부, 단과대학이 자율을 갖고 자치를 할 수 있도록 되어야 한다. 이성섭(2004)도 '단과대학단위의 자율적 대학경영'을 강조하고 있다. 그러나 여기서는 오히려 단과대학보다는 학과단위의 행정을 더 강조하고, 될 수 있으면 단과대학 수준에서는 행정을 줄이는 방향을 고려하고 있다. 이들 단위에서 인사,

재정권을 가질 수 있도록 해야 한다. 대학자치를 국가로부터의 자치만 강조할 것이 아니라 대학 안에서의 자치가 보장될 수 있도록 되어야 한다. 대표적인 것이 학과단위행정이다. 학과의 기여도에 따라 총액으로 배정된 재정의 범위 안에서 학과의 교수 수, 조교 수를 자체적으로 조절할 수 있는 정도의 자율이 있어야 생존도 할 수 있고 발전도 할 수 있는 것이다. 각종 연구소도 마찬가지이다.

### (2) 학칙 제정의 자율

각 대학은 고등교육법 제6조에 의해 학칙을 제정할 수 있으나 보고하게 되어 있고, 형식까지 대통령령으로 구체적으로 제시해 놓고 있다. 이렇게 학칙의 형식까지 친절하게 법령으로 정해 놔야 대학이 발전하는 것인가? 이렇게 세세한 것까지 법령으로 제정해놓기 때문에 전국 획일의 '하나의 대학'이 나올 수밖에 없는 것이다. 헌장(Charter)에 의하여 대학설립이 허가되면 학칙은 헌장의 범위 안에서 각 대학이 자유스럽게 제정하고 개정할 수 있어야 한다.

### (3) 인사의 자율

사립대학에서 인사권의 자율화는 많이 되어 있다고 본다. 그러나 사립학교법에 있는 인사 관련 조문을 보면 질식할 정도라고 표현할 수 있다. 국립대학의 공무원에 준하는 사항이 많아 사립에서도 인사에 자율이 없다고 할 수 있다. 국립도 자율대학으로 전환하여 공무원 신분을 해제하려고 하는 외국의 경향에 비추어 볼 때 사립 교원까지 공무원과 같이 인사를 하는 것은 시대의 역행이라고 본다. 대학의 인사는 국경이 없다고 본다. 학문에 국경이 없기 때문이다.

국립대학의 교원의 법정정원을 못 채우는 것은 국가가 스스로 정해진 법

을 위반하고 있는 것이다. 그리고 교육인적자원부장관의 명에 의하여 교육
인적자원부와 국립대학 그리고 국립대학 간 인사이동으로 근무하게 되어 있
는 것은 시정되어야 한다. 대학 내 인사권은 총장에게 있어야 한다.

사립대학 법인 이사에 관한 사립학교법의 여러 인사적 제한은 설립인가
시 대학헌장(정관)에 저촉되지 않는 한 폐지되어야 한다. 이사의 국적, 교
육경력, 이사의 수, 의결정족수, 최근에 이슈가 되고 있는 개방형이사 등
세세한 것까지 법으로 정해 놓는 것은 법위을 법인으로 인정하지 않는 것으
로 봐야 한다.

## (4) 재정의 자율

고등교육법 제11조에 의해 학교의 설립·경영자는 학생등록금을 받을 수
있으나 교육인적자원부령에 의하여 규제된다는 것은 대학을 독립기관으로
인정한 것이 아니라고 본다. 오죽하면 사립대 총장이 "정부는 사립대학에
등록금 책정에 대한 완전한 자율화를 허용하고 정원조정 및 입시제도의 자
율성을 보장해 달라"고 호소하겠는가?(동아일보, 2005. 4. 26). 앞에서 말
한 것처럼 재정권이 없는 기관을  자치기관이라고 할 수 없다. 사립대학에
재정에 관한 완전한 자치권을 인정해야 한다.

그리고 국립대학도 총액으로 배정한 범위 안에서 대학 자율로 운영할 수
있도록 되어야 한다. 재정에 관한 부정은 교육인적자원부가 아니라 사법기
관에 의하여 처리되도록 하여야 한다.

## (5) 학생 정원과 선발의 자율

고등교육법 제32조(학생의 정원)와 제34조(학생의 선발방법)에 의하여 학
생 수와 학생의 선발의 구체적인 방법까지 법령으로 규제하고 여기에 더하여
법령 외에도 3불정책(방침)이란 것으로 대학조직구성원을 구성할 수 없도록

한 것은 헌법에서 보장하려고 한 대학의 자율을 근본적으로 부정한 것이다.

대학에 학생 선발의 자율이 없다면 특목고나 자립형사립고, 사립학교, 영재교육 프로그램이 있어도 아무런 의미가 없다. 교육인적자원부가 획일적으로 2008학년도 대학입시에서 고교 내신성적을 상향 조정하자 이들 학교가 고사하게 되었다는 것이다. 초·중·고등학교에서 영재교육을 해도 대학입학전형의 자율이 없으면 영재들이 영재로서 대학에 갈 수 없게 되어 영재교육이 무의미하게 된다. 대학에 학생에 관한 자율이 있어야 한다.

## (6 대학의 경쟁력 강화와 구조개혁의 자율

최근에 대학의 구조개혁에 대하여 교육인적자원부가 열을 올리고 있는데 이것도 교육인적자원부는 방향만 제시하고 또 권장하는 정도로 그치고 대학 스스로가 개혁하도록 하여야 한다. 타율에 의한 개혁, 위로부터의 개혁은 성공하기 어렵다. 밑으로부터의 개혁, 대학인의 자기 필요에 의한 개혁일 때 성공할 수 있는 것이다. 대학구조개혁에 교육인적자원부장관만 바빠서는 의미가 없다. 대학과 대학인들이 개혁에 바빠야 성공할 수 있다.

교육인적자원부는 계속 '고등교육평가원'의 설립을 추진하고 있는데 이는 또 하나의 큰 우를 범할 가능성이 있다. 대학은 스스로 계획하고 스스로 평가할 때 의미가 있는 것이지 외부기관에 의한 평가로는 효과를 거두기 어렵기 때문이다.

## 5. 대학자율화의 전망

우리나라는 교육의 나라이고 교육에 의하여 나라와 국민이 이 정도로 깨고 성장·발전할 수 있었다. 고속발전에 이어 더 발전하지 못하고 지금 멈춰 서있는 것도 또한 교육 때문이라고 할 수 있다. 교육이 낙후되고 불실해지는 것도 자율성 부족에서 원인을 찾아볼 수 있다. 산업시대의 교육은 국가계획과 통제에 의하여 가능했을지 모르지만 변해버린 지식정보사회에는 더 이상 맞지 않는 것이다. 다양성, 선택의 자유, 참여, 개별화, 특성화, 우수성이 요구되기 때문이다.

이제 대학도 대학 제자리로 돌아가야 한다. 그것은 대학의 기원, 헌법정신과 함께 변해버린 사회 환경에 부응하는 대학자치인 것이다. 교육인적자원부를 벗어나 있는 대학이 좋은 대학으로 성장하고 있는 예에서 우리는 많은 시사를 받아야 한다. KAIST 러플린 총장의 제안대로 KAIST도 멀리 보면 사립으로 가야 장기적으로 더 발전할 수 있을지 모른다(사립화 안이 좌절되자 MIT 모델 안을 제시했다고 한다. 동아일보, 2005. 4. 27). 하버드대가 우리나라처럼 교육인적자원부의 '지도·감독' 하에 있었더라면 360년이 아니라 36년도 살아남지 못했을 지도 모른다.

규제완화 정도의 대학자율보다는 좀 더 과감한 조치를 요구된다. 규제개혁이라고 하더라도 (1) 대학 설·폐 및 정원정책, (2) 대학입시정책, (3) 대학 등록금 책정 및 재정 운영, (4) 대학평가(김영철, 2004) 정도라면 비교적 굵직한 개혁이라고 할 수 있다.

우리나라 헌법대로 대학은 대학자치로 넘겨 교육인적자원부의 '지도·감독'으로부터 대학이 벗어나게 하는 것이다. 그것이 어렵다면 최소한 사립대학이라도 완전 사립화 하고 국립대학은 준비된 대학부터 법인화하여 자율대학으로 전환하는 것이다. 대학에 관한 최고결정기구는 교육인적자원부든 대학이든 집단결정체제로 하고, 정부와 대학 사이의 완충기구 또는 중간기구의 자율협의기구가 활성화되도록 하여야 한다. 대학이 자율기능을 하려면 최소한 대학자체의 최고의결기구를 갖고 자치의 규정을 제정하고 인사권과 재정권을 가질 수 있어야 한다. 정부가 대학을 개혁하고 외부통제와 평가에 의하여 경쟁력을 갖추게 하려는 생각은 거꾸로 가는 방향이다. 대학 생존력과 경쟁력은 스스로 기르지 않으면 안 된다.

앞으로 닥쳐올 고등교육시장 개방에 대비하기 위해서도 먼저 우리나라 사립대학을 개방해야 한다. 이어서 우리나라 국립대학도 개선을 하여 자율로 살아남을 수 있도록 하고 사립대학이 감당하지 못하는 부문만 국가가 감당하고 보호해 주도록 해야 할 것이다.

# 참고문헌

김영철(2004). "고등교육분야의 규제개혁방안," 박세일, 이주호, 우천식 편 (2004), 자율과 책무의 대학개혁: 제2단계의 개혁. 한국개발연구원, 한국직업능력개발원.

김영철(1993). "학교와 교육행정가관간의 자율과 통제," 한국 교육행정에 있어서의 자율과 통제, 한국교육행정학회.

류혜숙(2005). 대학구조개혁정책의 방향, 대학교육, 2005. 1,2. 한국대학교육협의회.

박세일, 이주호, 우천식 편(2002004). 자율과 책무의 대학개혁: 제2단계의 개혁. 한국개발연구원, 한국직업능력개발원.

방희선(2005). "사립학교 관련법 개정안에 대한 법적 타당성 여부," 사학 2005, 봄, 대한사립중고등학교장회.

손희권(2004). "교육의 자주성에 관한 헌법재판소 판례 분석," 교육행정학연구 vol 22, no. 3, 한국교육행정학회

양건(1989). "대학의 자치와 교권에 대한 법리," 대학의 자치와 교권, 한국대학교육협의회.

유경희(2004). "중국의 대학입시제도 어떻게 나갈 것인가?," 교육개발 11/12, 한국교육개발원.

윤정일(1988). "대학자치를 위한 중간기구와 정부와의 관계," 대학자치와 정부의 역할에 관한 세미나, 한국대학교육협의회.

이경운(2000). 국·공립대학 운영체제의 개선과 자율성 확보, 공법연구 28집 4호 2권, 한국공법학회.

이상경(1997). 독일의 대학교육개혁: 변화를 위한 용기, 교육마당21, 1997.7. 교육부.

이주호(2005). "최우선 과제는 대학의 경쟁력 강화," 교육정책포럼, 한국교육개발원.

이형행(1989). "대학의 자치와 교권(미국의 사례)," 대학의 자치와 교권, 한국

대학교육협의회.

장수영외(2005), "지식강국 구현을 위한 대학교육 역량제고", 교육인적자원부 정책연구과제 「국가인적자원비전 2005」, 교육인적자원부.

정범모(19880. " 대학의 자치와 정부의 역할," 대학자치와 정부의 역할에 관한 세미나, 한국대학교육협의회.

최봉섭(2005). "학교의 다양화 정책과 그 한계, 그리고 새로운 도전," 교육개발 2005 1/2, 한국교육개발원.

허병기(1993). "교육행정에서의 자율과 통제 주장의 논리," 한국 교육행정에 있어서의 자율과 통제, 한국교육행정학회.

허종렬(2000). "교육부총리제와 대학의 자율성 보장을 위한 정부조직 개편 파라다임," 공법연구 28집 4권 2호, 한국공법학회.

Bain, Olga(2002). "University autonomy from the top down: Lessons from Russia" *International Higher Education*, Spring 2002.

Baldridge, J. Victor, David V. Curtice, George P. Ecker and Gary L. Riley, 1986). "Alternative Models of Governance in Higher Education," Marvin W. Peterson(ed), *ASHE Reader on Organization and Governance in Higher Education* 3rd ed, The George Washington University.

Kirtikara, Krissanapong(2003). "Autonomy: Experiences and Case Studies," International Conference on University Autonomy: Making It Work, Thai Ministry of Education.

Jimmy(2000). "University automnomy becoming an international trend, "www.ocolly.okstate.edu/issues/2000_Spring/000410/stories/aut...

Sinaia Statement on Academic Freedom and University Autonomy, Romania, 1992. www.unesco.org/webworld/peace_library/UNESCO/HRIGHTS/3...

Thai Ministry of University Affairs(2000). *Thai Higher Education in Brief.*

Thai Office of the Education Reform(2002). *Education Reform: 3 Years of OER's Work and Accomplishments.*

# 〈ABSTRACT〉

Policy Suggestions for Autonomy of University in Korea

Major countries of the world are trying to enhance the competitiveness of their higher education systems in oder to meet changes of higher education environments. Under these circumstances main purposes of this paper are to explore supplementary policy directions and tasks for autonomy of universities in Korea.

University must have their autonomy for survival and development in competitive world. It is possible to improve the fitness of educational administration and strengthen their competitiveness when university have a autonomy. But Korean universities could not have the autonomy of the limited number of schools, selection of students, personnel administration of faculties and staffs and so on.

This paper suggested the policy directions of autonomy of university as follows : 1) complete independence from Ministry of Education, 2) to transfer the national universities to incorporate school, 3) to install university council in Mistry of Education , and 4) to install University Council and University Senate in each university. And university must have the autonomy of enactment of school discipline, personnel, finance, selection of student, the limited number of schools.

# 제10장 이공학계열 대학교수의 인적 구성과 연구생산성*

## 1. 연구의 필요성과 목적

연구의 필요성과 목적을 나누어서 간단히 기술해 보면 다음과 같다.

### 1) 연구의 필요성

21세기를 지향하는 현 시점에서 우리나라가 국가 간 경쟁에서 살아남고 선진국으로 도약하기 위해서는 상대적으로 열세에 처해 있는 과학기술 수준을 선진국 수준으로 끌어올리는 것이 무엇보다도 시급한 시대적 과제이다.

이러한 과제를 진단하고 그 해결 방안을 모색하려는 노력이 정부, 사회 그리고 대학 자체적으로 활발하게 전개되고 있다. 예컨대, 정부차원에서 이미 대학생 정원 중 이공학계열을 55%로 상향조정하여 수준 높은 과학기술인력

---

* 교육행정학연구, Vol 12, No. 2, 한국교육행정학연구회, 1994. 한국과학재단 지원연구. 신분섭, 이석열과 공동연구.

을 집중 육성한다는 정책목표를 설정하고 이를 지속적으로 전개하여 온 사실
이라든가, 사회일부 특히 언론에서 우리나라의 과학기술 수준을 국제적 수준
과 비교·진단하고 뒤떨어진 과학기술 수준을 제고하기 위한 방안으로 이공
학계열 대학의 체제개혁과 교육 여건 조성, 그리고 교수들의 연구 의욕이나
수준의 향상에 대한 사회적 환기를 불러일으킨 것은 중요한 사례가 될 수 있
다. 특히, 한국대학교육협의회가 주관하여 이공학계열 중 핵심학과를 선정하
여 대학 간 교육 여건과 교육결과를 비교·평가한 사실이라든가 각 대학들에
서 교수들이 연구업적을 강화하거나 교수채용이나 승진임용에서 외국학술지
에의 논문발표를 의무조항으로 규정한 것은 이공학계열 대학들의 수월성을
제고하기 위한 대학의 협동적·개별적 노력을 반증하는 예로써 충분하다.

2000년대를 대비하여 정부·사회 그리고 대학 자체에서 기울이고 있는 이
공학계열 대학 교육의 질적 제고를 위한 정책이나 관심, 노력들은 한마디로
무엇을 의미하는가? 이는 다름 아니라, 우리나라가 미래사회의 과학기술 경쟁
에서 살아남고 선진국으로 도약하기 위해서는, 이공학계열의 대학 또는 대학
교수의 책무(accountability) 중에 연구생산성(research productivity)
을 높여야 한다는 논리 바로 그것이다. 대학의 특성에 비추어볼 때, 새로운 지
식을 생산하는 기능, 즉 연구 활동은 대학교수가 수행하는 모든 기능의 중심
토대임을 부인할 수 없을 것이다. 다시 말하면 대학(또는 교수)이 지식을 전
파하는 일(교수)이나 사회를 위해 지식을 활용하는 일(봉사)은 결국 지식을
만들어내는 일(연구)을 전제로 하지 않고서는 불가능한 일이다. 이렇게 볼 때,
이공학계열 대학교수들이 사회에서 필요로 하는 수준 높은 과학기술인력을 양
성하는 책임도 결국은 수준 높은 연구에서 비롯될 뿐만 아니라 순수 또는 응
용과학자로서 교수 자신이 우선적으로 수준 높은 과학기술 지식이나 이론 또
는 연구를 창출할 때만이 이공학계열 대학의 수월성은 증진될 수 있을 것이다.

그렇다면 우리나라 과학기술 수준의 향상과 직결되어 있는 이공학계열 대
학교수들의 연구생산성 내지 연구책무성을 위한 중요한 고려사항은 무엇인
가? 이에 대해서는 장·단기적 관점에서 설명이 가능할 것이다. 먼저, 단기적

으로는 교수들의 연구에 필요한 재정지원이나 실험 실습 기자재의 확충, 연구성과에 대한 합리적인 보상체계, 그리고 집중적인 연구 활동을 위한 교수부담(teaching load)의 감소 등이 제시될 수 있을 것이다. 그러나 장기적인 관점에서나 대학의 특성에 비추어 볼 때 현재의 교수자원의 특성을 분석하여 그것이 교수들의 연구생산성과 어떠한 함수관계에 있는가를 밝히는 일이 중요할 것이다. 그 이유는 이공학계열 대학교수들이 우리나라 전체 과학기술 연구 인력에서 절대비율을 차지하고 있기 때문에 대학 교육의 질 향상뿐만 아니라 과학기술의 발전을 위한 방향 탐색의 중요한 일면이 될 것이기 때문이다. 이공학계열 교수들의 학문적 배경과 연구생산성에 관한 연구의 필요성은 최근에 순수한 연구적 관심이나 정책적 관심의 대상이 되고 있다. 학문적 관심의 대표적인 예로 이성호(1992a. 11)는 다음과 같이 지적하고 있다.

"특히, 노동집약적인 성향과 인지적 힘의 발휘가 그 어느 다른 사회 조직체의 경우보다도 강한 구조적 특성을 지닌 대학에서, 교수자원은 가장 중요한 기본자산이 된다. 기본자산으로서의 대학교수자원의 양적 효능성과 질적 효율성은 곧 그 대학의 총체적 질을 유지하고 발전시켜 그 대학의 사명수행의 생산성을 극대화시켜 나가는 데 있어 가장 커다란 결정적인 변인으로 작용한다."

이러한 주장은 대학교육의 생산성 제고를 위한 방향설정에서 대학교수자원에 대한 연구적 관심을 대변하는 것으로 볼 수 있다.

한편, 정책적인 차원에서도 교수자원의 구성에 대해 많은 관심을 기울이고 있다. 최근, 교육부가 각 대학에 대하여 교수 충원 과정에서 무분별한 본교출신 교수채용(내충임용, inbreeding)을 지양해 줄 것을 권고한 사실이라든가 연구소 등에서 근무하고 있는 우수한 연구 인력을 국가재정을 투자하여 일정기간 동안 대학의 교수로 근무하도록 하는 브레인풀제도(brain-pull, 일명 우수인력 유치제도) 등은 이공학계열 대학교수의 교수의 충원 형식이나 인적 구성이 대학교육의 질, 특히 교수의 연구생산성에 중요한 영향을 미친다는 가정을 뒷받침하는 것으로 이해될 수 있다.

　이러한 논리에서 볼 때, 이공학계열 대학교수들의 연구생산성을 높이기 위한 여러 가지 논의 중에 교수진의 인적 구성에 대한 분석과 나이가 어떠한 인적·학문적 배경특성을 갖고 있는 교수들이 더 높은 연구 생산성을 나타내고 있는가에 관한 현실 검증은 이공학계열 대학의 수월성 내지는 과학기술발전을 위한 정책수립의 중요한 기초가 될 것이다.

　결론적으로 2000년대의 국가발전을 위한 과학기술 정책에서 최우선적으로 고려되어야 할 사항은 과학기술 발전의 중심적인 토대가 되는 이공학계열 대학의 수월성 보장방안을 탐색하는 일일 것이며, 이공학계열 대학교수의 수월성 보장은 과학기술인력양성과 연구생산을 담당하고 있는 교수진의 질적 수준에 달려 있음은 재론할 필요가 없다. 그러므로 이공학계열 대학교수진의 인적·학문적 배경특성을 통해 교수진의 구성현황을 살펴보고, 이러한 배경적 특성이 연구생산성과는 어떠한 관계가 있는가를 살펴보는 것은 의의 있는 일일 것이다.


## 2) 연구의 목적

　우리나라 이공학계열 대학교수의 인적·학문적 배경특성을 분석하여 인적 구성을 분석하고, 교수의 배경특성에 따라 연구생산성에 어떤 차이가 있는가를 이해하고자 하는 것이 본 연구의 목적이다. 구체적인 목적은 다음 다섯 가지로 요약된다.

　첫째, 이공학계열 대학교수의 인적 배경특성을 분석하여 교수진의 구성현황을 파악한다.

　둘째, 이공학계열 대학유형별로 교수의 인적 배경특성을 분석하여 대학유형별 인적구성을 파악한다.

셋째, 이공학계열 대학교수의 학문적 배경특성을 분석하고, 이를 교수의 인적 배경특성과 대학유형별로 분석한다.

넷째, 이공학계열 대학교수의 전반적인 연구생산성을 알아보고, 이를 교수의 인적·학문적 배경특성과 대학유형에 따라 차이가 있는가를 알아본다.

다섯째, 우리나라 이공학계열 대학교수의 인적·학문적 배경특성과 연구생산성을 분석한 결과를 토대로 이공학계열 대학교육의 질 제고와 과학기술정책 수립을 위한 시사점을 추출하여 결론으로 제시하고자 한다.

# 2. 대학교수자원에 대한 연구경향과 한국대학 교수자원의 인구학적 특성

## 1) 대학교수자원에 대한 연구경향

대학교수의 특성, 과업수행과 책무성, 그리고 교수의 직업적 학문적 생활과 관련된 변인을 중심으로 한 연구를 총칭하여 교수사회학(facultx sociology)이라고 부를 수 있다. 이러한 교수자원에 관한 연구 경향은 크게 다섯 가지로 구분되는 것이 일반적이다.

첫째, 대학교수들의 인구학적 특성을 분석하는 연구형태이다. 예컨대 교수들의 성, 연령, 교직경력, 직급, 가정배경, 종교, 학위수준, 그리고 학위취득국 등을 분석하여 교수 개인의 특성이나 집합적인 교수 집단의 특성을 알아보는 연구를 말한다. 이를 통하여 시대의 흐름에 따른 교수자원의 특성을 분석할 수 있고 대학발전의 과정에 대한 이해를 도모할 수가 있다. 실제적으로 우리나라에서 교수들의 인적 배경특성을 분석한 대표적인 연구로는 1983년 한국대학교육협의회가 주관하여 수행된 '전국대학 교수자원의 특성에 관한 분석적 연구'(강우철 외)를 들 수 있다.

둘째, 교수의 과업수행 내지는 교수 책무성, 교수의 권리와 의무 등에 관한 연구형태이다. 교수의 기본적인 역할이나 과업수행의 정도 그리고 그와 관련된 시간비율이나 활동을 분석한다든가 교수의 권리, 의무와 관련된 제반 정책적 문제를 다루는 연구 등을 말한다. 특히, 교수들이 교수, 연구, 사회봉사라는 본질적 기능 중 어떠한 기능을 더 수행하는가의 연구 등이 예로 제시될 수 있다.

셋째, 교수의 자질개발(faculty development)에 관한 연구이다. 교수의 직전경험, 교수로서의 성장과 발달, 전문적 능력, 특히 수업능력의 개발과 교수 평가 등을 다루는 연구 등이 이에 속한다. 한국대학교육협의회 등에서 추진하는 기관연구 중에 이 유형에 속하는 연구들이 많이 있다.

넷째, 교수의 근무조건에 관한 연구이다. 교수의 연구조건이나 지원조건, 복지환경 등의 분석과 그 개선방안에 관한 연구를 말한다. 예를 들면, 도서(관) 시설, 사무행정 체제와 지원인력, 연구비와 연구보조인력, 나아가 주택 등을 포함한 후생복지 등이 주요내용으로 다루어지는 연구들이 있다.

다섯째, 교수들의 사회·심리적 측면에 초점을 두는 연구가 있다. 교수들의 가치관이나 신념, 정치적 태도, 인간관계 등 다양한 사회 심리적 행동특성을 분석하고 그것들이 교수생활에 미치는 영향 정도를 분석하는 연구형태가 여기에 속한다. 이상의 연구유형과 관련하여 우리나라에서 수행된 대학교수자원에 관한 연구를 개략적으로 소개하면 다음과 같다.

우선 1967년 김종철 등에 의해 중앙교육연구소에서 수행된 연구가 있다. 이 연구는 그 당시 707명의 교수와 35명의 총·학장, 그리고 105명의 학장 및 학과장을 대상으로 설문조사와 면접조사를 실시하여 교수들의 인구학적 특성, 기능적 특성, 근무조건, 행정참여 등을 분석하였다(김종철 외 4인, 1967).

또한 1980년대에 접어들어 일부학자들에 의해 대규모적인 연구가 수행되었다. 우선 김난수, 이종성, 이성호는 4년제 대학교수 205명을 대상으로 교수들의 직무수행 실태와 직무부담 책정방법에 대한 의견조사를 실시한 바 있다(김난수, 이종성, 이성호, 1982). 그리고 앞에서 지적한 대로 강우철, 장인숙, 이성호는 '전국 대학교원 명부'에 등재된 17,383명 전체를 대상으로 교수자원의 인구학적 특성을 종합적으로 분석하였다. 나아가 가장 최근에 이성호는 1988년부터 2년여에 걸쳐 세 가지 종류의 대학 교수에 대한 연구─전공교육과정에 대한 태도와 갈등 분석─교수들의 연구태도 · 업적 · 동기 그리고 신임교수들이 기능적 특성과 사회 · 심리적 특성 분석을 수행하였다. 그는 이를 종합 · 확대하여 『한국의 대학교수─그들은 누구인가? 무엇을 하는 사람인가? 1992a』라는 저서를 출간하여 대학교수자원에 관한 연구와 관련된 의미 있는 서막을 열었다. 한편, 대학교수 중 특정계열만을 대상으로 교수의 인적 학문적 배경을 심도 있게 분석한 연구가 있다. 조광제(1987)는 '1987학년도 교육대학 교원명부'를 중심자료로 하여 11개 교육대학 교수 중 교육학전공 교수를 대상으로 그들의 인적 · 학문적 배경을 분석하였다.


## 2) 한국대학교수의 인구학적 특성

1992년 현재 우리나라 4년제 대학(교육대학, 개방대학, 방송통신대학 제외)에 재직 중인 교수들의 인구학적 특성(성 · 연령 · 직급)은 다음과 같다(교육통계연보의 지표분석내용).

첫째, 1992년 현재 4년제 대학에 재직하고 있는 교수는 총 37,287명인데, 그중 남자교수가 30,235명(84.7%)이고 여자교수는 7,052명(15.3%)이다.

둘째, 전체교수를 대학설립별로 분석하면, 국공립대학에 11,257명(30.2%), 사립대학에 26,030명(69.8%)이 재직하고 있다. 이를 전체 학생수(1,070,169명)와 관련지어 보면 전반적으로 교수 1인당 학생수는 28.8명인데, 국립대학이 사립대학보다 양호하였다(국립대학 23명, 사립대학 31명).

셋째, 전체 교수를 교수직급별로 분석할 때, 교수 35.6%, 부교수 29.6%, 조교수

24.9%, 전임강사 9.9%로 교수의 직급구조는 '역피라미드형' 구조를 나타냈다. 그런데 이는 1983년 당시의 '중형구조'(한국대학교육협의회의 연구 : 전임강사 23.7%, 조교수 29.7%, 부교수 18.7%, 교수 27.9%)와 비교하면 좋은 대조가 된다.

넷째, 전체 교수를 학위수준별로 분석하여 보면, 박사학위 소지자는 전체의 54.1%, 석사학위 소지자는 27.9%였다. 그리고 학사학위 소지자는 18.1%였다. 한편, 박사학위 소지 교수 중 국내에서 취득한 비율은 63.2%였고, 국외에서 취득한 비율은 46.8%였다. 1983년의 연구결과(석사 85.1%, 박사 39.8%)와 비교할 때 지난 10여 년 사이에 교수들의 학위수준이 매우 높아졌음을 알 수 있다.

다섯째, 전체교수의 연령별 현황을 분석하면, 전반적으로 30대(30~39세)의 교수가 30.4%로 가장 많았고 40대(40~49세)의 교수가 25.8%로 그 다음을 차지하였다. 한편 전체 교수 중 50세 이상의 교수는 23.3%였다.

여섯째, 전체 교수의 교직경력을 분석하면, 15년 이하의 경력 교수가 61.8%였는데, 특히 5년 이하의 경력을 가진 교수가 28.8%로 가장 많았다. 이러한 현상은 우리의 대학사회에서 비교적 최근에 이르러 많은 교수를 채용하고 있음을 의미한다.

이상의 결과들은 후술하게 될 이공학계열 대학 교수들만을 대상으로 분석한 인구학적 특성과 비교하면 그 의미가 더 명확해질 것이다.

# 3. 이공학계열 대학교수의 인적·학문적 배경특성

## 1) 연구 분석의 방법

본 연구에서 『한국과학재단의 이공학계열 대학교수 연구인력 입력자료 (D/B)』에 입력된 2,080명의 인적·학문적 배경특성을 다음과 같이 분석한다.

첫째, 교수의 인적 배경특성을 성(남·여), 연령(39세 이하, 40~49세, 50~59세, 60세 이상), 교직경력(5년 미만, 5~9년, 10~14년, 15~19년, 20년 이상), 직급(전임강사, 조교수, 부교수, 교수), 학위수준(학사, 석사, 박사)별로 나누어 분석한다.

둘째, 교수의 학문적 배경특성은 학위취득유형, 교수직 경로유형, 교수직 임용유형으로 구분하고, 이를 교수의 인적 배경과 대학유형별로 분석한다.

먼저, 하위취득유형을 다음과 같이 여덟 가지 유형으로 구분한다.

| 구 분 | 학위수준(취득지역 : 국내/국외) | | |
|---|---|---|---|
| | 학 사 | 석 사 | 박 사 |
| Ⅰ형 | 국 내 | 국 내 | 국 내 |
| Ⅱ형 | 국 내 | 국 내 | 국 외 |
| Ⅲ형 | 국 내 | 국 외 | 국 외 |
| Ⅳ형 | 국 내 | 국 외 | 국 내 |
| Ⅴ형 | 국 외 | 국 외 | 국 외 |
| Ⅵ형 | 국 외 | 국 내 | 국 내 |
| Ⅶ형 | 석사학위 소지자 | | |
| Ⅷ형 | 학사학위 소지자 | | |

다음으로, 교수직 경로유형[1]을 다음 일곱 가지로 분류한다.

---

1) Ⅰ 유형-학사나 석사학위를 취득한 후 교수로 임용되어 현재까지 박사학위 미소지자인 자
　　Ⅱ 유형-석사학위를 취득한 후 교수로 임용된 뒤에 박사학위를 취득한 자
　　Ⅲ 유형-석사학위를 취득한 후 연구직에 근무하면서 박사학위를 취득한 후 교수로 임용된 자
　　Ⅳ 유형-석사학위를 취득하고 초·중등 교육기관에 있으면서 박사학위를 취득한 후 교수로 임용된 자
　　Ⅴ 유형-박사학위를 취득한 후 직접 교수로 임용된 자
　　Ⅵ 유형-전문대학에 근무하면서 박사학위를 마치고 교수로 임용된 자
　　Ⅶ 유형-박사학위 후 교수로 근무하던 중 연구직으로 전직한 후 다시 교수로 임용된 자

| 구 분 | 경 로 |
|---|---|
| Ⅰ형 | 대학(원)졸(학·석사)→교수(박사학위미소지자) |
| Ⅱ형 | 대학(원)졸(학·석사)→교수(박사) |
| Ⅲ형 | 대학(원)졸(석사)→연구직(박사)→교수 |
| Ⅳ형 | 대학(원)졸(석사)→비연구직(박사)→교수 |
| Ⅴ형 | 대학(원)졸(박사)→교수 |
| Ⅵ형 | 대학(원)졸(석사)→교육기관(박사)→교수 |
| Ⅶ형 | 대학(원)졸(박사)→교수→연구직→교수 |

마지막으로 교수임용유형을 다음과 같이 두 가지 유형으로 구분한다.

| 구 분 | 임용방식 |
|---|---|
| Ⅰ유형 | 내적충원(출신대학의 교수로 임용) |
| Ⅱ유형 | 외적충원(출신대학 이외의 대학에 임용) |

셋째, 교수들의 인적·학문적 배경특성을 대학의 유형별 특성, 즉 설립형
태(국립, 사립), 규모(종합대학, 단과대학), 소재지역(서울, 지방), 계열(이
과, 공과)별로 나누어 분석한다.


## 2) 연구 분석의 주요결과

본 연구의 결과로서 얻어진 주요내용을 제시하면 다음과 같다.

이공학계열 대학교수의 전반적인 인적구성
첫째, 우리나라 이공학계열 대학교수들은 남자 위주로 구성되어 있다(남
97.6%). 연령상으로는 40세~49세가 전체의 38%로 가장 많은 분포를 이
루고 있으며 49세 이하의 교수가 전체교수의 71.6%를 차지하고 있다.

둘째, 직급별로 살펴본 인적구성은 교수와 부교수가 전체의 64.2%를 차지하였으며 박사학위 소지자가 전체의 90.5%를 차지하였다. 박사학위 소지비율은 우리나라 전체대학교수의 평균비율(54.1%)보다 월등히 높은데, 이는 전공학문의 특성과 관계가 있을 것이다. 한편, 10~14년의 교직경력자가 29.7%로 가장 많았으며 14년 이하의 교직경력자가 전체 교수의 74.7%를 차지하였다. 이는 1980년대 초반에 대학학생정원의 팽창으로 그간 교수충원이 많았다는 사실을 암시해 주고 있다고 볼 수 있다.

셋째, 교수직급구성에서 50~59세는 전체의 76.9%가, 60세 이상은 전체의 95.7%가 교수직급에 해당되는데, 이는 우리나라의 대학 교수 사회에서 주로 경력(년공)에 의한 교수승진임용이 이루어지는 현실과 관련지어 설명될 수 있을 것이다.

이상의 내용을 그림으로 나타내면 〈그림 10-1〉과 같다.

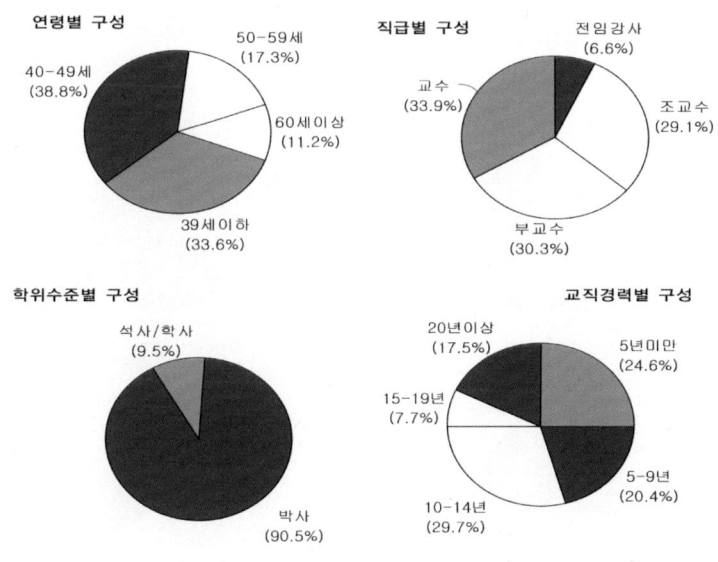

## (가) 대학유형별 교수의 인적구성

첫째, 대학의 설립별로 볼 때 국립대학에는 전체교수의 39.7%, 사립대학에는 전체교수의 60.3%가 속하였다. 연령상으로 국·사립대학 모두 40~49세의 교수들이 가장 많았고(각각 41.2%와 36%), 교직경력상으로는 10~14년의 교수가 가장 많았다(각각 31%와 28.9%). 한편, 국립대학은 부교수가 전체의 32.2%로 가장 많은 반면 사립대학은 교수가 36.6%로 가장 많았다.

둘째, 전체 교수 중 단과대학에 21.9%, 종합대학에 78.1%가 소속되어 있었다. 교직경력상으로 단과대학은 비교적 고르게 구성되어 있으나(5년 미만 29.2%, 5~9년 29.2%, 10~14년 27.3%), 종합대학은 불안정한 구조를 보였다(5년 미만 23.35%, 5~9년 18.0%, 10~14년 30.4% 등).

셋째, 전체교수 중 서울소재 대학에 29.8%, 지방소재 대학에 70.2%의 교수가 분포되어 있었다.

넷째, 대학의 계열을 중심으로 보면, 전체교수 중 56%가 이과대학에, 44%가 공과대학에 소속되어 있었다.

이상의 내용을 그림으로 나타내면 〈그림 10-2〉와 같다.

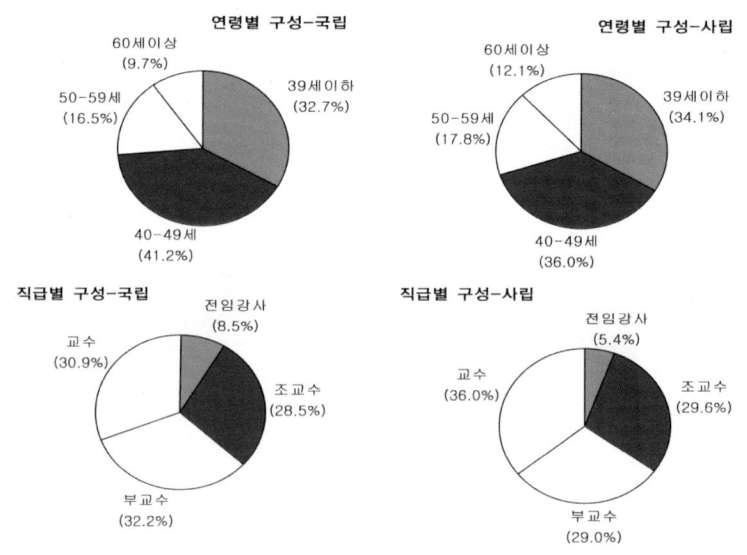

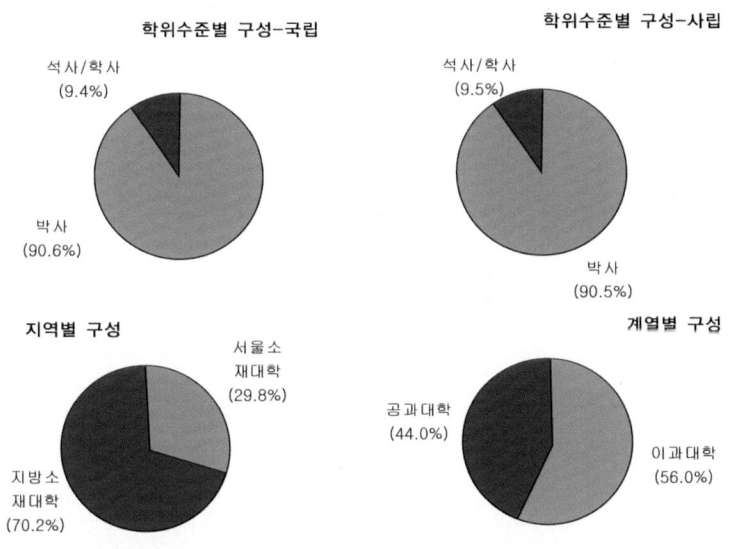

학위수준별 구성-국립
석사/학사
(9.4%)
박사
(90.6%)

학위수준별 구성-사립
석사/학사
(9.5%)
박사
(90.5%)

지역별 구성
서울소
재대학
(29.8%)
지방소
재대학
(70.2%)

계열별 구성
공과대학
(44.0%)
이과대학
(56.0%)

## 3) 학문적 배경특성별 인적구성

첫째, 이공학계열 대학의 교수들이 박사학위를 취득한 과정은 학사, 석사, 박사학위를 모두 국내에서 취득한 비율이 전체의 44.9%를 차지하였으며, 박사학위만을 외국에서 취득한 비율은 전체의 25.6%를 차지하였다. 한편, 박사학위만을 국내에서 취득한 비율은 46.3%였다. 학위취득유형에서 특기할 점은 조교수와 5년 미만 경력의 교수들은 박사학위를 외국에서 취득한 비율이 가장 높았다. 또한 60세 이상 교수 중 박사학위 미소지자는 28%였고, 공과대학 교수 중 박사학위 미소지자는 14.7%로 이과대학의 5.4%보다 훨씬 높았다.

둘째, 대학교수직에 들어오기까지의 경력통로를 보면, 대학원에서 박사학위를 취득한 후 다른 통로를 거치지 않고 교수가 된 비율이 32.5%로 높게 나타났다.

연구직을 거쳐 교수가 된 비율은 전체교수의 6.4%에 불과하였지만 조교수는 해당직급 전체 교수의 12.3%가 이에 해당되었다. 연령상으로 50세 이상은 교수직에 임용된 후 박사학위를 취득한 비율이 가장 높았으나(50대 는 49.6%, 60대는 40.9%), 49세 이하는 박사학위 취득 후 교수가 된 비율이 전체의 45%로 가장 높았다.

대학유형별 분석에서도 거의 모든 분류에서 박사학위 취득 후 곧바로 교 수가 된 비율이 가장 높았다. 계열별로 나누어 보았을 때 공과대학은 교수 가 되어 박사학위를 취득한 비율이 전체의 37.2%로 가장 많았다.

셋째, 현재 교수로 근무하고 있는 대학이 자신의 출신대학(학과)이냐, 그렇지 않느냐를 기준으로 한 교수임용유형을 분석한 결과, 자신의 출신대학이 아닌 타 대학에 임용된 비율이 전체교수의 75%였다. 직급상으로 교수는 내충임용이 31.7%인 반면, 전임강사는 18.8%로 최근에 더 낮아졌다. 그리고 학사학위소 지 교수가 내충임용이 35%로 높은 편이었다. 대학의 소재지역별로 볼 때 서울 소재대학의 내충임용은 33.4%로 지방대학의 내충임용 21.4%보다 높았다.

이상의 내용을 그림으로 나타내면 〈그림 10-3〉과 같다.

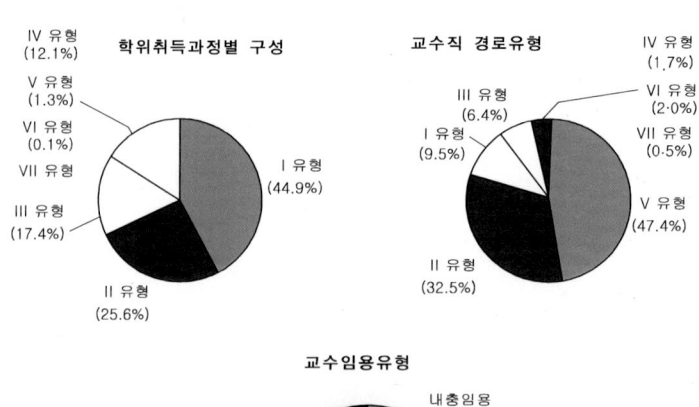

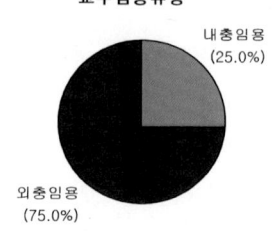

## 4. 이공학계열 대학교수의 배징특성에 따른 연구생산성

### 1) 연구 분석의 방법

교수들의 연구생산성을 분석하기 위한 방법으로 한국과학재단의 『이공학계열 대학교수연구인력 입력자료(D/B)』에 입력된 교수들의 최근 5년간 (1987~1991년)의 연구실적을 분류하였다. 일차적으로 교수들이 발표한 총 논문 편수를 계산한 후, 간접적이기는 하지만 논문의 질을 평가하기 위하여 논문을 발표한 지면을 기준으로 ① 대학자체논문집 ② 국내의 공식학회지(기관 보고서 포함) ③ 해외학술지별로 분석·제시하였다.

### 2) 연구 분석의 주요 결과

위와 같은 분석방법에 의해 나타난 교수들의 연구생산성을 그들의 인적·학문적 배경에 따라 제시하면 다음과 같다.

교수의 인적 배경과 연구생산성

첫째, 이공학계열 대학교수들의 5년간 총 논문 편수는 10.82편으로 1년 평균 2.06편이었고 공식학회지(기관 보고서 포함)에 연간 1.24편으로 가장 많이 발표되었다.

이러한 결과에서 얻을 수 있는 시사점은 일반적인 조사와 비교하여 볼 때 다른 분야의 교수들보다 연구생산성이 높은 것으로 이해된다. 그 이유는 여러 가지 측면에서 찾을 수 있으나 우선적으로 이공학계열 교수들은 비교적 타 분야의 교수에 비하여 저술이나 사회활동보다는 '프로젝트 연구'에 더 관심이 많은 때문으로 이해된다.

둘째, 교수의 개인적 특성을 기준으로 할 때 남자교수가 여자교수보다

전반적인 연구생산성이 높았다(총 논문 편수에서 남자는 연간 2.2편, 여자는 연간 1.53편).

셋째, 연령상으로는 50~59세의 교수들이 5년간 11.94편(연간 2.4편)으로 논문발표가 가장 많았으나 논문의 질이 우수하다고 판단될 수 있는 해외학술지에 발표된 논문은 30세 이하가 연간 0.9편으로 가장 많았다.

넷째, 총 논문 편수에 있어서 직급상으로는 교수가 연간 2.7편, 교직경력상으로 15~19년의 교수들이 연간 2.5편으로 가장 많았다. 그러나 해외학술지에 발표된 논문은 조교수가 연간 0.81편, 그리고 5년 미만 경력의 교수가 연간 1.05편으로 가장 많았다.

다섯째, 대학유형별 분석에서 서울소재 대학교수(연간 0.8편)와 종합대학교수(연간 0.64편) 그리고 이과대학교수(연간0.75편)가 상대적으로 많은 논문을 발표하였다.

이상의 내용을 그림으로 나타내면 〈그림 10-4〉와 같다.

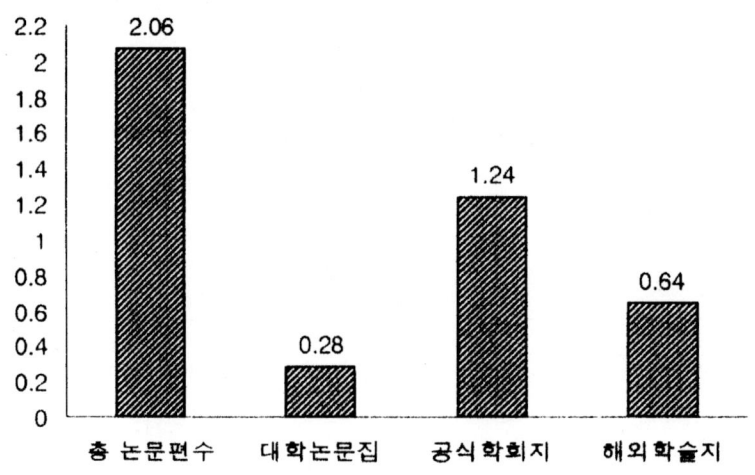

〈그림 10-4〉전체 교수의 총 논문 편수와 게재지별 발표 논문 수

## 3) 교수의 학문적 배경과 연구생산성

첫째, 학위취득유형을 기준으로 분석한 결과 박사학위를 외국에서 취득한 교수들의 총 논문 편수가 연간 2.7편, 해외학술지 발표 13편으로, 국내에서 박사학위를 취득한 교수들의 총 논문 편수 1.4편, 해외학술지 발표 0.2편보다 월등히 많았다. 특히, 모든 학위를 외국에서 취득한 교수들은 총 논문 편수와 해외학술지 발표논문이 각각 연평균 2.9편과 1.6편으로 월등히 많았다.

둘째, 교수직경로유형을 기준으로 볼 때, 연구직을 거쳐 교수직에 임용된 교수가 총 논문 편수에서 연간 2.6편으로 가장 많았고, 박사학위 후 곧바로 교수가 된 유형이 연간 2.4편으로 나타났다.

셋째, 한편 교수임용유형별로 볼 때, 내충임용된 교수들은 총 논문 편수와 해외학술지 논문 편수가 각각 2.4편과 0.6편인 반면 외충임용된 교수들은 각각 2.1편과 0.7편으로 양 집단 간에 별 차이가 없었다.

이상의 내용을 그림으로 나타내면 〈그림 10-5〉, 〈그림 10-6〉과 같다.

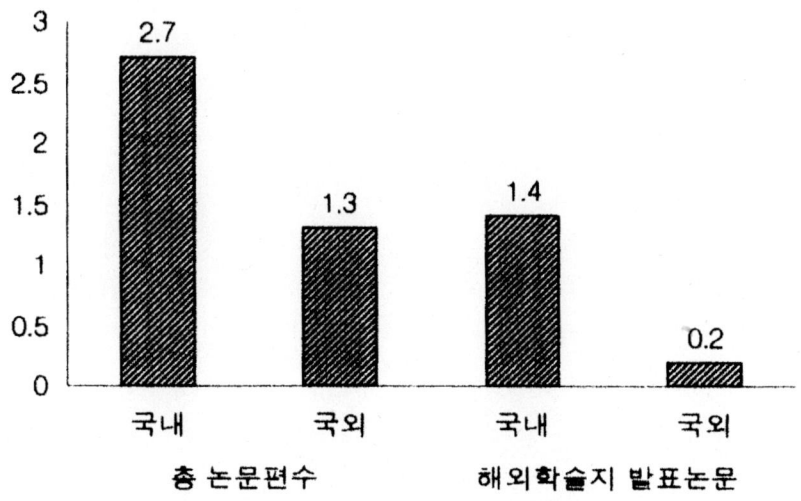

〈그림 10-5〉 박사학위 취득유형별(국내, 국외) 논문발표 현황

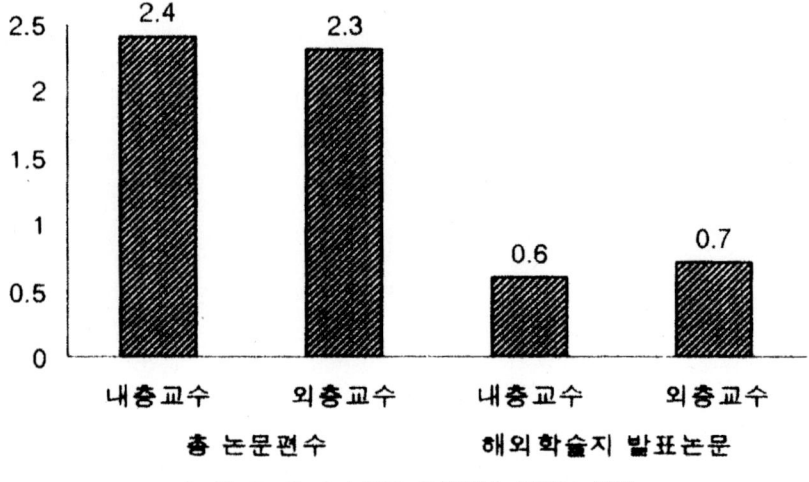

〈그림 10-6〉 교수임용 유형별 논문발표 현황

# 5. 연구의 결론과 정책적 제언

## 1) 연구의 결론

이상에 제시된 결과에 비추어 본 연구의 결론은 다음과 같이 열 가지로 제시될 수 있을 것이다.

첫째, 이공학계열 대학교수들의 인적 구성에 비추어 볼 때 이공학계열 대학의 연구 잠재력은 충분하다. 이러한 주장은 이공학계열 대학교수 중 박사학위 소지자가 전체교수의 90% 이상을 넘는 동시에 교직경력 14년 이하의 교수가 전체교수의 75%에 해당되는 사실에 근거할 수 있다. 특히, 박사학위를 소지한 교수비율은 우리나라 대학의 전체 평균보다 높게 나타나 긍정적인 현상이라고 할 수 있다.

둘째, 교수들의 연령이 많고 상위직급일수록 연구생산성이 높다. 전체교수 중 50세~59세는 76.9%가 교수직급이며, 60세 이상은 전체의 96%정도가 교수직급에 해당되는 것은 우리나라 대학의 승진임용제도와 관련될 것이다. 즉, 업적에 의한 승진임용보다는 연공(경력)에 의한 승진 임용을 택하는 현실에서 당연한 결론으로 여겨진다. 그러나 후술하게 될 교수의 직급별 연구생산성, 즉 직급상으로는 교수가, 교직경력상으로는 15~19년의 교수들이 총 논문 편수가 가장 많음을 볼 때 연령이 많을수록 교수직급비율이 높은 것은 반드시 부정적인 현실은 아니라고 본다. 다만, 우리나라 대학전체의 측면에서 연공보다는 업적에 의한 교수평가나 승진임용이 요구되는 것은 사실이다.

셋째, 교수 수에 비추어 볼 때 우리나라의 이공학계열 대학교육은 사립대학과 지방대학에 더 의존하고 있다(이공학계열의 60%가 사립대학에, 70%가 지방소재 대학에 소속). 이 결과는 각 대학의 학생정원과 관련지어 설명될 사항이기는 하지만 이공학계열 대학의 연구인력이 국립대학보다는 사립대학에, 서울소재 대학보다는 지방소재 대학에 편중되었음을 의미한다.

넷째, 전체교수들 중 박사학위를 국내에서 취득한 비율이 높은 편이나 최근에 이르러서는 외국에서 박사학위를 취득한 비율이 더 높아졌다. 이공학계열 대학의 전체 교수들 중 약 절반가량(박사학위 미소지자를 포함한 전체의 46.3%가 박사학위를 국내에서 취득하였다. 국내에서 박사학위를 취득하는 것이 좋으냐, 외국에서 취득하는 것이 좋으냐는 교수의 연구생산성과 연관지어 설명될 부분이다. 그러나 최근에 외국에서 박사학위를 취득한 정도가 더 높은 것은 우리나라 이공학계열 대학의 학문 수준이 낙후되었다는 사실을 간접적으로 반증한 셈이다. 그리고 이는 연구생산성 분석에서 밝혀진 대로 국내에서 박사학위를 취득한 교수들의 연구생산성이 외국에서 박사학위를 취득한 교수들보다 떨어진다는 사실과 관련지어 볼 때 우리나라 이공학계열 대학교수들의 연구 분위기 측면에서 시사하는 바가 크다고 볼 수 있다.

다섯째, 대부분의 교수들이 대학원과정, 특히 박사학위 취득 후 다른 경력 통로를 거치지 않고 교수로 임용되었다. 구체적으로 대학원에서 박사학위를 취득한 직후와 박사학위 없이 교수가 된 경우가 전체교수의 80%에 육박하였다. 그리고 연구경험을 갖고 교수가 된 비율은 상대적으로 저조하였다. 이러한 사실에서 볼 때, 대학원과정에서 '연구자로서의 훈련'이 중요하다고 볼 수 있다. 특히, 연구생산성 분석에서 밝혀진 대로 연구직의 경험을 가진 교수에 비해 박사학위 후 곧바로 교수가 된 유형이 연구생산성이 떨어진다는 점에서 볼 때 대학원과정 특히, 박사과정의 교육이 아주 중요하다고 보인다.

여섯째, 교수의 인적구성상 이공학계열 대학교육 중 기초과학교육의 기반이 응용과학교육보다 양호하였다. 이공학계열 대학 전체 교수 중 이과계열의 교수 비율이 높고 특히 박사학위 미소지자가 공과계열의 교수보다 적었다. 그리고 박사학위를 갖고 교수로 임용된 비율도 공과대학보다는 이과대학이 높았다. 이러한 사실은 한마디로 기초과학부문인 이과대학의 연구 잠재력이 상대적으로 양호한 것으로서 긍정적인 현상이라고 판단될 수 있다.

일곱째, 우리나라 이공학계열 대학교수의 내적 충원비율은 생각보다 높지 않으며 과거보다 오히려 최근에 올수록 낮아졌다. 물론 이러한 결론은 본 연구가 대학별 분석을 시도하지 않은 관계로 논란의 여지가 있으나 대학전체로 볼 때 교수의 내충임용이 우려될 정도는 아니라고 본다. 그러나 서울소재 대학의 내적충원이 33.4%로, 전체 평균(25%)보다 10% 정도 높은 것은 우려되는 사항이다. 교수의 내충임용이 어떠한 역기능이 있느냐는 종합적인 차원에서 고려되어야 하나 최근에 올수록 내충임용이 낮아지는 현상은 고무적으로 해석된다.

여덟째, 교수들의 전반적인 연구생산성은 상위직급일수록 높았으나 국제적인 학술지에의 논문발표는 신참교수일수록 상대적으로 많았다. 이공학계열 대학교수의 5년간 총 논문 편수에서 비교적 직급이 높고 연령이 많은 교수들이 연구생산성이 높은 것은 고무적인 사실이다. 그러나 국제적인 학술지에 논문을 발표하는 정도는 교직경력 5년 미만의 교수와 조교수가 더 높은 것은 다른 차원의 해석이 필요하다. 다시 말해, 공식학회지나 기관 보고서에 발표된 논문은 정책연구나 지원연구와 관련이 많은 것으로 보이는데 교직경력이 적은 교수들은 실제는 국제적인 논문을 쓰면서 이에 참여하는 정도가 낮다는 결론이 가능하다.

아홉째, 박사학위를 외국에서 취득한 교수들이 국내에서 박사학위를 취득한 교수들보다 연구생산성이 월등히 높았다. 특히, 모든 학위를 외국에서 취득한 교수들이 총 논문 편수나 해외학술지 발표 논문 편수에서 가장 높은 사실은 시사하는 바가 크다고 볼 수 있다. 즉, 최근에 임용된 교수일수록 외국에서 박사학위를 취득하였고 또 외국에서 학위를 취득한 교수일수록 연구생산성이 높다는 사실은 우리나라 이공학계열 대학원 교육의 반성과 아울러 향후 교수 인력 구조의 편성과 관련하여 정책적인 시사점으로 충분하다.

열 번째, 연구직을 거치고 교수로 임용된 교수들의 연구생산성이 가장 높았다. 이러한 결과에서 볼 때 이공학계열 대학교수직 통로로서의 연구경험은 유용한 가치가 있으며 정책적인 배려가 요구되는 사항으로 해석된다.


## 2) 정책적 제언

본 연구를 통하여 우리나라의 과학기술발전과 이공학계열 대학교육의 수월성 제고를 위하여 다음의 여섯 가지를 제언하고자 한다.

**제언 Ⅰ: 장기적으로 이공학계열 대학교육에 대한 국가의 부담 비율을 높이는 동시에, 단기적으로 현재의 구조하에서라도 이공학계열 대학의 수월성을 제고하기 위해서 지방 사립대학에 대한 특별한 지원책이 필요하다.**

본 연구의 결론 부분에서 밝힌 대로, 우리나라 전체교수 중 60%가 사립대학에 소속되어 있다는 점은 그만큼 이공학계열 대학교육의 사학의존도가 높다는 사실을 간접적으로 밝혀주는 것이다. 그러나 단위교육비가 상대적으로 높은 이공학계열의 대학교육은 사학보다는 국가에서 담당하는 것이 보다 효율적이며 이는 대학교육의 기능분화 차원에서도 심도 있게 논의되어야 할 것이다. 한편으로, 이는 현재의 구조하에서 지방사립대학의 이공학계열에 대한 집중적인 투자가 필요함을 밝혀주고 있다. 앞에서 밝힌 대로 이공학계열 대학의 전체 교수 중 70%가 지방사립대학에 소속되어 있다. 그런데 역으로 지방(사립)대학 이공학계열 교수의 연구생산성은 서울소재 대학교수의 연구생산성에 뒤지는 것으로 나타났다. 따라서 인적 구성상으로 교수 연구인력이 집중되어 있는 지방사립대학 교수의 연구생산성을 제고하기 위한 방안을 강구하지 않고서는 우리나라 전체 이공학계열 대학의 수월성을 기대할 수 없게 될 것이다.

이렇게 볼 때, 현재에 기설되어 있는 지방사립대학의 이공학계열에 대해서는 정부차원의 집중적인 지원이 필요하지만, 아울러 최근 대학신설이나 학과신설에 있어서 주로 이공학계열에 대해서만 승인을 해줌으로써 오히려 이공학 대학교육의 사학의존도를 더 높이고 있으므로 이를 신중히 검토할 필요가 있다.

## 제언 Ⅱ: 우수한 연구인력을 이공학계열 대학교육에 충원시키는 제도가 확대되어야 한다.

이와 관련하여 현재 우리나라에서는 겸임교수제도나 우수인력유치제도 등이 시행되고 있다. 본 연구의 결과에서도 이러한 제도는 정책적 가치가 충분한 것으로 밝혀졌다. 그 근거로 연구직의 경력통로를 거친 교수라든가 외국에서 학위를 취득한 교수들의 연구생산성이 월등히 높은 사실을 들 수가 있다. 결국, 현재 연구직에 있거나 연구직의 경험을 갖고 있는 교수들은 직접적으로 연구성과가 높을 것으로 기대될 뿐만 아니라 대학의 교수 사회에 연구 분위기를 확산시킨다거나 동료교수의 연구의욕을 자극하는 효과가 클 것으로 판단된다.

## 제언 III: 인적구성의 측면에서 공과대학의 연구 기반을 중점적으로 확충할 필요가 있다.

이공학계열 대학의 연구기반은 시설, 재정, 인력 등 여러 차원에서 논의될 사항이다. 그러나 본 연구의 결과만을 놓고 볼 때, 인적구성의 측면에서 공학계열 교수 중 박사학위 미소지자와 박사학위를 취득하지 않은 채 교수가 된 비율이 이과대학보다 상대적으로 높았다.

또한 근소한 차이이기는 하지만 공과대학 교수들의 연구생산성이 이과대학의 교수들보다 뒤지는 것으로 밝혀졌다. 이러한 점에 비추어 볼 때 기초과학 분야인 이과계열의 지원을 소홀히 하지 않으면서 동시에 공학계열의 우수인력 확보를 위한 지원책이 요청된다. 예컨대 정부에서 지원하는 연구교수인력에서 공과대학 지원의 비율을 상대적으로 높이는 것이 하나의 방안이 될 것이다.

## 제언 IV: 젊은층의 연구인력에 대한 정책적 배려가 필요하다.

이에 대한 근거로는 세 가지 이유가 가능하다.

첫째, 본 연구에서 볼 때 조교수와 5년 미만 경력의 교수가 논문의 질이 우수하다고 판단될 수 있는 해외학술지에 가장 많은 논문을 발표한 것으로 나타났다.

둘째, 이공학계열 대학의 교수임용은 박사학위를 취득하고 다른 경로를 거치지 않은 채 교수가 된 비율이 가장 높았다.

셋째, 본 연구의 이론적 배경에서 교수가 된 후 최초 5년간의 연구 실적이 그 이후의 연구 성과를 예언하는 기준치가 되고 있음을 밝혔다.

이 세 가지에 근거하여 제언한다면, 첫 번째와 관련하여 정부와 관련단체에서 연구프로젝트 배정 시 관록이나 교수직급에 얽매이지 말고 젊은 교수를 활용할 필요가 있다.

둘째와 관련해서는 현실적으로 박사학위 후 곧바로 교수직에 임용되는 사례가 가장 많으므로 연구자로서의 훈련과정에 있는 박사과정 학생들을 대상으로 연구장학생제도(가칭)를 도입할 필요가 있으며 이것이 향후 교수의 연구생산성을 제고하는 토대가 될 것이다. 셋째와 관련하여 젊은 교수에 대한 투자가 장기적인 측면에서 가장 효과적인 투자가 될 것이다. 이렇게 볼 때 장차 연구인력이 될 '예비교수'나 '신임교수'들에 대한 연구지원상의 정책적 배려가 필요하다.

## 제언 Ⅴ: 이공학계열 대학의 대학원 교육의 기반을 강화해야 한다.

본 연구의 결과에서 볼 때 교수의 인적 구성상 직급이 낮을수록, 교직 경력이 적을수록 외국에서 박사학위를 취득한 비율이 높았다. 이는 선진학문을 접한다는 이점은 있으나 한편으로 보면 우리나라의 대학원교육의 열악한 현주소를 반증하는 예가 될 수도 있다. 이러한 제언은 본 연구의 결과와 관계없이 일반적으로 제기되는 사항이지만 대학원교육의 질에 대한 종합적인 검토가 필요하다.

## 제언 Ⅵ: 이공학계열 대학의 교수임용유형과 관련하여 능력주의 풍토가 진작되어야 한다.

본 연구에서 나타난 바에 의하면 교수임용에서 전반적인 내충임용은 우려할 수준은 아니었으나 서울소재대학들은 상당히 높아지는 추세에 있다. 또한 본 연구에서 내충임용이 외충임용에 비해 연구생산성을 저하시키는 것은 아니었지만, 그렇다고 연구생산성과 관련하여 부정적인 현실을 경계하지 않으면 안 될 것이다. 이러한 주장은 본 연구에서도 내충임용된 교수들의 연구생산성이 외충임용된 교수들보다 안정적이지 못한 것으로 나타난 데 기인할 수 있다. 결국, 일반적인 인식대로 '능력'을 기준으로 하는 교수임용방식이 정착되는 것이 교수의 연구생산성을 높이는 첩경일 것이다.
- 연령별 구성: 60세 이상(11.2%), 50~50세(17.3%), 40~49세(38.8%), 39세 이하(33.6%)
- 직급별 구성: 교수(33.9%), 부교수(30.3%), 조교수(29.1%), 전임강사(6.6%)
- 학위수준별 구성: 석사·학사(9.5%), 박사(90.5%)
- 교직경력별 구성: 20년 이상(17.5%), 15~19년(7.7%), 10~14년(29.7%), 5~9년(20.4%), 5년 미만(24.6%)
- 연령별 구성: 국립-60세 이상(9.7%), 50~59세(16.5%), 40~49세(41.2%), 39세 이하(32.7%)
  사립-60세 이상(12.1%), 50~59세(17.8%), 40~49세(36.0%), 39세 이하(34.1%)
- 직급별 구성: 국립-교수(30.9%), 부교수(32.2%), 조교수(28.5%), 전임강사(8.5%)
  사립-교수(36.0%), 부교수(29.0%), 조교수(29.6%), 전임강사(5.4%)
- 학위수준별 구성: 국립-석사/학사(9.4), 박사(90.6)
  사립-석사/학사(9.5), 박사(90.5)
- 지역별 구성: 지방소재대학(70.2%), 서울소재대학(29.8%)
- 계열별 구성: 공과대학(44.0%), 이과대학(56.0%)
- 학위취득과정별 구성: Ⅰ유형(44.9%), Ⅱ유형(25.6%), Ⅲ유형(17.4%), Ⅳ유형(12.1%), Ⅴ유형(1.3%), Ⅵ유형(0.1%), Ⅶ유형(9.6%), Ⅷ유형(1.0%)
- 교수직 경로유형: Ⅰ유형(9.5%), Ⅱ유형(32.5%), Ⅲ유형(6.4%), Ⅳ유형(1.7%), Ⅴ유형(47.4%), Ⅵ유형(2.0%), Ⅶ유형(0.5%)
- 교수임용유형: 내충임용(25.0%), 외충임용(75.0%)

# 참고문헌

강우철·이성호·장인숙(1993). "전국대학 교수자원의 특성에 관한 분석적 연구" 서울: 한국대학교육협의회, pp.9-65

김난수 외 2인(1973). "한국 고등교육개혁의 방향 모색" 서울: 문교부 교육정책심의회.

김난수·이종성·이성호(1982). 한국 대학교수 업무부담의 적정화 연구. 연세논총 제19집, 연세대학교.

김종철외 7인(1993). "대학교육의 지역 간 격차에 관한 연구" 학술연구 조성비 연구보고서.

모영기(1990). 본교 출신 교수채용과 대학발전. 교육행정연구 8권 1호. 한국교육행정연구회.

문교부(1992). 교육통계연보 서울: 교학사.

신용휘 외(1988). 우리나라 대학교수의 연구·교육 활동과 생산성에 관한 연구. 생산성논집 vol .2, pp.11-32.

이성호(1992a). 대학교육의 갈등 서울: 도서출판 느티나무.

이성호(1992b). "한국고등교육의 교수내충 결정요인에 관한 연구" 교육행정학연구 8권 1호, 한국교육행정연구회.

임용순(1992). "교수 사회 내적 충원 구조의 특성과 그 억제 방안" 대학교육, 1992. 9. 한국대학교육협의회.

조광제(1993). 교육행정의 탐구 서울: 형설출판사

Allison, P.D., and Stewart. J.A.(1974). *Productivity Differences Among Scientists: Evidence for Accumulative Advantage. American Sociological Review.* 39.

Astin, H.(1984). Academic Scholarship and Its Rewards. In Advances in *Motivation and Achievement.* vol.2, edited by Marjorie W.Steinkamp and Martin L. Maehr. Greenwich. Conm: JAI Press.

Babchuk, N., and Bates, A. P.(1962). Professor or Producer: the Two Faces of Academic Man. *Social forces,* Vol.40.

Baldwin. R. G., and Blakbum, R. T.(1981). The Academic Career as a Developmental Process. *Journal of Higher Education,* 52(6).

Bayer, A. E., and Dutton J. E.(1977). Career Age and Research-Professional Activities of Academic Scientists. *Journal of Highher Education,* vol.48.

Biglan, A.(1973). "The Characteristics of Subject Matter in Different Academic Areas." *Journal of Applied Psychology,* 57(3).

Blackburn, R. T., et al.(1978). "Career Patterns of U.S. Male Academic Social Scientists." *Higher Education,* 8(5).

Blackburn. t., Behymer, C. E., and Hall, D. E.(1987). "Research Notes: Correlates of Faculty Publications." *Sociology of Education,* Vol.51.

Bowen, H. R., and Schuster, J. H(1986). *American Professors,* Oxford: Oxford University press.

Braxton, J. M.(1983). "Department Colleagues and Individual Faculty Publication Productivity." *The Review of Higher Education.* 6(2).

Canter, A. M.(1966). An Assessement of *Quality in Graduate Education,* Washington D.C.: American Council on Education.

Clemente, F.(1973). "Early Career Determinants of Research Productivity." *American Journal of Sociology,* 79(2).

Cole, J. R., & Cole, S.(1973). *Social Stratification in Science,* Chicago: The University of Chicago Press.

Cole, J. R., and Zuckerman, H.(1984). "Productivity Puzzle: Persistence and Change in Patterns of Publication of Men and Women Scientists," In *Advances in Motivation and Achievement,* Vol. 2, edited by Marjorie W. Steinkamp and Martin L. Maehr. Greenwich, Conn: JAI Press.

Crane, D.(1965). "Scientists at M대or and Minor Universities: a Study of Productivity and Recognition." *American Sociological Review,* Vol.30.

Crawford., S. C.(1961). "A University-Wide Program of Faculty Development." *The Educational Record,* (42).

Creswell et al.(1984). "Enhancing Faculty Research Productivity." Paper Presented at the Meeting of the Association for the Study of Higher Education, March, Chicago, Illinois.

Creswell, J. W.(1985). Faculty Research Performance, Lessons from the Sciences and the Social Sciences, ASHE−ERIC Higher Education Reports.

Doi, J. I.(1961). "The Proper Use of Faculty Load Studies," in Studies of College Faculty, Berkley: Western Intestate Commission for Higher Education and Center for Research and Development in Higher Education.

Finkelstein. M. J.(1982). "Faculty Colleagueship Patterns and Research Productivity," Paper presented at the meeting of the American Educational Research Association, March, New York, ED 216633. 42pp. MF-$0.97;Pc$5.34.

Folger, J., et al.(1966). Human Resources and Higher Education Staff Report of the Commission on Human Resources and Advanced Education, New York: John Wiley & Sons.

Fox, M. F.(1983). "Publication productivity Among Scientists." Social Studies for Science, 13(2), pp.285-305.

Gaston, J.(1978). The Reward System in British and American Science. New York: John Wiley & Sons.

Gross, E.,& Gramlisch D. V.(1968). University Goals and Academic

Power, Washington, D. C.,: American Council in Education.

Hammel, E.(1978). "Report of the Task Force on Faculty Renewal," Mimeographed. Berkeley, Calif: berkeley Population Research, University of California.

Horowitz et al.,(1984). "Some Correlates of Stress with Health and Work/Life Satisfaction for University Faculty and Administrators."Paper Presented at the Annual Meeting of the Association for the Stud of Higher Education. March, Chicago, Illinois.

Katz, D. & Kahn, R. L.(1966). *The Social Psychology of Organizatio,* New York: John Wiley & Sons.

Kenistion, H.(1959). Graduate Education and Research in the Arts and Sciences at the University of Pennsylvania. Philadelphia: University of Pennsylvania Press.

Lehman, H. C.(1953). *Age and Achievement.* Princeton:  Princeton University Press.

Lightfield, E. T.(1971). "Output and Recognition of Sociologists." *The American Sociologist,* 6.

Long, J. S*(1978). "Productivity and Academic Position in the Scientific Career," *American Sociological Review,* Vol.43.

Martin, W. B.(1997). Teaching, Research and Service-But the Greatest of These is Service, Redefining Service, Research and Teaching, 18, vii-ix.

Mckeachie, W. J.(q983). "Faculty as a Renewable Resource," In College Faculty: Versatile Human Resources in a Period of Constraint, edited by Roger G. Baldwin and Robert T. Blackburn. New Directions for institutional Research, 40. San Francisco: Jossey-Bass.

Merton, r. K.,(1973). The sociology of Science: The Oretical and Empirical investigations, Chicago: The University of Chicago Press.

Neumann, Y.(1979). "Research Productivity of Tenured and Noutenured Faculty in U.S. Universities: A Comparative Study of Four Fields and Policy Implications," *The Journal of Educational Administration,* Vol.17.

Over, R.(1972). "Patterns in Productivity of Scientists," Science, P.176.

Roose, K.D., Anderson, C.J.(1970). "Rating of Graduate Programs," Washington, D.C.: American Council on Education.

Taylor, C.W., and Ellison, R. L.(1976). "Biographical Predictors of Scientific Performance," *Science,* 155(376), pp.1076-1080.

Wanner, R.A. et al.,(1981). "Research Productivity in Academic: A Comparative Study of the Sciences, Social Sciences, and Humanities," *Sociology of Education,* Vol.54.

Zuckerman, H., and Merton, R.K(1973). "Age, Aging and Age Structure in Science,", In Sociology of Science, edited by Robert K. Merton, Chicago: The university of Chicago Press.

# 제11장 전문대학의 교육환경 연구*

## 1. 서 론

### 1) 연구의 필요성과 목적

1994년 현재 우리나라의 전문대학은 135개교에 총재적학생수 506,806명을 수용하고 있다. 이는 전문대학 설립 초기연도인 1979년 총재적학생수 159,535명과 비교하면 학생수에 있어서 약 3배 이상의 양적 성장을 보여주고 있을 뿐 아니라, 대학 수에 있어서 1994년 현재 각종 학교를 제외한 전체 고등교육기관 총 292개교의 46%를 점유하는 수치이다.[1] 이러한 괄목할 만한 양적 성장과 더불어 전문대학에 대한 사회적 인식 또한 상당한 정도로 개선되어 온 것이 사실이다. 쉬운 예로, 전문대학의 입시경쟁률은

---

* 1994년도 한국학술진흥재단의 학술연구조성비에 의한 연구의 요약임. 단 지면관계상 Ⅱ. 연구의 이론적 배경 부분은 생략함. 교육행정학연구 1995, Vol.13, No.4, pp.265~294. 신봉섭, 이석열과 공동연구.
1) 교육부, 교육통계연보(1994), p.562 : 우리나라 고등교육기관은 1994년 현재 일반 4년제 대학(교) 131개교, 교육대학 11개교, 개방대학 14개교, 방송통신대학 1개교, 각종 학교 22개교인데, 전문대학은 135개교(각종 학교 4개교 제외)로 고등교육기관의 유형 중 그 수가 가장 많을 뿐 아니라 대표적인 고등교육기관인 일반 4년제 대학의 수를 능가하고 있다.

1991년 이후 매년 3:1을 넘어서고 있으며, 1980년 이후 전문대학 취업률이 증가하여 1994년에 이르러서는 전문대학 68.8%, 4년제 대학 56.4%[2]로 4년제 대학 졸업자의 취업률을 상회하고 있다.

더욱이 최근 들어 4년제 대학 졸업생들과 전문대학 졸업생들이 자신의 적성계발과 취업을 목적으로 다시 전문대학에 진학하는 이른바 '대학교육의 회귀현상'[3]과 전문대학들이 4년제 후기대학들의 입시일정과는 무관하게 입학전형을 치르고 있는 현상들은 이제 더 이상 전문대학은 4년제 대학 낙방자들의 도피처가 아니라 단기 직업 고등교육기관으로서 위상이 확고하게 정립되었다는 사회적 인식을 반증하는 것으로 보인다.

그러나 전문대학의 이러한 양적 성장과 사회적 인식의 제고에도 불구하고, 국내외적 환경의 변화로 인하여 전문대학의 교육체계와 운영에 대한 종합적인 재검토가 요구되고 있는 것 또한 사실이다. 현재 전문대학이 직면하고 있거나 앞으로 대처해야 할 전문대학의 과제는 여러 가지 각도에서 제시될 수가 있다.

첫째, 전문대학의 교육결과에 대한 사회적 비판과 그에 따른 직업 교육체제의 개편 논의이다. 특히, 전문대학 졸업생의 주 수요자측인 기업체가 제기하고 있는 졸업생의 현장적응능력의 부족시비는 전문대학의 향후 위상에 큰 변화를 가져올지 모른다. 구체적으로 1991년부터 정부와 여당은 산업사회가 당면하고 있는 산업인력의 부족문제를 해결하고 현장적응 능력이 강한 기술 인력을 확보한다는 목적으로 '산업기술 교육법'의 입법을 추진하기 시작하여 기술대학 제도의 신설을 목적으로 하는 '교육법중개정안률(안)'의 마련에 이르기까지 산업기술 교육체제의 변혁을 위한 일련의 시도는 전

---

2) 한국교육개발원, 한국의 교육지표(1994), p.340 : 전문대학 졸업생의 취업률은 시기에 따라 매우 불안정한 구조(1979년 41.3%, 1980년 79.0%, 1985년 57.2%, 1990년 71.8%)를 보이고 있는데, 1985년 이후 계속 높아지다가 1994년에 이르러 약간 떨어지는 경향을 보인다.

3) 조선일보, 1995년 2월 23일 : 전문대학이나 4년제 대학 졸업자들이 전문대학에 재입학할 수 있도록 한 전문대학의 정원 외 특별전형 시행 2년째인 올해 지원자는 모두 4,086명(학사학위자 1,764명/전문대졸업자 2,322명으로 작년(2,301명)보다 무려 1,785명이나 늘어난 것으로 집계되었다.

문대학 관련자들을 긴장시키고 있는 것이 사실이다.4)

둘째, 2000년대에 접어들면서 나타나게 될 학생정원 확보의 문제이다. 여러 가지 통계자료를 종합해 볼 때 2005년에 가면 전문대학을 포함한 전체 고등교육기관의 입학경쟁률은 0.9:1로 추산되고 있다.5) 이러한 추산이 현실로 다가온다면 전문대학이 가장 우선적으로 타격을 받게 될 것이 분명하다.

셋째, 대학교육의 수월성(excellence)에 대한 국가 사회적 관심이다. 대학교육의 수월성과 이를 위한 교육 여건 개선에 대한 국가적 노력은 다각적이고 지속적으로 전개되고 있다. 이의 대표적인 표현 중 하나가 바로 교육부가 1996년부터 시행하겠다고 밝힌(연구 중인) '대학정원자율화방안'이다. 언론에 보도된 대학정원자율화시안6)에 따르면 이제 정부는 본격적으로 대학평가인정제도 (accreditation system)를 도입하여 대학교육 여건의 개선을 촉진하고 대학의 자율성과 사회적 책무성(accountability)을 제고시키는 한편 대학교육의 질적 수월성을 추구하겠다는 것이다. 특히, 지난 5월 31일 발표된 교육개혁안은 교육의 소비자주권주의를 중심 가치로 내세우면서 고등교육 분야에서는 대학간 자율경쟁을 통한 대학교육의 질 향상과 교육 여건 개선을 강조하고 있다.7)

넷째, 우루과이라운드 타결로 인한 교육시장의 개방이다. 경제를 포함한

---

4) 한국전문대학교육협의회, 전문대학교육. 제10호(1993.8), pp.24~29. : 1993년 6월 22일 한국전문대학법인협의회와 한국전문대학교육협의회가 공동 주최한 '기술대학제도 신설구상과 전문대학의 진로에 관한 토론' 내용을 참고하기 바람.

5) 한국전문대학교육협의회, "산업기술인력 양성을 위한 전문대학교육 쇄신방안연구 (1992.10)", pp.10~14. : 통계적 추산에 의할 때 자연적인 인구감소로 인하여 대학지원자가 1995년 현재 733,031명에서 2005년에는 465,431명으로 줄어드는 반면, 고등교육기관의 정원미달사태(-33,969명)가 도래한다는 예측이다.

6) 국민일보, 1994년 3월 26일, 8면.

7) 교육개혁위원회, "세계화·정보화시대를 주도하는 신교육체제 수립을 위한 교육개혁방안"(제2차 대통령보고서)(1995.5.31). : 문민정부 교육개혁안의 기본특징의 하나로 교육공급자 간에 다양한 교육프로그램의 경쟁을 통해 교육수요자인 학생과 학부모의 교육선택권을 확대한다는 학습자 중심교육을 표방하고 있으며, 대학교육에 관한 핵심사항은 ① 대학모형의 다양화·특성화 ② 대학설립, 정원 및 학사운영 자율화 ③ 학술연구의 일류화 ④ 대학교육의 국제화로 집약될 수 있다. 이중 대학설립의 준칙주의 도입과 대학정원 및 학사운영의 자율화, 그리고 대학 평가와 재정지원 연계라는 세부사항은 대학간 자율경쟁을 유도하는 대표적인 사례로 꼽을 수 있다.

모든 부문에서 세계의 단일시장화, 국경 없는 경쟁 또는 국가간 완전 자율
경쟁을 표방하고 있는 우루과이라운드, 즉 다자간 무역협상의 타결로 우리
나라에서도 올해부터 부분적으로 교육시장을 개방하기에 이르렀다.

결국 교육시장의 개방으로 우리나라의 대학들도 교육 여건을 획기적으로
개선하고 교육서비스의 질을 제고하지 않고서는 살아남을 수 없는 '생존을
위한 경쟁의 시대'를 맞이하고 있는 공통적 현상이지만 그중에서도 4년제
대학에 비해 교육여건이 열악하고 국민들의 인식이 부족한 전문대학에게 있
어서 교육시장의 개방은 지난한 과제임에 틀림없다. 여하튼 전문대학은 이
제 여타 고등교육기관과 더불어 야생조직(wild organization)의 생리를
터득해야 할 시대 환경을 맞고 있는 셈이다.

그렇다면 전문대학이 생존전략으로서의 질적 수월성을 보장하기 위한 선결
과제는 무엇인가? 기존의 연구들에서 나타난 결과를 보면[8] 현재의 전문대
학들은 객관적인 지표에 의해서 제시되는 교육 여건뿐만이 아니라 직업기술
고등교육기관으로서의 제반 운영체제가 교육목적 달성에 적절하게 작용하지
못하고 있는 것으로 지적되고 있다. 결국, 전문대학이 예견되는 환경의 변
화 속에서 생존·발전하기 위해서는 자체의 교육 여건뿐만이 아니라 전반적
인 교육체제의 운영에 있어서도 질적 수월성을 보장할 만한 적절성을 확보
하는 일에 최우선의 관심을 기울여야 할 것이다.

이상의 논리에 근거하여 본 연구는 전문대학의 교육환경을 분석하는 데
목적이 있다. 구체적인 연구의 목적을 진술하면 다음과 같다.

첫째, 전문대학의 교육 여건을 비교·분석한다.

둘째, 전문대학의 교육 운영을 비교·분석한다.

---

8) 최영표·박영숙·홍영란, "대학단계의 직업기술교육 활성화 방안 연구-전문대학과
   산업대학을 중심으로(서울: 한국교육개발원, 1992) : 전문대학 운영의 적절성을 분
   석한 7개 항목(① 교육목적 ② 학제 ③ 교육과정 ④ 교수자질 ⑤ 학사운영 ⑥ 교육시
   설 ⑦ 산학협동) 중 교육목적만이 어느 정도 '적절한 편'으로 지각되었고, 나머지 항목
   들은 적절한 정도가 7.4%-36.8%에 그쳤을 뿐만이 아니라 교육시설과 산학협동은
   상당히 '부적절한 편'(각각 53.1%와 66.3%)으로 평가되었다.

셋째, 전문대학의 교육 산출을 비교·분석한다.

넷째, 전문대학의 교육 환경의 연구를 통해 전문대학 정책수립에 관한 시사점을 제공한다.

## 2) 연구의 내용과 방법

본 연구의 목적을 달성하기 위해서, 구체적으로 전문대학교육의 내적투입변인으로서의 교육 여건을 ① 교육시설(외곽시설·실험실습설비) ② 교육재정으로 대별하여 분석하였고, 전환과정 변인으로 가정되는 교육운영을 ① 교육과정 ② 수업 ③ 학생봉사 ④ 교수 ⑤ 산학협동 그리고 ⑥ 행정체제로 구분하여 그 적절성을 비교 분석하였다. 한편, 전문대학의 교육성과를 이해하기 위해 ① 학생 산출(취업률)과 ② 교수 산출(연구업적·사회봉사)을 분석하였다.

본 연구를 수행하기 위한 자료수집으로는 두 가지 방법을 적용하였다. 우선 1994년 현재 135개 전문대학 중 1992년 이전에 개교한 115개교를 대상으로 연구자들이 작성한「전문대학 교육환경 분석을 위한 설문지(Ⅰ.Ⅱ.Ⅲ.Ⅳ부)」를 통하여 자료를 수집하였다. 이 설문지는 전문대학 교육환경(여건·운영·산출) 전반에 대하여 연구내용별로 교무과장·학과장·교수·학생이 응답하도록 구성되었다. 개별대학을 대상으로 실시된 설문응답에서 115개 대학 중 40개 전문대학이 참여하였는데, 구체적으로 교무과장 30명, 교수(학과장 포함) 179명, 그리고 학생 1,606명 등 총 1,815명이 응답하였다.

다음으로 전문대학 관련기관의 통계자료를 수집하여 분석하였다. 교육부에서 발행되는「교육통계연보」·「'94년 전문대학 외곽시설현황」(교육부 대학정책설)·「'94년 대학 실험실습설비 보유현황-전문대 이상」(교육부 외자설비관리과)·「1994년도 전문대학 평가 결과 종합 보고서」(교육부 전문대학 학무과), 그리고 한국교육개발원의 「한국교육지표(1994)」 등을 분석·활용하였다.

## 3) 연구의 모형

본 연구의 목적을 달성하기 위한 연구의 모형을 제시하기 위해 우선 연구의
모형을 안내하는 세 가지 전제를 진술하고자 한다. 첫째, 본 연구는 대학환경
의 연구 유형 중 기술적 연구의 형태를 취한다. 즉, 대학환경을 구성하는 변인
또는 내용들의 현상을 체제적이고 논리적으로 분석하는 데 초점을 둔다. 둘째
(앞에서 연구자가 대학 환경에 대해 전제한 대로), 대학 환경의 요소를 투입
−과정−산출이라는 체제론적 관점에서 접근한다. 그러나 본 연구가 기술적인
형태의 연구이므로 변인들 간의 상호작용적 관계성을 분석하지는 않는다. 셋
째, 대학 환경 속성의 측면에서 볼 때 비교적 객관적으로 측정가능하고 가시
적인 내용을 중심으로 환경요인을 조직한다. 따라서 순수한 의미에서의 사회
심리학적 측면의 내용보다는 대학의 배경적 여건이나 과정적 변인을 중심으로
환경요인을 구조화한다. 이렇게 볼 때, 현재 우리나라에서 4년제 대학을 평가
하는 데 적용되는 환경 변인들을 중심으로 전문대학 환경요인을 추출한다.

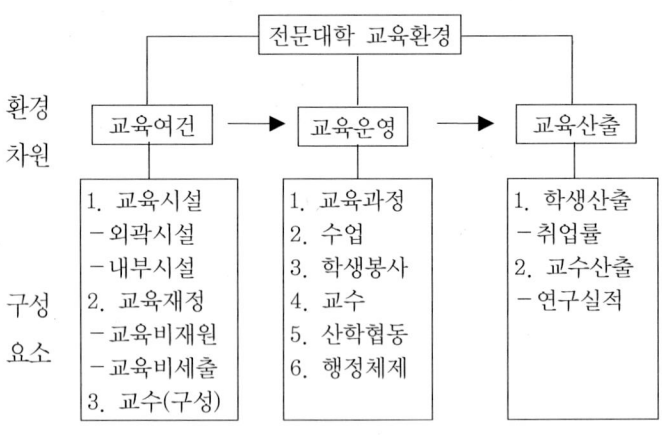

〈그림 11-1〉 연구의 모형

* →는 영향관계를 의미하나 본 연구는 기술적 연구에 한정하였
으므로 변인 간의 영향관계를 밝히지는 않았음.
** 교수변인 중 교수구성은 교육여건에 해당되는 사항이나 교육운
영부분에서 함께 논의함.

이러한 전제에 입각하여 본 연구의 모형(환경차원과 구성요소)을 다음 〈그림 11-1〉과 같이 제시한다.

## 2. 연구의 결과 분석[9]

### 1) 전문대학 개황의 분석

본 연구의 기초적 논의를 위해 전문대학의 주요현황으로 대학 수, 재적학생 수, 계열별 학과 수 및 입학정원 그리고 교수 1인당 학생수를 알아보았다.
 우선 대학 수, 재적학생 수, 계열별 학과 수 및 입학정원을 알아보면 〈표 11-1〉과 같다.
 1994년 현재 135개 전문대학 중 국립은 9개교(공립 1개교 포함)로 전체의 6.7%에 불과하다. 그리고 재적학생 수를 기준으로, 우리나라 전문대학 총 재적학생수 506,806명 중 국립전문대학에는 20,376명이 재적하고 있다. 1994년 현재 전문대학의 설립별 현황을 1985년의 현황(120개교 중 국립전문대학은 17개교로 전체의 14%)에 비추어 보면 매년 전문대학의 총 수는 증가하여 온 반면 국립전문대학은 이에 역비례하여 감소되어 왔다. 그리고 1994년 현재 4년제 대학 총 179개교 중 국립의 비율이 44개교(전체의 25%)인 점과 비교해도 전문대학 중 국립의 비율은 아주 낮은 셈이다. 결국, 전문대학은 학교 수에 있어서 사학의존도가 93.3%로 지나치게 높은 편이다.

---

9) 연구결과의 분석표 제시는 지면상의 이유로 모두 제시하지 못했고 부분적으로 설립별 ·계열별로 요약해서 제시했다.

<표 11-1> 대학 수·재적학생 수·학과 수·입학정원

|  | | 대학수 | 재적학생수 | 학과수 | 입학정원 |
|---|---|---|---|---|---|
| 전 | 체 | 135 | 506,806 | 1,843 | 193,070 |
|  | 국립 | 9 | 20,376 | 186 | 6,970 |
|  | 사립 | 126 | 486,430 | 1,657 | 186,100 |
| 인 문 | 계 | | | 103 | 9,020 |
|  | 국립 | | | 3 | 240 |
|  | 사립 | | | 100 | 8,780 |
| 사 회 | 계 | | | 410 | 43,920 |
|  | 국립 | | | 13 | 840 |
|  | 사립 | | | 397 | 43,080 |
| 자 연 | 계 | | | 833 | 92,250 |
|  | 국립 | | | 143 | 4,410 |
|  | 사립 | | | 690 | 87,840 |
| 의 학 | 계 | | | 173 | 17,730 |
|  | 국립 | | | 8 | 480 |
|  | 사립 | | | 165 | 17,250 |
| 예 체 | 계 | | | 256 | 22,310 |
|  | 국립 | | | 15 | 760 |
|  | 사립 | | | 241 | 21,550 |
| 사 범 | 계 | | | 68 | 7,840 |
|  | 국립 | | | 4 | 240 |
|  | 사립 | | | 64 | 7,600 |

자료: 교육부, 교육통계연보(1994).

전문대학의 학과 수는 전체적으로 1,843개로 대학당 14개의 학과를 설치하고 있는데, 이는 전문대학들이 1985년의 평균 9개 학과(대학 120개교, 학과 수 1,076)에 비하여 많은 양적 발전(팽창)을 해왔음을 의미한다. 전체적인 학과구성의 내용을 보면, 총 1,843개 학과 중 자연계가 833개로 전체의 45%를 차지하고 있다. 이를 대학설립별로 보면 국립은 총 186개 학과 중 자연계가 143개 학과로 전체의 77%를 차지하는 반면, 사립은 자연계의 비율이 42%(1,657개 학과 중

690개)이다. 결국, 사립전문대학은 비교적 단위교육비가 적게 드는 학과설치를 통하여 양적 팽창을 해온 동시에 '백화점식 학과편성'의 경향을 띠고 있다.

다음은 교수 1인당 학생수를 알아본 결과 〈표 11-2〉와 같다.

〈표 11-2〉 교수수 · 재적학생수 · 교수 1인당 학생수

| | | 교수수(A) | 재적학생수(B) | 교수 1인당 학생수(B/A) |
|---|---|---|---|---|
| 전문대 | 전체 | 9,375 | 506,806 | 54.0 |
| | 국 · 공립 | 551 | 21,376 | 36.9 |
| | 사립 | 8,824 | 489,430 | 55.1 |
| 대학(교) | 전체 | 41,576 | 1,132,437 | 27.2 |
| | 국 · 공립 | 12,340 | 285,415 | 23.1 |
| | 사립 | 29,236 | 847,022 | 28.9 |
| | 교육대학 | 745 | 18,291 | 24.5 |
| 개방대 | 전체 | 1,873 | 101,412 | 54.1 |
| | 국 · 공립 | 1,345 | 59,650 | 44.3 |
| | 사립 | 528 | 41,762 | 79.0 |

자료: 교육부, 교육통계연보(1994)를 기초하여 산출.

전문대학의 교수 1인당 학생수는 평균 54명으로, 개방대학의 54.1명과는 비슷하지만 일반 4년제 대학의 27.2명에 비해 아주 많은 실정이다. 교수 1인당 학생수에 있어 국립전문대학은 36.9명으로 사립전문대학 55.1명에 비해 아주 양호한 편이나, 국립전문대학 역시 4년제 국립대학의 23.1명에 비해 아주 열악한 실정이다.


## 2) 전문대학 교육여건의 분석

### (1) 교육시설

전문대학의 외곽시설 중 기준시설로 교지와 교사, 그리고 학생기숙사와

교수아파트 현황을 보면 〈표 11-3〉과 같다.

### 〈표 11-3〉전문대학의 기준시설 확보율(%)

| | | 교지 | 교사 | 학생기숙사 | 교수아파트 |
|---|---|---|---|---|---|
| 전 체 | | 193.4 | 111.3 | 20.7 | 9.6 |
| 설립별 | 국공립 | 216.9 | 107.0 | 77.8 | 11.1 |
| | 사 립 | 191.7 | 111.6 | 16.7 | 9.5 |
| 지역별 | 서울 | 128.8 | 105.4 | 20.0 | 6.7 |
| | 부산 | 151.7 | 121.5 | 25.0 | 8.3 |
| | 대구 | 129.2 | 111.6 | 28.6 | 28.6 |
| | 인천 | 69.4 | 103.7 | — | — |
| | 대전 | 137.0 | 128.8 | 40.0 | 20.0 |
| | 광주 | 193.1 | 121.6 | — | — |
| | 강원 | 230.5 | 92.7 | 42.9 | — |
| | 경기 | 212.5 | 122.9 | 4.8 | 4.8 |
| | 충북 | 235.0 | 67.0 | 25.0 | — |
| | 충남 | 458.8 | 133.1 | 80.0 | 60.0 |
| | 전북 | 172.5 | 109.7 | 33.3 | 11.1 |
| | 전남 | 203.6 | 110.7 | — | 12.5 |
| | 경북 | 191.3 | 104.0 | 28.6 | 7.1 |
| | 경남 | 290.6 | 107.2 | 18.2 | 9.1 |
| | 제주 | 146.1 | 98.3 | — | — |

자료: 교육부 대학정책실. '94 전문대학 외곽시설현황(1994. 3. 1 기준)에 기초

전문대학의 교지확보율은 전문대학 전체적으로 기준대비 193.4%로 아주 양호한 편인데, 국공립전문대학이 216.9%로 사립전문대학 191.7%보다 나은 편이다. 지역적으로 보면, 대도시 지역의 전문대학들이 상대적으로 낮은 교지확보율을 보이고 있다. 나아가서, 전문대학의 학생 1인당 교지 면적은 전국 평균 45.8㎡로 4년제 대학 평균 180.9㎡에 비해 1/4 수준에 머물고 있다. 한편, 교사(校舍)확보율은 전체적으로 기준대비 111.3%로 양호한 편인데, 사립전문대학이 111.6%로 국립전문대학 107.0%에 비해 약간 앞선다. 그런데, 교사확보율을 지역적으로 고찰하면 강원(92.7%), 충북(60.7%), 그리고 제주(98.3%) 지역의 전문대학들은 기준에 미달되고 있다.

전문대학 중 학생기숙사를 갖고 있는 대학은 전체의 20.7%에 불과한데, 국립은 77.8%인 반면 사립은 16.7%에 불과하다. 지역적으로 볼 때 충남지역의 전문대학들은 80%가 학생기숙사를 보유하고 있다. 한편, 교수아파트를 보유하고 있는 전문대학은 전체대학의 9.6%에 해당되는데 충남지역의 대학들은 60%가 이를 보유하고 있다.

전문대학의 지원시설(도서관·대학본부·학생복지시설)을 분석한 결과는 〈표 11-4〉와 같다.

〈표 11-4〉 지원시설 확보 현황(단위: %, 원)

| | | 도서관 | 대학본부 | 학생복지시설 | 지원시설전체 | 도서열람석 | 장서확보율 | 1인당 도서구입비(원) |
|---|---|---|---|---|---|---|---|---|
| 전 | 체 | 91.4 | 173.9 | 204.5 | 139.3 | 140.8 | 167.2 | 1,295.3 |
| 설립별 | 국공립 | 91.4 | 171.5 | 241.0 | 140.2 | 85.7 | 148.8 | 6,127.4 |
| | 사립 | 91.4 | 174.1 | 201.9 | 139.3 | 144.9 | 168.5 | 1,038.5 |

자료: 교육부 대학정책실, '94년 전문대학 외곽시설현황(1994. 3. 1 기준)
교육부 전문대학 학무과, '94년 전문대학 평가결과 종합보고서에 기초

도서관 면적은 기준대비 91.4%, 대학본부 173.9%, 학생복지시설 204.5%로 나타났다. 지원시설 중 학생들의 교육 활동에 직접 관련된 도서관의 내부현

황을 보면, 도서열람석은 전체적으로 기준대비 140.8%에 해당된다. 그런데 사립은 도서열람석이 기준대비 144.9%인 반면 국공립은 85.7%였다. 한편, 열람석 확보에서 계열별로 보면 별 차이가 없으나 지역별로 보면 광주지역이 195.4%인데 전북지역은 82.3%이다.

나아가서 장서확보율을 보면 전체적으로 167.2%인데, 사립이 169.5%로 국립 148.8%에 비해 양호한 편이다. 마지막으로, 학생 1인당 도서구입비를 보면 전체적으로 연간 1,295원인데, 국공립은 6,127원으로 사립 1,038원에 비해 양호하다.

전문대학의 권장시설(전자계산소·강당 및 체육관·부속연구소·학과사무실) 보유현황을 분석한 결과, 전체적으로 전자계산소는 53.3%의 대학이 이를 보유하고 있으며, 강당 및 체육관은 59.3%, 부속연구소는 25.9%, 그리고 학과사무실은 41.5%의 대학이 이를 갖고 있는 것으로 나타났다.

전문대학의 내부시설 즉, 실험·실습설비를 분석한 결과는 〈표 11-5〉와 같다.

〈표 11-5〉 실험·실습설비 보유율(단위:%)

|  |  | 실험실습실 | 실험실습기자재(종수) | 실험실습기자재(점수) |
|---|---|---|---|---|
| 전체 |  | 106.8 | 66.0 | 84.9 |
| 설립별 | 국공립 | 68.6 | 43.2 | 53.6 |
|  | 사 립 | 108.9 | 67.4 | 83.8 |

자료 : 교육부 전문대학 학무과, '94전문대학 평가결과 종합보고서에 기초

실험실습실은 전체적으로 기준대비 106.8%로 나타나고 있으며 사립이 108.9%로 국공립 68.8%에 비해 확보율이 높게 다타났다. 한편, 실험실습실 확보에서 사회실무계열(93.4%)은 기준에 미달되고 있으며 지역적으로 보면 강원(86.2%)·충북(96.3%)·충남(98.5%)·전북(84.6%)·전남(91.5%)·제주(70.6%) 지역은 기준에 미달되고 있다. 다음으로 실험실습기자재를 종수의 측면에서 보면 전체적으로 기준대비 66%를 나타내고

있는데, 부산(102%)·대전(103.5%)·경기(103%) 그리고 경남(128%) 지역의 전문대학들만이 기준을 초과하고 있다.

### (2) 교육재정

교육재정은 교육비 재원구성, 교육비 세출현황, 교육비 중 실험실습비를 중심으로 알아보았다.

우선 교육비 재원구성을 알아본 결과 〈표 V. 4-6〉과 같다.

전문대학의 교육재원 중 사립전문대학의 학생납입금 의존율은 1993년 현재 81.5%로 여전히 높은 편이다. 그리고 국립전문대학의 국교지원 비중은 전체적으로 72.4%인데 이는 1990년의 73.6%에 비해 약간 낮아진 반면 학생납입금 비중은 1990년의 21.6%에서 23.7%로 약간 높아졌다. 한편, 사립전문대학의 재단전입금이 총 교육비에서 차지하는 비중은 1990년 4.6%에서 1993년에는 1.6%로 종전의 약 1/3 수준으로 낮아졌다.

그리고 학생 1인당 공교육비를 제시하면 〈표 11-7〉과 같다.

〈표 11-6〉 교육비 재원 구성(단위: 백만원, %)

| | 총    계 | 납입금 | 수수료 | 법인전입금 | 국고보조금 | 이월금 | 기타수입 |
|---|---|---|---|---|---|---|---|
| 총    계 | 787,784 | 626,002 | 12,498 | 22,519 | 35,000 | 50,116 | 42,009 |
| | (100) | (79.5) | (1.6) | (2.8) | (4.4) | (6.4) | (5.3) |
| 교    비 | 573,538 | 439,965 | 12,498 | 22,144 | 34,575 | 32,754 | 316,002 |
| 기성회비 | 214,246 | 186,037 | − | 15 | 425 | 17,362 | 10,407 |
| 국    립 | 27,507 | 6,508 | 239 | | 19,926 | 453 | 381 |
| | (100) | (23.7) | (0.9) | − | (72.4) | (1.6) | (1.4) |
| 교    비 | 21,300 | 1,412 | 239 | − | 19,526 | 38 | 85 |
| | 6,207 | 5,096 | − | − | 400 | 415 | 296 |

| | 총 계 | 납입금 | 수수료 | 법인전입금 | 국고보조금 | 이월금 | 기타수입 |
|---|---|---|---|---|---|---|---|
| 사 립 | 760,277 | 619,494 | 12,259 | 22,159 | 15,074 | 49,663 | 41,628 |
| | (100) | (81.5) | (1.6) | (2.9) | (2.0) | (6.5) | (5.5) |
| 교 비 | 552,238 | 438,553 | 12,259 | 22,144 | 15,049 | 32,716 | 31,517 |
| 기성회비 | 208,039 | 180,941 | - | 15 | 25 | 16,947 | 10,111 |

자료 : 교육부 전문대학 행정과, '93년 세입·세출 결산현황.
* 기타 수입란에는 차입금이 포함된 것임.

〈표 11-7〉 학생 1인당 공교육비(단위 : 1,000원, 경상가)

| | 전문대학 | | | 4년제 대학(교) | | | A/B(%) |
|---|---|---|---|---|---|---|---|
| | 전체(A) | 국공립 | 사립 | 전체(B) | 국공립 | 사립 | |
| 1980 | 708.0 | 893.3 | 675.7 | 1,036.3 | 1,198.2 | 971.9 | 68.3 |
| 1985 | 855.4 | 1,323.9 | 806.6 | 1,209.6 | 1,227.5 | 1,203.6 | 70.7 |
| 1990 | 1,075.1 | 1,846.1 | 1,005.1 | 1,905.6 | 2,105.2 | 1,840.9 | 56.4 |
| 1991 | 1,262.9 | 2,035.0 | 1,200.9 | 2,247.2 | 2,418.9 | 2,197.7 | 56.1 |
| 1992 | 1,460.5 | 2,100.4 | 1,416.6 | 2,709.1 | 2,836.7 | 2,667.9 | 53.9 |
| 1993 | 1,637.1 | 1,254.3 | 1,656.0 | 3,171.8 | 3,250.6 | 3,146.3 | 51.6 |
| 1994 | 1,911.7 | 1,721.4 | 1,919.7 | 3,653.8 | 3,508.1 | 3,702.8 | 52.3 |

자료: 한국교육개발원, 한국의 교육지표(1994), p.329를 기초로 산출.

전문대학의 학생 1인당 공교육비 구성을 보면 1994년 현재 191만여 원으로 4년제 대학 365만여 원에 비해 아주 빈약한 실정이다. 특히, 1985년을 기준으로 전문대학의 학생 1인당 공교육비는 85만여 원으로 4년제 대학 120만원의 70% 정도에 해당되던 것이 최근에 올수록 그 비율이 더욱 낮아져 1994년에는 약 50% 수준으로 하락하였다. 한편, 국립전문대학의 학생 1인당 공교육비가 사립전문대학의 그것보다 적은 경향을 보이고 있다. 그런데 이러한 학생 1인당 공교육비를 선진국과 비교할 때, 전문대학과 4년제 대학 할 것 없이 아주 낮은 실정에 있다.

전문대학의 교육비 세출내역을 보면 전체적으로 인건비가 전체의 36.9%를 차지하고 있으며 재산조성비는 28.0%에 해당된다. 그런데 이를 국립과 사립으로 나누어보면, 국립은 인건비 45.2%, 재산조성비 33.0%, 관리운영비 11.4%로 구성되어 있으며 사립은 인건비 36.6%, 재산조성비 27.8%, 관리운영비와 학생경비가 각각 9.9%와 9.4%를 차지하였다. 한편, 전문대학의 공교육비를 인건비·운영비·시설비별로 분석하면, 전체적으로 1994년 현재 인건비 37.8%·운영비 27.0%, 그리고 시설비 35.2%로 구성되어 있다.

교육비중 실험·실습관련 집행액을 보면 〈표 11-8〉과 같다.

〈표 11-8〉 실험·실습관련 집행액(단위: 원)

|  |  | 1인당 실험실습비 | 1인당 실험실습 기자재 구입 |
|---|---|---|---|
| 전 | 체 | 66,205 | 157,120 |
| 설립별 | 국 공 립 | 64,009 | 151,666 |
|  | 사 립 | 67,510 | 158,044 |
| 계열별 | 공 업 계 | 71,611 | 222,308 |
|  | 사회실무계 | 64,698 | 93,674 |
|  | 보 건 계 | 66,557 | 113,290 |

전문대학의 재정현황 중 중요한 사항인 학생 1인당 실험실습비와 실험실습기자재 구입비를 분석한 결과, 우선 학생 1인당 실험실습비는 전체적으로 68,205원인데, 사립이 67,510원으로 국공립 64,009원에 비해 더 나은 것으로 나타났다. 이를 계열별로 보면 공업계열이 71,611원으로 다른 계열에 비해 상대적으로 많았다. 또한, 이를 지역별로 보면 대구지역의 전문대학들이 109,028원으로 가장 많았으며 충남지역의 전문대학들은 44,677원으로 가장 적었다.

한편, 학생 1인당 실험실습기자재 구입비를 분석하면 전문대학 전체적으로 157,120원인데, 사립은 158,044원으로 국립 151,666원에 비해 약간 양호하였다. 이를 계열별로 보면 공업계열은 222,308원으로 보건계열 113,290원, 사회실무계열 93,674원에 비해 두 배 이상의 투자를 보였다. 또한 이를 지역별로 보면 전남지역의 전문대학들이 515,571원으로 가장 많은 반면 충남지역 43,911원, 대구지역 54,346원, 대전지역 73,602원으로 평균에 훨씬 미달될 뿐만 아니라 전반적으로 지역간 차이가 심한 편이다.

## 3) 전문대학 교육운영의 분석

### (1) 교육과정

전문대학의 교양교육과정에 반영되고 있는 목표양태를 학생들의 반응을 통해 분석한 결과, '전공교과 이수를 기본지식'에 전체 응답자의 43.4%가 적극적인 긍정(그렇다와 매우 그렇다)을 보였고, '직업적 태도와 자질 함양'에 대해서는 전체 응답자의 38.8%가 적극적 긍정을 보였다. 반면, '일반교양적 능력', '개인의 정신건강과 생활적응', 그리고 '사회문제의 탐구·해결능력'에는 적극적 긍정의 비율이 각각 34.1%, 28.8%, 그리고 24.2%로 나타났다.

전공교육과정에 반영되고 있는 목표양태를 분석한 결과, '직업현장에서 요구되는 직무능력의 함양'에 대해 전체 응답자의 74.7%가 이를 적극적으로 반영하고 있다고 응답한 반면, '자격증 취득을 위한 내용'에 대해서는 응답자의 64.7%가 적극적 긍정이라고 답변했다. 한편, '학문의 구조와 내용'에 대해서도 전체 응답자의 65%가 이를 적극적으로 반영하고 있다고 응답하였다.

총 전공수업시간 중 실험실습이 차지하는 비율은 42.6%였다. 이를 대학설립별로 보면, 국립대학은 49.7%로 이상적 기준인 50%에 육박하였으나 사립은 42.2%에 머물렀다.

교육과정의 개발과정을 분석한 결과, '학과교수들이 회의나 협의를 통해 결정한다'는 반응이 66.6%였고, '산업체의 요구사정 등 체계적인 연구절차를 거친다'가 19.5%였다. 그러나 '소속학회 등에서 공동으로 개발한 표준화된 교육과정을 적용한다'에는 8.1%의 교수들이 응답하였다.

### (2) 수 업

교수들이 매학기 수업계획서를 배포하는가(배포정도)를 분석한 결과 전체 학생의 45%가 적극적 긍정(그렇다와 매우 그렇다)을 나타냈으며, 실제 수업계획서가 학생들의 학습에 도움이 되었는가(유용도)에 대해서는 전체 학생의 26.3%만이 적극적 긍정을 보였다.

수업방식의 다양성을 분석한 결과, 수업방식의 활용에서는 강의식이 54.3%, 실험·작업이 20%, 발표식이 11.2%로 나타났으며 다양한 수업 보조자료에 대해서는 전체 학생의 20.2% 만이 적극적 긍정을 보였다.

수업의 충실성을 분석한 결과, 교수의 수업준비와 열의에 대해서는 응답 학생의 47.4%가 적극적 긍정을 보였으며 교수들의 휴강 횟수가 많다고 지각한 학생은 응답학생의 4.5%에 불과하였다.

성적평가를 분석한 결과, 성적평가 기준으로 시험(중간·기말고사)이 55.7%, 출석이 17.3%, 그리고 실험실습은 7.6%였다. 한편 교수들의 성적평가에 대한 공정성에 대해 응답학생의 45.6%가 적극적인 긍정을 보였다.

수업 단위의 여건을 분석한 결과, 교수들의 주당 수업시간은 본 연구의 설문조사에서는 16.7시간, 전문대학평가에서는 13.2시간으로 나타났으며, 교수들이 1학기당 담당하고 있는 교과목 수는 2.3과목으로 나타났다. 한편, 교수들이 담당하고 있는 학급규모는 평균적으로 58.6명으로 나타났다.

### (3) 학생봉사

학생상담지도의 사항 중 학생들과의 상담 시 교수들이 주로 관심을 갖는 내용을 분석한 결과, 학업(학과공부)에 관련된 내용 54.2%, 진로지도(취업) 24.5%, 인격과 품성도야 13.2%, 개인 생활 (고민) 5.0%, 그리고 서클활동 3.1%로 나타났다.

취업지도와 관련하여 학교 또는 교수들이 학생들의 취업을 위해 하는 일 (노력)을 분석한 결과, '학생생활연구소나 학과차원에서 수시로 취업에 관련 된 자료를 비치하고 정보를 제공한다' 41.7%, '교수들이나 학교전담직원이 기업체를 방문하여 취업을 의뢰·연결한다' 24.3%로 나타났다. 반면, '취업은 학생 개인의 일로 간주하고 별로 신경 쓰지 않는다'에도 응답학생의 22.5%가 응답하였다. 한편, 학생들의 취업에 관련된 정보를 어떻게 얻는가(정보원)에 대해 분석한 결과, 개인적 노력(P.C 통신 등) 34.8%, 학과교수의 추천 24.7%, 학교의 공식적 기관 22.0%, 그리고 선배나 친지 18.4%로 나타났다.

학생들에게 제공되는 장학금을 분석한 결과, 평균적으로 학생 1인당 115,675원이며 국립(143,934원)이 사립(114,041원)에 비해 약간 많았 다. 이를 지역별로 보면, 서울지역 전문대학들이 평균 240,09원인 반면 전 문대학의 복지시설에 대한 만족도를 알아본 결과, 응답학생의 7.6%만이 만 족한다고 응답하였다.

지금까지 교육과정, 수업, 학생봉사의 주요사항만을 제시하면 〈표 11-9〉 와 같다.

〈표 11-9〉 교육과정·수업·학생봉사 중 중요사항

| | 설립별 | | 계열별 | | | 전체 |
|---|---|---|---|---|---|---|
| | 국·공립 | 사립 | 공업계 | 사회<br>실무계 | 보건계 | |
| 전공 총 수업시간 중 실험<br>실험실습 시간비율(%) | 49.72 | 42.26 | 43.95 | 40.35 | 42.95 | 42.65 |
| 전임교수의 주당시수 | 12.26 | 13.32 | 13.57 | 12.35 | 14.55 | 13.22 |
| 강사의존율(%) | 23.06 | 34.31 | 28.79 | 38.69 | 37.80 | 33.63 |
| 학생 1인당 장학금(원) | 143,934 | 114,041 | 113,569 | 119,074 | 112,447 | 115,657 |

## (4) 교 수

전문대학의 교수구성을 보면 〈표 11-10〉과 같다.

〈표 11-10〉 전임교수 확보 현황(단위: %)

| | | 전임교수(A) | 전임교수(B) | 교원확보율(A＋B) |
|---|---|---|---|---|
| | 전 체 | 48.3 | 7.2 | 51.1 |
| 설립별 | 국 공 립 | 72.3 | － | 72.2 |
| | 사 립 | 46.9 | 7.2 | 50.0 |
| 계열별 | 공 업 계 | 48.8 | 9.8 | 52.5 |
| | 사회실무계 | 47.6 | 5.4 | 49.5 |
| | 보 건 계 | 48.2 | 4.3 | 51.0 |

자료: '94전문대학 평가결과 종합보고서를 기초로 산출.

1994년 현재 전문대학 교수확보율은 전체적으로 48.3%인데, 국공립 전문대학은 72.3%로 사립전문대학 46.9%에 비해 상대적으로 양호하였다. 이를 지역별로 보면, 인천(56.8%)·충남(53.8%)·광주 (53.4%)·강원(51.8%)·전남(57.3%), 그리고 경남(51.2%) 지역의 전문대학들의 교수확보율이 상대적으로 양호하였고 경북지역(39.2%)이 가장 낮았다. 한편, 교수들의 직급 구성을 보면 전임강사 32.1%, 조교수 27.1%, 부교수 23.8%, 그리고 교수 17.0%로 직급이 낮을수록 그 구성비율이 높았다. 마지막으로, 교수들의 학위수준을 보면 박사학위 소지자는 전체 교수의 20.5%에 불과하였다(4년제 대학교수의 박사학위 소지율은 58.5%).

교수들의 보수를 보면 월 평균 전임강사 143만여 원, 조교수 160만여 원, 부교수 193만여 원, 교수 210만여 원으로 나타났으며, 월 보수에 대한 교수들의 만족도를 조사한 결과, 만족하는 비율은 전체의 18.2%에 불과하였다. 한편, 후생복지제도(시설)에 대한 만족도에서도 만족한다는 비율은 전체 응답 교수의 12.5%에 불과하였다.

교수들이 인식하고 있는 가장 중요한 기본적인 책무(역할)를 분석한 결과, 전체 응답 교수의 82.3%가 교수활동이라고 응답하였다. 이러한 응답경향은 교수직급 간에 차이가 없었다. 한편, 교수들이 역할내용별로 주당 투입하는 시간의 비율을 분석해 보면 교수활동 38.7%, 연구 활동 25.2%, 봉사활동 9.1%, 행정 15.2%, 그리고 기타 활동(대학원 과정 이수 등) 11.8%로 나타났다.

교수들의 연구 활동 관련사항 중 연구의 동기는 '학문세계의 진리탐구와 문제해결' 47.1%, '재임용이나 승진을 위한 요건 충족' 20.3%, '탁월한 수업진행' 17.0%, 그리고 '학술사회에서의 위치확보와 소속감' 15.0%로 나타났다. 교수들의 연구비를 지원받은 경험이 있는가를 분석한 결과, 지난 3년간 연구비를 전혀 수혜 받지 못한 비율이 전체 교수의 56.6%였다. 소속대학으로부터 연구비를 받은 경험이 있는 교수는 전체의 35.5%였으며, 정부(산하)기관 7.8%, 기업체 4.7%, 사립재단 2.8%, 국제조직 2.2%에 불과하였다. 한편, 교수들이 대학으로부터 수혜 받는 연구비를 보면 연 평균 교수 1인당 25만여 원에 불과하였는데 충남지역의 전문대학들은 128만여 원으로 가장 많았다. 전문대학의 연구지원체제에 대한 교수들의 만족도를 조사한 결과, 전체 응답교수의 16.3%만이 만족한다고 보고하였다.

## (5) 산악협동

산학협동위원회구성에 있어서 전체 대학의 66.9%가 이를 구성하고 있는 것으로 나타났다. 전문대학과 산업체 간에 공동연구를 수행한 실적을 분석한 결과, 전체대학의 77.8%가 연구실적 사례가 없다고 보고하였다. 한편 교수들이 산업현장에 근무하였거나 연수경력이 있는가를 분석한 결과 응답 교수의 68.3%가 경험이 있다고 응답하였으며, 교수직급(76.7%)·13년 이상 경력교수(75.0%)가 상대적으로 근무(연수)경험이 많은 것으로 나타났다.

### (6) 행정체제

전문대학의 장기계획의 중심처소(행정의 중심)를 알아본 결과, 학장 및 보직교수라고 응답한 비율은 63.0%였으며 이사장이라고 응답한 교수도 전체의 22.7%였다. 그러나 교수들이 중심이라고 응답한 비율은 5.0%에 불과하였다. 한편 전문대학의 의사결정 과정을 보면, 대학 내에 각종 위원회를 통해 의사결정이 체계적으로 이루어지고 있다고 긍정적으로 응답한 교수는 전체 응답자의 26.8%에 불과하였다.

전문대학의 교수인사(채용절차)를 분석한 결과, '학과교수들이 적격여부를 심사하고 대학인사위원회에서 추천한 자 중 이사회에서 결정한다'고 응답한 교수는 전체 응답자의 45%였으며, '대학내부(학과교수·인사위원회·학장)의 의견이 절대적'이라고 응답한 교수는 전체의 20.3%였다. 한편, '학과는 거치지 않고 대학인사위원회에서 형식적 절차만 취한 후 실제적으로는 이사회에서 결정한다'는 반응은 전체의 24.7%, '하부절차는 형식적이고 실제적으로 이사장의 내락 또는 단독결정'이라는 반응도 10%나 되었다.

전문대학 행정조직 운영의 효율성에 대해서는 전체 응답교수의 23.4%가 적극적인 긍정을 나타냈으며, '보통이다'에 응답한 교수는 51.8%에 달하였다. 전문대학의 예산편성과 집행과정이 공개적인가에 대한 물음에서 전체교수 중 15.2%만이 적극적인 긍정을 보였고, 54.9%의 교수들은 적극적인 부정을 보였다.

### 4) 전문대학 교육산출의 분석

### (1) 학생산출

학생산출은 학생들의 취업률을 알아보았는데 자료의 근거마다 큰 차이가 있다. 본 연구의 설문에 의한 재학생이 인식하고 있는 선배들의 취업률은 전체적으로 57.9%였으며 학과장이 지각한 취업률은 71.8%였다. 한편, 교육부에서 파악한 자료(교육통계연보)에서는 1994년 현재 57.4%로 나타났는데 사범계열이 84.1%로 가장 높았고 자연계열은 67%로 나타났다. 그러나 전문대학편람에 나타난 취업률은 전체적으로 80%를 훨씬 넘고 있다.

### (2) 교수산출

전문대학 교수들의 3년간의 연구실적을 보면 〈표 11-11〉과 같다.

<표 11-11> 3년간 연구실적별 교수분포(%) (N=366)

| 업적유형 \ 수(권, 종, 편) | 0 | 1 | 2 | 4 | 5 | 6이상 | 3년평균 | 연평균 |
|---|---|---|---|---|---|---|---|---|
| 저술한 학술서적(권) | 79.0 | 13.4 | 3.3 | 1.4 | 1.1 | 0.3 | .37 | .12 |
| 편집한 학술서적(권) | 88.8 | 8.5 | 1.4 | 0.5 | – | – | .16 | .05 |
| 번역한 학술서적(권) | 93.7 | 4.9 | 0.5 | – | – | – | .08 | .03 |
| 해외저널게재논문(편) | 92.9 | 4.1 | 1.4 | – | 0.5 | 0.3 | .14 | .05 |
| 국내학회지게재논문(편) | 63.1 | 18.9 | 9.8 | 1.9 | 1.1 | 2.5 | .77 | .26 |
| 대학논문집게재논문(편) | 33.3 | 21.3 | 19.7 | 5.2 | 1.9 | 2.1 | 1.56 | .52 |
| 학술회의 발표논문(편) | 80.9 | 8.5 | 4.1 | 1.9 | 0.5 | 1.4 | .45 | .15 |
| 출원한 특허나 발명(종) | 97.8 | 1.4 | 0.5 | – | – | – | .04 | .01 |
| 컴퓨터 프로그램(종) | 97.8 | 0.5 | – | 0.5 | – | 0.3 | .07 | .02 |
| 공연 또는 전시회(회) | 93.4 | 1.6 | 0.3 | 0.3 | 0.3 | 2.2 | .34 | .11 |
| 비디오 또는 필름(종) | 96.7 | 0.5 | – | – | 0.3 | 1.6 | .16 | .05 |

연평균으로 1인당 학술서적저술 0.12권, 국내학술지 게재논문 0.26편, 대학논문집 게재논문 0.52편, 그리고 학술회의 발표논문은 0.15편으로 나타났다.

한편 교수들의 연구실적을 경력통로(career path)와 학위수준을 기준으로 분석해 보면, 우선 경력통로의 측면에서 모든 유형의 학술서적(저술·번역·편역 등)은 Ⅱ유형(석사학위→교수 : 석사학위 후 직접 교수가 되었거나 전문대학·중고등학교에서 전직한 자)이 연평균 0.32권으로 가장 많았고 모든 유형의 학술논문(대학논문집·공식학회지·해외논문집 등)은 Ⅲ유형(석사학위→연구직/산업체 근무 중 박사학위→교수)이 연평균 1.02편으로 가장 많았다. 한편, 학위수준을 중심으로 분석하면 학술서적은 박사학위 소지 교수가 평균 0.38권으로 가장 많았고 학술논문은 박사학위 소지 교수가 연평균 1.24편, 박사과정 중의 교수가 1.05편으로 나타났다.

교수들의 사회봉사 실적으로 분석할 때, 지난 3년간 전문봉사에 1회 이상 참여한 경험이 있는 교수는 전체의 18.3%였고, 공공봉사에는 전체의 27%, 그리고 전문봉사에는 전체의 15%로 나타났다.


## 3. 연구의 결론


### 1) 전문대학의 개황

첫째, 우리나라의 전문대학 교육은 사학의존의 비중이 지나치게 높다. 구체적으로 4년제 대학의 사학의존율은 75%인데, 전문대학의 사학의존율은 93.3%이다. 그런데 문제가 되는 것은 매년 전문대학의 총수는 늘어나는 반면 국립전문대학 수의 감축으로 국립의 점유비율은 점점 낮아지고 있다.

둘째, 전문대학의 대학당 학과 수는 지난 10여 년 간 양적으로 상당히 팽창해 왔는데, 전체적으로 자연계 학과의 비율이 약 절반(45%)에 이르고 있다. 국립전문대학은 자연계의 비율이 전체의 77%인데 사립전문대학은 42%로, 사립전문대학은 비교적 단위교육비가 적게 드는 학과 설치를 통하여 '백화점식 학과편성'을 해온 것으로 보인다.

셋째, 전문대학의 교수 1인당 학생수(54명)는 학교 급별로 비교할 때 지

나치게 많은 편이다. 특히, 같은 고등교육기관인 일반 4년제 대학의 교수 1
인당 학생수를 비교해도 전문대학의 여건이 아주 나쁜 것으로 나타났다. 결
국 이러한 현상은 앞에서 논의한 전문대학 수에 있어서 국가의 책임회피와
아울러 전문대학 교육에 대한 국가의 무관심을 반증하는 좋은 사례가 된다.


## 2) 전문대학의 교육여건

### (1) 교육시설

첫째, 전문대학의 외곽시설 중 교지확보율과 교사(校舍)확보율은 기준을
훨씬 초과하여 아주 양호한 편이다. 그런데 과거에 비해 교사확보율은 나아
진 반면 교지확보율은 떨어진 점에 근거할 때 전문대학들이 기존의 교지에
학생전원을 대폭 늘려 왔음을 알 수 있다.

둘째, 전문대학의 외곽시설 중 학생기숙사와 교수아파트의 보유율은 지극
히 낮은 실정이다. 특히 사립은 국립에 비해 현저하게 낮은 경향을 보인다.

셋째, 전문대학 지원시설 중 대학본부와 학생복지시설은 전체적으로 기준
을 훨씬 상회하고 있는 데 반해 도서관 면적은 기준에 미달되고 있다. 한
편, 도서관 내부현황을 보면 도서 확보율과 열람석 확보율은 전체적으로 기
준을 상회하고 있으나, 국립에 비해 사립의 보유율이 낮다. 그러나 도서구
입비에서는 국립이 사립을 앞서고 있다.

넷째, 전문대학의 권장시설 즉, 전자계산소·강당 및 체육관·부속연구
소·학과사무실 등의 보유는 아주 낮은 실정이다.

다섯째, 전문대학의 실험실습실 확보율은 전체적으로 기준을 상회하고 있
으나 국공립전문대학은 기준에 미달되고 있는데, 특히 종수의 확보율은 점
수의 확보율에 뒤진다. 이는 전문대학들이 동일한 종류의 기자재를 중복하
여 구비한 것으로 다양한 종류의 실험실습 기자재를 보유하고 있지 못한 증

거가 된다.

여섯째, 전문대학의 외곽시설과 내부시설 중 많은 부분에서 국립전문대학의 구비 상태가 사립전문대학의 그것보다 뒤진다는 사실이 밝혀졌다. 이는 일반적인 예상과는 다른 것으로 앞에서 누차 지적한 전문대학 교육에서의 국가의 책임문제가 다시 거론되는 사항임에 틀림없다.

## (2) 교육재정

첫째, 사립전문대학의 교육비 재원 중 학생납입금 의존율은 여전히 높은 편이다. 그런데 국립전문대학에서도 학생납입금 의존율이 과거에 비해 약간 높아졌다. 한편, 사립전문대학의 재단전입금 비율은 1994년 현재 1990년의 1/3 수준으로 떨어져 지극히 미미한 실정이다.

둘째, 전문대학의 학생 1인당 공교육비는 4년제 대학의 50% 수준에 머물고 있는 실정이며, 1993년 이후 국립전문대학의 학생 1인당 공교육비가 사립전문대학의 그것보다 적은 것으로 나타나고 있다.

셋째, 전문대학의 교육비 세출구조에서 인건비가 가장 많은 부분을 차지하며 재산조성비(시설비), 운영비 순으로 구성되어 있다. 이런 결과에서 볼 때, 운영비의 비율이 적다는 것은 학생의 실험실습 등 직접적인 교육활동에 투입되는 비용이 상대적으로 적다는 사실을 의미한다.

넷째, 학생 1인당 실험실습비와 실험실습기자재 구입비에서 국립전문대학이 사립전문대학에 비해 열악하다.

다섯째, 전문대학 재정현황의 주요부분(학생 1인당 공교육비·실험실습비 등)에서 국립전문대학이 사립전문대학에 비해 열악한 것으로 나타났으며, 이 부분과 관련하여 전체적으로 전문대학의 재정은 4년제 대학에 비해 비교의 대상이 되지 못할 정도로 열악한 실정이다.

## 3) 전문대학의 교육운영

### (1) 교육과정

첫째, 전문대학의 교육과정 운영에서 교양교육과정은 전통적 의미의 순수 교양교육(인격함양이나 시민성 계발·개인의 정신건강이나 생활적응)보다는 실용적 차원의 교양교육(전공교과이수의 기초지식·직업적 태도와 자질)에 더 초점을 두고 있다. 이러한 현상은 전문대학의 교육목적상 별 무리가 없는 현상으로 간주될 수 있으나 전인교육의 측면에서나 교양교육의 본래적 의미에서 논의의 여지가 있을 수 있다고 본다. 특히, 전문대학의 교육과정 구조에서 교양교육과정의 비율(20%~30%)을 자율화하도록 한 조치(교육법시행령 제160조의 2)로 인하여 교양교육의 비중이 축소되는 동시에 교양교육에 전공교육의 목표가 전이되어 반영된 것으로 이해될 수 있다.

둘째, 전문대학의 전공교육과정은 전문대학의 본래적 교육목적(직업현장에서 요구되는 직무능력·자격증 획득)을 비교적 잘 반영하고 있는 것으로 나타났다. 그러나 '순수한 학문의 구조나 내용'을 반영하고 있다고 지각한 비율이 높은 현실에 비추어 아직도 전문대학의 전공교육과정이 4년제 대학의 교육내용에 기초하여 구성되고 있음을 알 수 있다. 한편, 전문대학 전공교육의 총 수업시수 중 실험·실습 비율이 전체의 50% 미만인 점에서 볼때 실제 전공교육내용은 교육목적에 부합되게 구성되었을지라도 실제적인 전공교육과정의 실천방식이 이에 유리되고 있음을 알 수 있다.

셋째, 전공교육과정은 주로 일반적인 수준에서 학과교수들이 협의하여 개발·적용하고 있으며 교육 수혜자인 학생들이나 산업체 등에 대한 체계적인 요구상정(need assessment)을 거친다거나, 소속 학회나 기관에서 공동으로 개발한 표준화된 교육과정을 적용하는 비율은 상당히 낮아 전공교육과정이 지나치게 교수들의 의견이나 이해관계에 의해 종속될 가능성이 높으며 기업체나 학생들이 요구를 반영할 기회가 적어짐으로써 현장 적응력이 부족한 교육운영을 초래할 수 있다.

## (2) 수 업

첫째, 전문대학 교수들은 매학기 수업계획서를 작성·배포하는 정도가 높지 않는 동시에 학생들이 자신들의 학습에 수업계획서가 실제적인 도움을 준다고 지각하는 비율은 아주 낮았다. 이러한 사실은 교수들의 수업계획이 보다 체계적이고 효율적이지 못하다는 반증으로서 수업계획서의 작성과 관련된 교수개발(faculty development)의 노력이 절실히 요구되는 사항이다.

둘째, 전문대학 교수들은 강의식 수업에 의존하는 비율이 높기는 하지만 실험·작업 또는 발표식 수업의 비중도 높은 편이어서 수업방법에서의 다양성을 보여주고 있다. 그러나 수업의 과정에서 시청각 자료를 사용한다든가 보충자료를 제공하는 비율은 상당히 낮게 나타나고 있다. 한편, 휴강하는 횟수는 적은 편이고 학생들에 의한 교수의 수업 열의도 높게 지각되고 있어서 긍정적인 현상이다. 결국, 전문대학 교수들의 실제 수업활동은 전체적으로 긍정적인 평가가 가능하지만 시청각 교육의 측면에 더 관심을 기울여야 할 필요가 있다고 보인다.

셋째, 전문대학 교수들은 성적평가에서 정기시험의 비중을 절반 이상 채택하고 있으나 실험·실습의 비율은 그 반영 비율이 낮게 나타났다. 이러한 측면은 계열에 따라 다른 해석이 가능하겠지만 개선이 필요한 부분이라고 볼 수 있다. 한편, 학생들이 지각하는 교수들의 성적평가에 대한 공정성의 정도는 비교적 긍정적으로 나타났다. 넷째, 전문대학 교수들이 담당하고 있는 주당 평균 수업시간은 4년제 대학 교수들에 비해 상당히 높은 편이며 담당 교과목도 세 과목 이상인 경우가 전체의 절반에 이르고 있다. 이러한 현상은 전문대학 교수확보율에 기인되는 현상이지만, 질 높은 수업을 위한 교재연구의 시간이 부족하고 교수들의 세부전공과 담당 교과목 간의 일치도가 낮아짐으로써 전문대학의 수업효율성을 떨어뜨리는 요인이 됨을 부인할 수 없다.

또한 강좌당 학생 수가 지나치게 과대한(평균 58.6명) 것도 문제로 지적되고 있어 전문대학 교수들의 수업단위 여건은 열악한 것으로 해석된다.

### (3) 학생봉사

첫째, 교수들이 학생들과 상담 시 주로 관심을 갖는 내용은 학업과 진로지도(취업)의 내용이 2/3 이상을 차지하고 있으나 개인적 고민이나 인격형성, 서클 생활의 내용은 상대적으로 빈약하였다. 그리고 상담횟수도 한 학기당 1회 이하가 절반 이상이었다. 이러한 측면에서 학생상담의 내용이 다변화될 필요가 있으며 상담횟수도 확대되어야 할 것으로 본다.

둘째, 학생들의 취업을 위해서 학교나 교수들이 노력하는 정도가 높은 것으로 학생들에 의해 지각되고 있으나, 반면에 학교(교수)들이 별로 신경을 쓰지 않는다는 비율도 상당하다. 한편, 실제 취업에 관련된 정보는 학교 내에서 보다는 학교 밖(개인적 노력, 선배나 친지)의 통로를 통해 더 얻는 것으로 반응하였다. 결국, 학생들의 취업을 위해 학교당국이나 교수들이 많은 노력을 하고 있는 것은 사실이나 전담직원을 두어 체계적인 취업지도와 알선을 하는 정도는 적은 편이며 따라서 학생들은 학교 밖에서 개인적인 노력에 의해 취업정보를 얻는 것으로 나타났다.

셋째, 전문대학의 학생 1인당 장학금 지급액을 보면 평균적으로 115,675원인데, 국립이 사립에 비해 약간 높은 편이며 지역적 차이가 심하다. 그런데 1994년 현재 전문대학 학생 1인당 장학금 지급액은 1992년 현재 4년제 대학 학생 1인당 장학금 624,270원에 비해 형편없이 적은 실적이다. 한편, 학생들은 자신들의 복지시설과 자치활동에 대한 지원 정도를 아주 불만족스럽게 지각하고 있다. 결국 전문대학의 학생들에 대한 재정적인 복지지원은 열악함을 알 수 있다.

### (4) 교 수

첫째, 전문대학 교수확보율은 전체적으로 48.3%로 낮은 편이며 국립이 사립에 비해 훨씬 양호한 편이다. 교수들의 직급구성을 보면 직급이 낮을수록 그 구성비율이 높고, 전체 교수 중 박사학위 소지비율은 4년제 대학에 비해 아주 낮은 실정이다. 이러한 관점에서 전문대학의 교수구성은 효율적인 교육을 위해 더 개선되어야 할 점이 있음을 알 수 있다.

둘째, 전문대학 교수들의 월 보수는 4년제 대학에 비해 아주 낮은 실정이며, 교수들은 자신들의 보수와 후생복지제도에 대해 아주 불만족스럽게 생각하고 있다. 이러한 현상은 교수들의 직무동기유발을 저해하는 요소로 개별대학들에서 각별한 노력을 기울여야 하나 제도적인 차원에서의 개선책이 요구된다.

셋째, 전문대학 교수들은 자신들의 가장 중요한 역할로 절대다수가 교수활동을 꼽고 있으며, 실제적으로 교수활동에 가장 많은 시간을 투입하고 있다. 그런데 교수들이 연구 활동을 하는 동기로서 '탁월한 수업진행'을 꼽고 있는 비율은 극히 낮아 교수활동 책무에 대한 교수들의 인식은 분명한 데 반해 실제적으로 이에 대한 연구는 하지 않는 것으로 나타났다.

넷째, 전문대학 교수들은 정부나 기업체 등 외부로부터 연구비를 거의 받지 못하고 있으며 대학 자체에서 받는 연구비도 아주 미비한 것으로 나타났다. 특히 4년제 대학 교수들에 비해 연구비 수혜 등 제반 지원조건이 열악하기 짝이 없을 뿐만 아니라 교수들은 이를 아주 불만족스럽게 여기고 있다.

### (5) 산악협동

전문대학과 산업체 간의 산학협동위원회는 많은 대학들이 이를 구성하고 있으나 실제적인 공동연구 실적은 아주 미미한 실정이다. 결국, 전문대학 교육의 효과증진을 위해 추진되고 있는 산학협동은 제도적인 측면에서 뿐만이 아니라 실제적인 측면에서 운영·활용될 필요가 있다.

## (6) 행정체제

첫째, 전문대학에서 장기계획은 주로 학장과 보직교수 등 공식적 행정직 위자들에 의해 수립되며, 교수들이 참여하거나 체계적인 의사결정과정을 통한 의견수렴은 잘 이루어지지 않고 있는 것으로 나타났다.

둘째, 전문대학에서의 교수채용은 주로 학과교수들이나 대학내부의 체계적인 심의과정을 거쳐 이루어지지만, 형식적인 절차와 이사장의 단독결정에 의해 이루어지는 비율도 상당한 편이다. 이렇게 볼 때 아직도 교수채용과정이 비민주적인 방식에 의해 이루어지는 전근대적 관습을 벗어나지 못하고 있음을 알 수 있다.

셋째, 전문대학의 예산편성과 집행과정이 주로 비공개적이고 투명하지 못한 방식으로 이루어지고 있다.


## 4) 전문대학의 교육산출

첫째, 전문대학 학생의 취업률은 자료마다 큰 차이가 있어서 일률적으로 단정하기 곤란하나 교육부자료에 근거할 때, 일반적인 예상과는 달리 최근에 이르러 다소 낮아지고 있다. 한편, 사범계열과 자연계열의 취업률이 상대적으로 높은 편이다.

둘째, 전문대학 교수들의 연구실적은 4년제 대학에 비해 아주 낮은 실정이다. 한편, 전문대학 교수들 중 사회봉사 참여 실적 또한 아주 낮은 편이다. 이렇게 볼 때, 전문대학 교수들의 기본적인 책무가 연구 또는 사회봉사는 아닐지라도 가르치는 일(교수)은 지식생산(연구)을 전제로 하고, 생산된 지식은 공익을 위해 활용(사회봉사)되어야 한다고 볼 때, 교수들의 연구 활동 증진을 위한 노력이 전개되어야 할 것으로 본다.

# 4. 제 언

본 연구의 결론을 통해 다음과 같이 제언하고자 한다.

## 1) 전문대학 개황의 측면

**제언 Ⅰ: 전문대학 교육에 대한 국가 · 지방자치단체의 분담비율을 높여야 한다.**

1994년 현재 전문대학 교육의 사학의존도는 대학 수를 기준으로 전체의 93.3%인데, 이는 4년제 대학의 사학의존율 75%에 비해 월등하게 높은 편이다. 그런데 전문대학 총수는 늘어나는 반면 국립전문대학은 이에 역비례하여 매년 감축되어 왔다는 사실이다. 이러한 현실은 기존의 국립전문대학을 개방대학이나 산업대학으로 전환한 사실에 기인하는 바 크지만 순수하게 국립전문대학을 사립화한 데에도 원인이 있다. 이러한 현실은 국가가 산업사회 발전에 필요한 유능한 산업기술인력의 양성을 강조하면서도 실제적으로는 산업기술인력의 중추적 교육기관인 전문대학 교육에 대한 책임회피 내지 무관심을 정책화하는 것이나 다름없다. 이러한 측면에서 볼 때, 최근 대통령 선거 공약사항으로 지방자치단체에서 지역의 특수성에 맞는 특성화된 공립전문대학을 신설 · 운영할 것을 제안한다.

**제언 Ⅱ : 전문대학의 특성화 차원에서 '세부전공별' 학과운영을 제안한다.**

현재 우리나라의 전문대학은 학과 수가 지나치게 많을 뿐 아니라 학과당 입학정원이 평균 105명으로 지나치게 많은 편이다. 또한 학과의 명칭만 다를 뿐 거의 비슷한 교육내용이 제공되는 학과가 중복 설치된 것도 사실이다. 이러한 문제는 우선 학과간 차별화와 특성화의 측면에서 다루어야 할 사항이다.

그래서 동일학과일지라도 학과와 관련된 노동시장을 세분화하여 이에 맞게 세부전공을 정한 다음 학생들의 적성과 기호에 따라 '세분화된' 교육과정을 제공할 것을 제안한다. 예컨대 입학정원이 120명인 관광과를 ① 호텔분야 ② 항공 및 여행(사)분야 ③ 관광(통역) 안내분야 ④ 조리 및 제과분야로 세분하여 동일학과 내에서 학생들의 적성과 기호에 따라 이중 하나를 선택하도록 하고, 1학년 때는 전공 공통 교육과정(현재의 필수교과 형식)을 이수한 다음, 2학년 때는 세부영역별 전공교과(심화교육과정)를 이수토록 하면 될 것이다.

물론 이러한 학과운영방식을 적용하자면, 교육과정이 산업구조와 현장의 직무내용에 기초하여 실무 중심적으로 개발하는 일과 학생들의 적성을 과학적으로 진단하는 일, 그리고 체계적이고 과학적인 교수의 선발과 교수확보율의 상향, 그리고 실험실습실의 확충과 기자재의 보완 등 제반 교육여건이 전제되어야 할 것이다.

연구자들이 제안하는 이러한 방안은 현장적응능력을 증진함으로써 보다 '전문화된' 산업인력을 사회에 배출하는 데 효과가 있을 것이다.


## 2) 전문대학 교육여건의 측면

**제언 Ⅲ : 전문대학 교육여건 개선을 위한 전문대학육성법(가칭) 제정을 제안한다.**

전문대학의 제반 교육여건, 특히 교육재정은 한마디로 '속빈 강정'이다. 양적으로 급격하게 팽창하였으나 교수확보율과 교수 1인당 학생수·학생 1

인당 공교육비 수준은 4년제 대학에 비해 비교가 되지 못할 정도로 열악하다. 이러한 현상은 국가에서 설립·운영하는 국립전문대학이 사립전문대학에 비해 교육여건 지표의 주요 부분(학생 1인당 공교육비·학생 1인당 실험실습비·실험실습비확보율 등)에서 열악하다는 현실에서 극명하게 드러난다. 국립전문대학의 교육재정 관련 주요 여건이 사립전문대학에 비해 뒤진다는 사실은 가히 충격적이다. 이러한 상황에서 전문대학 교육결과의 현장적응능력 부족을 운운하여 산업기술대학 설립을 추진하는 것은 국가는 물론이려니와 사회전체가 재고해야 될 사항이다.

1994년 현재 전문대학이 전체 고등교육기관에서 차지하는 비중과 앞으로서의 산업기술 측면의 국가경쟁력 제고의 차원에서 전문대학 교육여건의 획기적 개선은 국가적 과업으로 설정되어야 한다. 여기에서 특별히 지적하고싶은 사항은 4년제 대학에서는 소위 '국책대학 중점 지원사업'으로 선정된 대학에 대해 국가에서 수백억 원을 지원하고 지방자치단체와 기업체에서도 특별한 재정적 지원을 하면서 전문대학에 대해서는 아무런 지원이 없는 것은 이해하기 힘든 일이다.

이상의 논리에 근거하여 연구자들은 전문대학의 교육여건을 획기적으로 개선하기 위해 전문대학육성법(가칭)의 재정을 제안한다. 연구자가 제안하는 전문대학육성법은 초·중등학교의 교육환경개선특별법 같은 국가의 의지표명과 실천방안을 의미한다.

## 제언 Ⅳ : 교육여건의 과학적인 평가체제와 이에 따른 차등적 지원방안을 수립해야 한다.

우리나라의 전문대학들의 교육여건 현황이 열악하기 그지없다는 사실은 많은 연구에서 밝혀졌고 본 연구에서도 재차 확인되었다. 특히 절대비율을 차지하고 있는 사립전문대학의 경우 총 교육비 중 학생납입금 의존율이 지나치게 높은 편이며, 재단전입금은 거의 전무한 상태이다.

여하튼, 이제 시대적 환경과 교육개혁에 나타난 교육정책의 기조가 말해주듯이 전문대학 교육에도 철저한 자율경쟁(적자생존)의 논리가 적용되도록 해야 한다. 한마디로, 사립전문대학의 경우 '투자 없이 생존 없다'는 원칙을 체득하도록 해야 한다. 그러기 위해서는 현재와 같은 형식적인 교육여건 평가체제로는 불가능하고, 보다 과학적인 차원에서 전문대학의 교육여건과 교육운영과정을 평가할 수 있는 체제가 수립되어야 한다.

아울러 개별대학들이 교육환경을 위해 노력하는 정도에 비례하여 국가는 재정지원을 해야 한다. 따라서 대학운영의 자율화도 중요하지만 개별대학들이 교육여건 개선에 노력하는 정도에 비례하여 정부보조금을 책정하는 재정지원연계제도(matching fund)를 실시할 것을 제안한다.


## 3) 전문대학 교육운영의 측면

### 제언 Ⅴ : 교수들의 연구개발을 위한 재정적 지원대책이 요구된다.

본 연구에서 전문대학 교수들의 연구실적은 아주 낮은 것으로 나타났다. 그런데 전문대학 교수들 중 기업체 등으로부터 연구비를 지원받은 정도로 아주 미미하였다. 혹자는 전문대학 교수들은 가르치는 활동이 주 임무이므로 연구 활동은 중요하지 않다고 주장할지 모르지만 새로운 지식의 습득·생산(연구) 없이 잘 가르친다는 것은 논리적 오류이다. 연구가 가르치는 내용과 방법에 관한 것이든 순수 학문 탐구의 내용이든 교수들에게 연구는 효과적인 역할수행의 토대가 된다는 점은 부인할 수 없는 사실이다.

이러한 점에서 전문대학 교수의 연구를 위해 정부에서 지원하는 연구조성비와 연수예산에서 일정비율을 고정적으로 책정하여 지원해 주는 정책을 실시하기 바란다.

## 제언 Ⅵ : 전문대학 교수들과 4년제 대학 교수들의 보수(본봉) 체계를 단일 호봉화해야 한다.

현재 전문대학과 4년제 대학 교수들의 보수체계는 이원화되어 있다. 따라서 동일호봉이라도 전문대학 교수들은 같은 고등교육기관에 있으면서도 4년제 대학 교수들에 비해 상대적으로 불이익을 받고 있다. 이 문제는 최근 한국교원단체총연합회가 교육부와의 정기교섭에서 제기한 바 있다. 사실 과거에 국민학교 교사와 중·고등학교의 교사 간에 보수체계가 이원화(복수호봉제)되어 있던 적이 있었지만 지금은 단일화되어 있다.

본 연구에서 볼 때, 전문대학 교수들은 4년제 대학 교수들에 비해 보수수준이 낮고 연구비 등 부가혜택도 상당히 낮은 편으로 밝혀졌다. 비록 연구보조비 등은 차이가 있을지라도 기본급에 해당되는 본봉에 대해서는 전문대학과 4년제 대학 교수들 간에 차이가 없도록 하는 것이 전문대학 교수들의 사기진작을 위해 필요한 일이며 상식적 차원에서도 순리일 것이다.

## 제언 Ⅶ : 대학경영의 민주화·전문화가 필요하다.

본 연구에 의하면 많은 대학들이 아직도 교수채용에서 비합리적인 방식을 답습하고 있으며, 장기계획 등 의사결정과정에서 체계적인 의견수렴의 과정을 따르지 않는 것으로 나타났다. 전문대학 교육의 현실논리에 비춰 봐도 이제 전문대학의 경영자들은 보다 민주화되고 전문적인 운영과정에 관심을 가져야 할 때가 왔다는 사실을 기억해야 한다. 그것이 곧 학교경영의 효율성을 제고하고 사회적 책무를 다하는 길이며 생존·발전하는 첩경이다. 이러한 관점에서 전문대학의 장기계획이나 교수채용에 있어서 재단의 독점이나 지나친 행정적 의사결정보다는 각종 위원회를 구성하고 이 과정에서 교수들의 참여를 통한 전문적 공동의사결정 체제의 수립이 요구된다.

## 4) 전문대학 교육산출의 측면

**제언 Ⅷ : 졸업생들의 취업률 파악의 정확성과 신뢰성을 제고해야 한다.**

1980년대 중반 이후 전문대학 졸업생들의 취업률이 호조를 보이고 있는 것은 사실이다. 그러나 경험적인 측면에서 개별대학들에서 보고되는 취업률의 정확성과 신뢰성에 의문이 가는 측면이 없지 않다. 구체적으로 행정적인 목적과 대외홍보용으로 보고되는 과정에서 실제보다 높은 현실이 있고, 특히 각 기관마다 발표되는 통계에서 현격한 차이가 있는 점을 발견할 수 있다. 물론 이러한 현상은 지역에 따라 사정이 다르다. 여하튼 전문대학의 취업률 보고와 통계파악에 있어서 신뢰도를 제고하기 위한 개별대학들의 노력이 요구된다.

# 참고문헌

강우철·이성호·장인숙(1983). "전국대학 교수자원의 특성에 관한 분석적 연구" 서울: 한국대학교육협의회.

김상호 외(1989). "전문대학 재정구조 분석연구" 서울: 한국전문대학교육협의회.

김성동(1994. 3). "교육시장개방에 따른 교육체제의 대응방향과 과제" 한국전문대학교육협의회. 전문대학교육. 제12호.

김종철 외 7인(1993). "대학교육의 지역간 격차에 관한 연구" 서울: 한국학술진흥재단.

교육부 대학정책실. '94전문대학 외곽시설 현황.

교육부 전문대학 학무과. 1994년도 전문대학 평가결과 종합보고서(1994. 12. 20).

교육부 외자설비 관리고. 대학실험·실습설비 보유현황—전문대 이상(1994. 8).

이성호(1992). 한국의 대학교수—그들은 누구인가? 무엇을 하는 사람들인가? 서울: 학지사.

주삼환·신봉섭·이석열 외 2명(1993). 이공학계열 대학교수의 인적·학문적 배경특성과 연구 생산성. 대전: 한국과학재단.

최지운(1984). 대학환경과 정의적 특성. 서울: 예지각.

# 제12장 Academic Staff Development*

The concept of staff development has been hardly conceived in Korean higher education because of very authoritative status of university faculty members and of highly centralized educational organization.

Nevertheless there have been serveral attempts to develop faculty competency in different levels of educational administrative organization. (1) The Ministry of Education has 'Oversea Study Program for Professor Development' through which central government supported 24 million dollars to 1,866 professors during last 10 years, (2) Consortium, Korean Council for University Education, has two programs; 'New Academic-Staff Development Program' which had spent 0.8 million dollars for 4,260 new staffs for last 8 years, and "Faculty Exchange Program in Nation" by which 0.2 bil-

* A paper presented to the UNESCO Asia-Pasific Regional Workshop on "Organizational Management of Academic Staff Development in University" in Katumandu, Nepal, 31 Oct. −4 Nov. 1988.
교육발전논총, *The Journal of Educational Research & Development*, Vol.10, No.1, 1989.

lion dollars were supported to approximately 800 experienced professors during last 12 years, (3) at the university level SD program is not formally active, but some universities have (a) usually one seminar per semester, (b) 'Sabbatical leave' and 'Degree Support Systems', and (c) 'Orientation Seminar for New Staffs' under the charge of dean of academic affairs, (4) some colleges in university open (a) 'Seminar for Staff Development, (b) pedagogical orientation, and (c) informal seminar monthly, (5) at the departmental level 'Seminars for Academic Development' are held as informal, weekly, and voluntary base, and (6) individual professor has to write at least one paper each year.

Three directions for the promotion of staff development were suggested here: (1) efforts and supports for SD should be decentralized in the directions of university, college, and department levels. (2) universities in Korea should recognize the importance of SD for improving quality education and emphasize the unit for SD in aspects of finance and personnel, (3) the success of faculty development absolutely depends upon the motivation of individual professors.

Therefore, higher education community, the Ministry of Education, universities and professors orchestrate a melody of new movement and academic climate in university for staff development in Korea.

# 1. Introduction

Teachers are one of the most important natural resources in a nation. Nobody can negate the importance of teachers, because teacher is the most important variable in education. The quality of education in a nation cannot outstrip the quality of teachers in that nation. The importance of teachers is not an exception in universities. Therefore, the quality of university depends upon the quality of its professors and is generally seen as a function of its qualified staffs. "The character of a given university is determined by the professors appointed to it" as Karl Jaspers noted (1960, p.112). It is not over-emphasis to say that "in a sense the universities are the university teachers"(Halsey and Trow, 1971, p.27).

Since usually human potential is not fully developed, university professors can be more developed and the more they are developed, the more their universities can be developed, and also the more their students can get benefit from them. According to these kinds of beliefs many educators and administrators are interested in staff development in the world.

Furthermore, because when a professor is appointed he will be assured for at least 20-30 years and his colleagues should work with him during that period in the same campus, university and colleges, therefore, are careful to select qualified professors in both aspects of cognitive domain as well as human relations.

Innocent students are influenced seriously by underdeveloped faculty for a long time if they are not interested in their academic development.

Since the majority of newly apponinted teaching staff enters to teaching posts straight from experience as graduate student and as Ph. D. holder without enough teaching experiences and pedagogical training, it is hardly surprising that he has not encountered many difficulties in teaching responsibilities, especially in large class size and in handling militant students.

According to above importances and necessities of faculty development specially for new faculties, we are trying to develop and to emphasize faculty development programs nationally and also in each university level. Even though importances and necessities of faculty development began to be recognized, this area is not yet fully developed theoretically and practically in Korea.

Since teachers, especially university teachers in Korea were highly respected under Confucian culture and had absolute authority which nobody can confront, it was very difficult to supervise them and even to advise the recommend to them for the improvement of teaching and research. Except a few professors many professors of universities traditionally are not trying to hear from others. "What's wrong with me the way I am?" "Who wants me to 'develop' in what ways, and why?" These kinds of attitudes have spread in Korean university society. Because of this kind of Korean tradition, it is very difficult for us to approach to staff development if there is no teachers' voluntary motivation for their development.

Korean has traditionally highly centralized political, econom-
ical, cultural, and educational systems. As a result, staff devel-
opment approach in higher education was not exception, and SD
on a nation-wide scale began to appear in Korea from 1980s.

I'll introduce at first various efforts and approaches by lev-
els, nation, consortium, each institution and individual for
staff development in Korea, then identify major problems and
obstacles to developing staffs, and lastly suggest some direc-
tions for future development in this paper.

## 2. Korean Efforts for Staff Development in Various Levels

There can be many approaches to staff development in Korea
but I can not refer to all of them in this country report. So
naturally it will be limited to one or two examples by each
level, central Ministry of Education, consortium of the Korean
Council for Higher Education between Ministry and each
University, individual university, and professors efforts.

### 1) National Efforts of MOE for SD

The Ministry of Education in Korea initiated staff development in university by supporting national funds for one-year 'Oversea Study Program' from 1978.

The Purposes of this 'Oversea Study Program' for all university(public and private) faculty were as follows:

(1) to improve competence and to enhance morale of university professor,
(2) to vitalize research activities of professors and to import advanced academic theory and practice, and
(3) to grow up higher manpower and to facilitate international exchange of education and culture.

Major policies of this program were:

(1) to give priority to basic science and Hi-Tech field needed new research and study in advaced countries,
(2) to give prior support to country universities located in local area for the balanced development of universities,
(3) to encourage the dessemination and utilization of research results by publishing papers on journals in or out of nation, and
(4) to require three year service obligation in already employed university after finishing this program.

The MOE recommended applicants to chose advanced university and research institute in advanced countries, and supported US $500 to each person for preparation and US $810-1900 per month for research and living expenses plus round trip air tickets. The MOE requires benefited professors to write only one paper after one year (possible one more year extension when needed) oversea research.

⟨Table 12-1⟩ Number of Professors and Amounts of Funds for Oversea Study Program

|  | 78~79 | 80 | 81 | 82 | 83 | 84 | 85 | 86 | 87 | Total | 88 | 89 | 90 | 91 | 92 |
|---|---|---|---|---|---|---|---|---|---|---|---|---|---|---|---|
| No. of prof. | 199 | 209 | 223 | 251 | 287 | 150 | 128 | 209 | 210 | 1,866 | 250 | 370 | 480 | 590 | 700 |
| Amounts of funds(US millions) | 1.5 | 3 | 2.875 | 3.5 | 4.375 | 1.375 | 1.625 | 2.613 | 3.25 | 24 | 3.625 |  |  |  |  |

⟨Table 12-2⟩ Number of Professors by Nations Dispatched(78~87)

|  | USA | JA PAN | UK | W. GER MAN | FRA NCE | CAN ADA | AUS TRIA | TAI WA | AUST RALI A | OTH ERS | TOT ALS |
|---|---|---|---|---|---|---|---|---|---|---|---|
| No. of Prof. | 1,164 | 398 | 118 | 77 | 42 | 30 | 8 | 8 | 6 | 15 | 1,886 |
| Portion | 62.4 | 21.3 | 6.3 | 4.1 | 2.3 | 1.6 | 0.4 | 0.4 | 0.3 | 0.8 | 100% |

Number of benefited professors, amounts of funds and future coming year plans are as following tables.

This program will be continued and expanded, and number of professors and amounts of funds also will be gradually increased. Professors graduated and held doctoral degree from Korean universities at least could broaden their academic world and improve these teaching and research abilities by this 'Oversea Study Program'.

## 2) A Case of Efforts for SD by Korean Council for University Education

The Korean Council for University Education established in 1982 is a unique organization consisted of 115 four-year colleges and universities which became autonomously members of KCUE for the cooperation among member institutions and improvement of university education.

This institution undertook 'New Academic Staff Development Program' initiated in 1980 by the MOE from 1986, and 'Professor Exchange Program in Nation' from 1988. The former program actually was begun to introduce and to orient Korean culture and current situations to newly appointed professors after long oversea study period.

More specific objectives of this program were:

  (1) to recognize the importance of student guidance, counseling, and advice to make healthy university study climate,

  (2) to understand social realities and current real situation and to inquire into research direction in Korea after long oversea staying,

  (3) to form healthy view point of value and of nation through study of national history and national identification, and

  (4) to form democratic spirit and patriotism through military field visiting.

When his program was adopted it was 2 nights 3 days accommodation in starting year 1980, and was extended to 2 weeks accommodation in 1984, to 2 weeks not accommodation during 1984-1987, and to 5 nights 6 days during 1987-1988.

Major contents of this program were consistent with above purposes as following:

(1) Korean culture and thoughts,

(2) Korean realities,

(3) University and education,

(4) Our problem identification,

(5) Traditional cultural activites.

One of sample programs of 5 nights and 6 days is illustrated here as follows.

This program was ceased after 38 sessions and investment of 0.8 million US dollars for 4,260 professors training, and it will be transferred to each universities and colleges because of negative aspects of nation-wide unified indoctrination style. In fact, this program started under hidden political reason to relieve student demonstration protesting military rule. If this program were innocent and pure, new staff orientation or development program would be successful. Even if there were some negative responses, there were positive responses from many trainees.

Now we have developed another new pure program such as new staff development at each university level or national level. The KCUE has 37,500 US dollar budget per year for this program.

Another important staff development program of KCUE is 'Faculty Exchange Program in Nation' transitted to this consortium from MOE started from 1977.

The purposes of this program were threefold:

    (1) to enchance cooperation and exchange academic in-
        formation between universities,

    (2) to develop local universities located in country, and

    (3) to develop professors.

Term of exchange service is one-year with full pay plus $4,
286-5, 700 research fund per year.

Dispatched professors can concentrate on research and writing
papers and books without teaching load in both universities dis-
patched and employed. Supporting funds come from the MOE.
Many professors use this program for their program for degree,
research and writing books. This program will be expanded in
respects of quality and quantity of program. Approximately 800
professors used this program during past 12 years and amounts
of supporting money were 0.2 billion US dollars.

Of course many academic associations in Korea are trying
to develop professors in their fields in national level in addi-
tion to KCUE. This case is similar to all other nations and
academic associations.

## 3) Staff Development Efforts in Universities

There are 115 four-year colleges and universities(including
11 national teachers' colleges for elementary school teacher
training) and about 120 junior colleges in Korea As it is very

difficult to cover all colleges and universities in this paper, just general description of efforts in university level for staff development from the interview data will be introduced and then some cases of university, college in university, and department will be illustrated.

---

## Programm Ex.1 Sample Program of New Academic Staff Development

Major program

| | |
|---|---|
| 1. Right view point of Korean history | 90 min. |
| 2. Korean traditional folk-lore and consciousness | 100 min. |
| 3. Korean cultural tradition and development | 120 min. |
| 4. Korean social science diagnosis | 120 min. |
| 5. Korean scientifical and technological diagnosis | 120 min. |
| 6. Social development and university mission | 60 min. |
| 7. Teaching-learning method in university | 120 min. |
| 8. Current problems in higher education of Korea | 120 min. |
| 9. International political situation and political change in Korea peninsular | 120 min. |
| 10. Visiting industrial site | 1 day |
| 11. Visiting military field(DMZ) | 1 day |
| 12. Talking with senior professors | 120 min. |
| 13. Hearing from North Korean former spy | 120 min. |
| 14. Group discussion | 180 min. |
| 15. Final synthetic discussion | 120 min. |

| Supplemental Program | |
|---|---|
| 1. Korean classical music | 90 min. |
| 2. Special abdomen breathing | 60 min. |
| 3. Korean verse | 60 min. |
| 4. Sit-in Sen | 60 min. |
| 5. Movie | 150 min. |
| 6. Free talking in local group | 60 min. |
| 7. Group discussion by same major | 50 min. |
| 8. Short bamboo-flute | 60 min. |
| 9. Free talking | 60 min. |
| 10. Slide | 110 min. |
| 11. Culture of Baekje Dynasty | 60 min. |
| 12. Self-introduction | 150 min. |
| 13. Orientation for program and living | 140 min. |

Usually dean of academic affairs is in charge of staff development in Korean universities but there is not any independent unit for the SD. Generally almost all universities have a seminar of one or two days at the end of each semester (2 semester system) or during the vacations. Because universities have not strong program for staff development except this kind of seminar, there are not any manpower and financial support for the academic dean.

Several Korea Universities have 'Sabbatical Leave System' for staff development the advanced countries already have. For example, Sugang University in Seoul permits one year leave with full pay after every six year-service(one more year extension without pay), and two-year leave for degree program in oversea study with full pay(one more year extension without pay). Many non-degree professors used this degree study program in Sugang University.

Some universities such as Korea University in Seoul have 'Newly Appointed Staff Orientation Seminar'. In this seminar Faculty Handbook is distributed and new staffs meet major administrative staffs and resource persons. Also the chair and professors of major department informally and specifically introduce major programs and courses.

At college level in universities deans of colleges take charge of the staff development but they have not got enough budget because governance and organization of university is highly centralized. They hold at least one or two seminars per semester, but these seminars are just like gathering after each semester rather than real staff development program.

But some colleges in universities strongly emphasize these seminars for staff development. For example, Medical College of Yunsei University has strong program and long history of SD efforts. This college has one official faculty development seminar(2 or 3 days) for each semester and an informal seminar a month through voluntary participation. These seminars are planned and run by Education Planing Committee of Medical College which consists of 12 faculty members with college funds.

Topics and contents of seminar are various, however long seminar after semester may mainly deals with pedagogical matters and general problems in college-wide, and short seminars held every month may be closely related to academic major area.

Here are sample programs of seminar held at the end or just before semester in Yunsei Medical College.

Monthly seminars are held informally, and focused on theory and practice of major field as aforementioned professors who are interested in the topic and contents voluntarily participate in this kind of seminar and usually hot discussions are followed after one professor's presentation.

---

Program Ex.2 11th Spring Medical Education Seminar-Emphasis to NewStaff Development Medical College, Yunsei University

June 2-3, 1988
Sheraton WarkerHill Hotel

**1st day**

14:00-14:10   Opening ceremony

14:10-14:30   Educational ideology and purposes of medical college of Yunsel U.

Part I

14:30-15:00   Introducing academic calender and curriculum

15:00-15:20   History and characteristics of curriculum of medical college

15:20-15:40   Break

15:40-16:40   Medical treatment and legal problems

| 16:40-17:30 | Learning theory(teaching and learning) |
| 17:30- | Dinner |

**2nd day**

Part Ⅱ

| 09:30-10:00 | Learning goal setting method |
| 10:00-11:00 | Practice of learning goal setting(by small group) |
| 11:00-11:30 | Presentation of above practice, and discussion |
| 11:30-12:00 | Effective teaching method |
| 12:00-13:00 | Luncheon |

Part Ⅲ

| 13:00-13:30 | Objective evaluation method |
| 13:30-14:20 | Objective problem making practice(by small group) |
| 14:20-14:50 | Presentation of above work |
| 14:50-15:00 | Break |

Part Ⅳ

| 15:00-15:30 | Test problem making |
| 15:30-16:40 | Problem making workshop(by small group) |
| 16:40-17:10 | Presentation and discussion |

# Program Ex.3 Winter Medical Education Seminar
## Medical College, Yunsei U.

Feb.4-6, 1988
Kyungju Korlon Hotel

1st day

12:30-17:30   Travel to hotel

Part I          New academic year plan
17:30-17:40   Opening worship
17:40-18:00   Opening address by Director of Yunsei Hospital
18:00-18:30   Greeting address by Dean of Medical College
18:30-         Dinner

2nd day

07:30-08:30   Breakfast

2nd day

Part II
08:30-09:45   Graduate program development
08:30-08:45   Introducing graduate program
08:45-09:00   Basic programs
09:00-09:15   Clinical programs
09:15-09:30   Cases of advanced countries
09:30-09:45   Some suggestions for graduate courses
09:45-09:55   Coffee break

| | |
|---|---|
| 09:55-10:25 | Research professor system |
| 10:05-10:15 | Basic problems |
| 10:15-10:25 | Clinical problems |
| 10:25-12:00 | Group Discussions |
| | Group 1: Future oriented graduate educational objectives and curriculum |
| | Group 2: Student admission for Non-MD, Ph. D programs |
| | Group 3: Improvement of research method and dissertation |
| | Group 4: Improvement of research professor system |
| 12:00-13:00 | Group presentation and general discussion |
| 13:00-14:00 | Luncheon |
| 14:00-18:30 | Dinner |

**3rd day**

| | |
|---|---|
| 08:00-09:00 | Breakfast |

Part Ⅲ

| | |
|---|---|
| 09:00-09:30 | An alternatives of curriculum modification |
| 09:30-09:50 | Realities of foreign students in college |
| 09:50-10:00 | Break |
| 10:00-11:30 | Special lecture: Characteristics of Korean Social Structure |
| 13:30-12:00 | Preparation for return Back to University |
| 12:00-13:00 | Luncheon |
| 13:00 | Departure |

Sometimes recent theoretical and practical trends and issues are introduced in this seminar. This kind of seminar is very popular and has a strong impace on staff development especially for the experienced staffs.

Now I'd like to turn to departmental efforts for faculty development. First of all I have to mention that each department has no independent budget and organization for staff development. A department has ad hoc committees for curriculum modification, staff recruit, examination for promotion in department but has no official and permanent committees. Centralization of university organization makes each department week in budget and administration. Usually every department has only one or two teaching assistants, but for the worst they are graduate students for master degree.

The department of Mathematics of Chungunam National University 'located in Taejon city' where I'm working, holds seminar weekly for faculty development which has continued for 11 years.

Director of the department posts and writes letters to major field professors and graduate students in and out of university to inform theme and contents of the seminar, and then interested scholars gather from nation-wide. From time to time hot discussion follows the presentation until late night. This is just informal faculty development meeting started from pure academic spirit, and there is no support in university level for this seminar. There are many kinds of seminars in Korean universities, and I'm proud of this kind Korean scholarstic attitudes and activities.

At individual professor level, each professor writes at least more than one paper every year in Korea, even though this is not required. 'One professor-one paper-each year' was a minimum requirement for Korean professors during last a quarter century, and then this requirement was abolished officially, but this climate in Korean universities still remains.

Generally speaking, at university level even if there is no good official unit for staff development, at the college, department and individual level there are strong informal participation and spiritual climates for professor's self development in Korea.

Now our major concern is how to turn from the informal staff development program to formal one.

Korean efforts for staff development at various organizational levels mentioned here are summarized as following table 23-3.

## 3. Problems and New Directions

There are many problems and obstacles to staff development in Korea. I could not list all of them, and also that is not the purpose of this paper. Therefore I'll mention some of major problems and directions concerned with them.

First of all, lots of problems in Korea are caused by centralization of educational organization and control. We cannot but admit that the MOE has controlled all universities, strongly and uniformly. There was no exception even in Staff development. If central government is not concerned with this area, then nothing be initiated in everywhere. Central goverment should change its position from wielding arbitrary power to supporting to each university for staff development.

Second, Korean universities have ignored the importance to staff development or have failed to improve faculty development climate in institutions. Now each university has to promote new strong unit or committee for SD under control of dean academic affairs and to support this unit financially. A few university has resource center, audio-visual center, and teacher center. A good approach is to develop or to expand this kind of centers for pedagogy and teaching materials. And at the university level each institution, at first, has to support all informal staff development programs voluntarily initiated in aspects of finance and personnel. In other words, informal programs should be tranformed to formal one under strong support from university.

Lastly, individual professor has to throw away unnecessary authority to develop infinite potentiality. Professors' recognition of their own development is most important. It must be well recognized that professors enter into teaching position without pedagogical training. Former teacher of professor in university is only model of them. Therefore teaching in university is not easy to be effective. Teaching is different from knowing and knowledge is not sufficient condition for good teaching. Individual professor's motivation for SD is fundamentally wanted in Korea and approaches for SD should be concentrated on change of professors' attitudes.

〈Table 12-3〉 Summary of Korean efforts for staff development

| Organization al levels | New staffs | Experienced staffs |
|---|---|---|
| A. National<br>(MOE) | | Oversea Study Program for Professors(1978~)<br>• National funds<br>• One year program<br>• Support US$819-1900 for each person permonth(+)$500 for preparation with full pay. |
| B. Consortiu-m(KCUE) | 1. New Academic-Staff Development Program(1980~1988)<br>• 5 nights and 6 days<br>• Newly appointed professors after longstay in foreign countries | 2. Faculty Exchange Program in Nation(1977~)<br>• One year dispatch to other institution inKorea<br>• US$4,286~5,700 support for researchper year(for each person)<br>• Require one paper |
| C. University | Unit: Dean of Academic Affairs<br><br>3. Orientation Seminar for New Staffs<br>• Covering Faculty Handbook<br>• Meets administrative staffs and resource persons | 1. One seminar after each semester<br>2. Sabatical Leave and Degree Support System(Ex. Sugang Univ.)<br>• One-year leave with full-pay after<br>• Two-year leave for degree with full-payand one more year extension withoutpay |
| College in Univ. | Unit: Dean and Education Planning Committee<br><br>4. Pedagogical Orientation Seminar<br>(Ex.1, Medical College of Yunsei. U.)<br>• Usually one seminar per year<br>• 3 days<br>• Pedagogy | 4. Seminar for Staff Development(Ex.2, Medical College of Yunsei-Univ.)<br>• Two seminars per year<br>• 3 days<br>• Various interesting areas<br>5. Seminars held monthly<br>• Informal<br>• Interested professors' voluntaryparticipation |

| Organizational levels | New staffs | Experienced staffs |
|---|---|---|
| Department | Unit: Chair and Committee<br><br>6. Seminar for Academic Development(Ex. Dept. of Mathematics of Chungnam National Univ.)<br>• Informal<br>• Weekly<br>• Voluntary participation from in-and out-of Univ. | 7. Review and Examine Papers forPromotion.<br>• All Universities |
| Individual | 8. Submit Two Papers for Appointment | 9. Writing One Paper per Year |

# References

Bond, David, "Professional Development and Accountability: Working with Newly Appointed Staff to Foster Quality, *Studies in Higher Education*, Volume 13, No.2, 1988.

Gaff, Jerry, G., *Toward Faculty Renewal*, San Francisco: Jessey-Bass Publishers, 1978.

Halsey, C. and Trow, M., *The British Academics.*, London: Faber, 1971.

Jaspers, Karl, *The Idea of the University*, London: Pter Owen, 1960.

Manges, Robert J. and others, "Strengthening Professional Development", *Journal of Higher Education*, Vol.59, No.3, May / June 1988.

# ●저 자 소 개●

## 주삼환(朱三煥)

### ●약력●

서울교육대학 교육학과 졸업
서울대학교 교육대학원 교육행정 전공(교육학석사)
미국 미네소타 대학교 대학원 교육행정 전공(철학박사)
前 서울 시내 초등학교 교사 약 15년
    한국교육학회 회원, 한국교육행정학회 회장(1999)
      미국 오하이오 주립대학교 객원교수(2003~2004)
現 충남대학교 인문대학 교육학과 교수

### ●저서 및 역서●

『사회과학이론입문』(공역, 한국학술정보(주), 2005)
『한국교육행정강론』(한국학술정보(주), 2005)
『질의 교육과 교육행정』(한국학술정보(주), 2005)
『수업분석과 수업연구』(공저, 한국학술정보(주), 2005)
『교육행정철학』(역, 한국학술정보(주), 2005)
『미국교육행정』(역, 한국학술정보(주), 2005)
『입문 비교교육학』(역, 한국학술정보(주), 2005)
『임상장학』(역, 한국학술정보(주), 2005)
『교육행정사상의 변화』(한국학술정보(주), 2005)
『위기의 한국교육』(한국학술정보(주), 2005)
『교양 인간관계론』(공역, 한국학술정보(주), 2005)
『우리의 교육, 몸으로 가르치자』(한국학술정보(주), 2005)
『전환시대의 전환적 교육』(한국학술정보(주), 2006)
『장학: 장학자와 교사의 상호관계성』(역, 한국학술정보(주), 2006)
『허즈버그의 직무동기이론』(역, 한국학술정보(주), 2006)
『대안적 교육행정학』(공역, 한국학술정보(주), 2006)
『전환적 장학과 학교경영』(한국학술정보(주), 2006)
『교육행정 특강』(한국학술정보(주), 2006)
『올바른 교육행정을 지향하여』(한국학술정보(주), 2006)
『교장의 리더십과 장학』(한국학술정보(주), 2006)
『교장의 질 관리장학』(한국학술정보(주), 2006)
『지방 교육자치와 대학자치』(한국학술정보(주), 2006)
『장학의 이론과 기법』(한국학술정보(주), 2006)
『전환기의 교육행정과 학교경영』(한국학술정보(주), 2006)
『고등교육연구』(한국학술정보(주), 2006)
『교육개혁과 교장의 리더십』(한국학술정보(주),

　2006)

『교육조직연구』(한국학술정보(주), 2006)

『선택적 장학』(한국학술정보(주), 2006)

『리더십의 철학』(공역, 한국학술정보(주), 2006)

『장학 연구』(한국학술정보(주), 2006)

『교육행정 및 교육경영』
　　(공저, 학지사, 2003, 개정판)

『미국의 교장』(학지사, 2005)

『교육이 바로 서야』(원미사, 2002)

『교육행정 및 교육경영』
　　(공저, 삼광출판사, 1995)

『장학론』(공저, 한국교육행정학회, 1995)

『장학론』(공저, 한국방송통신대학, 1991)

『인간자원장학론』(공역, 배영사, 1987)

『장학론: 선택적 장학체제』
　　(역, 문음사, 1986)

『장학론』(공역, 학문사, 1984)

『교육정책의 새로운 방향』
　　(역, 교육과학사, 1983)

『교육학개론』(공저, 정민사, 1983)

『장학론』(갑을출판사, 1982)

『신장학론』(역, 교육출판사, 1979)

본 도서는 한국학술정보(주)와 저작자 간에 전송권 및 출판권 계약이 체결된 도서로서, 당사와의 계약에 의해 이 도서를 구매한 도서관은 대학(동일 캠퍼스) 내에서 정당한 이용권자(재적학생 및 교직원)에게 전송할 수 있는 권리를 보유하게 됩니다. 그러나 다른 지역으로의 전송과 정당한 이용권자 이외의 이용은 금지되어 있습니다.

## ● 고등교육연구

- 초판 인쇄   2006년 5월 1일
- 초판 발행   2006년 5월 1일

- 지 은 이   주삼환
- 펴 낸 이   채종준
- 펴 낸 곳   한국학술정보㈜
              경기도 파주시 교하읍 문발리 526-2
              파주출판문화정보산업단지
              전화   031) 908-3181(대표) · 팩스   031) 908-3189
              홈페이지   http://www.kstudy.com
              e-mail(출판사업부)   publish@kstudy.com
- 등   록   제일산-115호(2000. 6. 19)
- 가   격   34,000원

ISBN      89-534-4838-7 93370 (Paper Book)
           89-534-4839-5 98370 (e-Book)